인플레이션의 습격

면책 고지 니콜로는 브라운대학교에서 박사 후 연구원으로 있을 당시에 마크와 함께 이 책의 아이디어를 구체화했고, 그 시기는 세계은행 그룹에서 경제 분석가로 일하기 전이었다. 이 책에 담긴 연구 결과, 해석 그리고 결론은 전적으로 저자들의 견해이다. 이 책의 내용이 국제부흥개발은행/세계은행 및 그 산하 기관 그리고 세계은행 이사진이나 그들이 대표하는 각국 정부의 공식 입장을 반드시 반영하는 것은 아니다.

INFLATION
Copyright © 2025 Mark Blyth and Nicolò Fraccaroli
Korean Translation Copyright © 2025 by Book21 Publishing Group
Korean edition is published by arrangement
with W. W. Norton & Company, Inc.
through Duran Kim Agency Co. Ltd..

이 책의 한국어판 저작권은 듀란킴 에이전시를 통한
W. W. Norton & Company, Inc.와의 독점계약으로 ㈜북이십일에 있습니다.
저작권법에 의하여 한국 내에서 보호를 받는 저작물이므로
무단전재와 무단복제를 금합니다.

Inflation
인플레이션의 습격
급변하는 돈의 가치 속에서 부를 지켜라

마크 블라이스·니콜로 프라카롤리 지음 | 서정아 옮김 | 신동준 감수

감수의글 **인플레이션의 시대,
어떤 미래를 설계할 것인가**

인플레이션은 단순한 가격 상승이 아니다. 그것은 경제 체제의 균열이며 시대의 질서가 바뀌고 있다는 신호다. 팬데믹 이후 전 세계적으로 나타난 인플레이션은 통화량이 과도하게 풀려서 생긴 일시적 현상이 아니다. 공급망 재편, 지정학적 갈등, 기후 위기, 노동시장 변화 등이 복합적으로 얽힌 구조적 전환의 징후다. 이 책 『인플레이션 습격』은 그러한 전환의 본질을 가장 통찰력 있게 짚어낸다.

대부분의 현대 인플레이션은 수요의 과열이 아니라 공급의 제약에서 비롯된다. 따라서 기준금리 인상으로 수요를 억누르는 정책은 잘못된 처방이다. 그럼에도 중앙은행들은 여전히 금리라는 하나의 도구에 집착하는 중이다. 이 책은 그러한 통화 중심 접근의 한계를 명확히 지적한다. 물가를 낮추기 위해 경기 침체를 유도하는 기준금리 인상은, 긴축과 마찬가지로 결국 사회적 비용을 왜곡시키고 인플레이션의 고통을 약자에게 전가하는 정치적 선택이 되고 만다.

브라운대학의 마크 블라이스와 세계은행의 니콜로 프라카롤리는 인플레이션을 경제학의 숫자 문제가 아니라 정치경제학의 분배 문제로 다룬다. 저자들에게 인플레이션은 '누가 이익을 얻고, 누가 비용을 떠안는가'의 문제이며, 금리나 통화정책만으로 통제할 수 없는 권력의 재배분 과정이다.

1970년대 폴 볼커Paul Volcker 미 연준Federal Reserve 의장의 공격적인 기준금리 인상은 물가는 잡았지만 중산층이 무너지고 금융화가 확산되는 결과를 초래했다. 그 이후 전 세계 중앙은행들은 '물가 안정'을 경제 정책의 최우선 목표로 삼았지만, 오늘날의 인플레이션은 금리로만 다룰 수 있는 문제가 아니다. 공급망 붕괴, 에너지 가격, 기후 변화, 기술 패권 경쟁 등의 요인이 동시에 작용하는 가운데, 기준금리 인상은 오히려 실물경제의 약자들을 먼저 희생시키는 불완전한 처방이 되고 있다.

이 책은 그 점을 정면으로 비판한다. 인플레이션을 잡기 위해 경기 침체와 실업을 감수해야 한다는 통념은 긴축으로 이어질 뿐이며, 결국 고통의 사회적 배분을 왜곡하는 정치 행위가 된다는 것이다. 그 결과 인플레이션의 승자(채무자·자산가·에너지 기업)와 패자(임금소득자·무주택자·저소득층) 그리고 이용자(정치인·언론)와 가해자(탐욕적 기업)가 뚜렷하게 갈린다. 인플레이션은 단순한 경제 현상을 넘어 계층 간 갈등의 무대로 확장된다.

우리나라 역시 예외가 아니다. 우리의 인플레이션은 미국식 수요 과열보다는 구조적 병목과 자산 불균형에 뿌리를 두고 있다. 고령화와 노동력 감소, 부동산을 중심으로 한 부의 편중, 공공요금과 에너지 의존도 그리고 높은 가계 부채가 결합되면서 금리 정책의 효과는 제한적일 수밖에 없다. 금리를 올리면 가계는 위축되고 소비는 둔화되지만, 물가는 여전히 공급 요인에 좌우된다. 이것이 바로 저자들이 지적하는 '통화 긴축의 한계'이며 결국 금리 이외의 도구, 즉 산업·세제·분배·기술 투자 등으로 균형을 찾아야 한다는 제안으로 이어진다.

한국의 인플레이션은 수입물가와 환율, 지정학적 위험, 공공요금 구조가 얽혀 있는 복합 현상이다. 따라서 대응 역시 통화정책만으로는 불가능하다. 정부는 에너지, 식량, 기술 분야의 공급망 복원에 더 집중해야 하며, 중앙은행은 물가 상승률보다 고용, 분배, 지속 가능성의 균형을 함께 고려해야 한다.

인플레이션은 자산의 가치와 시대의 질서가 동시에 재조정되는 과정이다. 과잉의 시대가 끝나고 부족의 시대가 오고 있다. 이 책은 그 전환의 정치경제학적 배경을 풀어내고 있다. 금리의 높고 낮음보다 중요한 것은 어디에 구조적 공급이 생기고, 누가 그 기회를 선점하는가이다. 즉 인플레이션은 위험이 아니라 새로운 질서가 태어나는 진통 과정이다.

『인플레이션의 습격』은 인플레이션을 단순한 경제 변수로 다루지 않는다. 그것을 권력, 분배, 생존의 문제로 읽어내며, '인플레이션을 이해하는 것은 결국 사회를 이해하는 일'임을 보여준다. 한국 사회에 지금 필요한 것은 금리를 더 인상할 것인지 인하할 것인지의 논쟁이 아니라 어떤 구조로, 누구를 위해, 어떤 미래를 설계할 것인가에 대한 질문이다. 이 책은 그 질문의 출발점이 될 것이다. 금리로는 막을 수 없는 인플레이션의 시대, 그 속에서 길을 찾으려는 모든 정책 결정자와 투자자 그리고 독자들에게 이 책을 권한다.

—신농순, 숭실대학교 금융경제학과 겸임교수,
『The Great Shift: 대전환기의 투자전략』 저자

| 서론 | **우리는 인플레이션에 대해 무엇을 알고 있는가** | — 011 |

인플레이션 담론은 누구에게 책임을 전가하는가 | 인플레이션의 승자, 패자, 이용자, 가해자 | 종잡을 수 없는 인플레이션에 대응하기 위하여 | 각 장의 내용

| 제1장 | **인플레이션에 관해
그들이 말하지 않는 5가지** | — 031 |

1. 좋은 인플레이션, 나쁜 인플레이션, 추악한 인플레이션 | 2. 인플레이션을 측정하는 방법 | 3. 무엇을 측정하느냐가 중요하다 | 4. 주택 가격 인플레이션은 왜 측정하기 어려운가 | 5. 왜 복잡한 통계 수치를 신경 써야 할까

| 제2장 | **인플레이션에
금리 인상으로 대처하는 이유** | — 065 |

우리에게 망치만 있다면: 금리와 인플레이션 | 70년대 이야기 제1막: 볼커의 망치와 분배의 정치학 | 터부가 된 정책, 가격 통제 | 70년대 이야기 제2막: 리처드 닉슨의 가격 통제 | 2020년대의 가격 통제 실험: 엇갈린 결과와 그 배경 | 금리와 가격 통제 이외의 수단: 세금, 합의, 완충 장치 | 금리 인상의 대안으로 누가 어떤 혜택을 입을까

| 제3장 | **인플레이션 담론과 책임 전가의 정치학** | — 105 |

인플레이션의 원인과 그 피해자 | 유형 1: 너무 많은 돈이 문제다 | 유형 2: 지나치게 높은 고용률이 문제다 | 유형 3: 공급이 문제지만 일시적이다 | 유형 4: 기업의 탐욕이 문제다 | 구조적 요인으로 인한 인플레이션 | 인플레이션 담론과 정치학

제4장 하이퍼인플레이션의 실체 — 153

하이퍼인플레이션, 과장된 공포의 신화 | 1. 베네수엘라: 석유의 축복이 저주가 되다 | 2. 짐바브웨: 개혁의 실패, 화폐의 붕괴 | 3. 아르헨티나: 포퓰리즘과 환율 위기의 굴레 | 4. 독일: 인플레이션을 무기로 삼다 | 하이퍼인플레이션은 극도로 예외적인 현상이다

제5장 왜 인플레이션을 예측하지 못했는가 — 205

경제학이라는 권력의 언어 | 70년대, 경제 패러다임의 전환점 | 물가 안정 목표제와 중앙은행의 독립이라는 신흥 종교 | 대완화기의 원인을 재평가하다 | 인플레이션에 대한 생각을 뒤바꿔놓은 세계 금융위기 | 공식적 역사 서사를 되짚어보다 | 다시 여왕의 질문으로

제6장 인플레이션과의 전쟁은 계층 전쟁인가 — 249

중앙은행의 2가지 무기 | 승자, 패자, 이용자: 소득 효과, 피셔 효과, 소비 효과 | 국가 간의 인플레이션 불평등 | 인플레이션과 계층 간 갈등: 근로자 대 기업 | 마크업을 통한 기업의 이익 증가 | 은행은 정말 인플레이션의 피해자일까

결론 인플레이션 시대는 끝났는가 — 287

디플레이션이 지배하는 미래? | 인플레이션이 대세인 미래? | 경고성 이야기: 공급 측면의 돌발 사태 | 앞으로 나아갈 방향

감사의 말 — 309 | **주** — 310

서론

우리는 인플레이션에 대해 무엇을 알고 있는가

Inflation

우리는 깊은 고찰을 요구하는 아이디어보다

들으면 기분 좋아지는 의견에 귀를 기울인다.[1]

―애덤 그랜트 Adam Grant

2021년 여름에 니콜로 프라카롤리가 마크 블라이스에게 인플레이션에 관한 책을 함께 써보자고 제안했다. 마크는 니콜로에게 이렇게 물었다. "그런 책을 써서 뭐 하지? 쓸 수야 있겠지만 굳이 써서 뭐 하겠어? 우리가 이미 알고 있는 것 말고 새로 설명할 내용이 있겠어?"

2010년대에 니콜로와 마크는 모두 긴축에 관한 책²을 썼다. 긴축은 정부 지출을 줄이는 정책으로써 대개 경기 침체를 물리치기 위해 시행된다. 2008년에 전 세계 은행에 구제금융이 투입되자, 정치인과 전문가는 '지출 증가'가 필연적으로 불러올 인플레이션을 우려하기 시작했다. 이들은 2010년에 이르기까지 인플레이션을 막으려면 예산을 대폭 삭감해야 한다고 했고 이 주장은 힘을 얻었다. 이때 우리가 각각 펴낸 책은 기본적으로 이렇게 경고했다. "그 정책은 그들의 생각만큼 성공하지 못할 것이고 재앙을 불러일으킬 수도 있다." 그러한 주장은 많은 반발을 샀지만 그로부터 10년 후에는 경제학자들 사이에서 보편적인 견해로 자리 잡았다.

2021년에 인플레이션이 나타나기 전만 해도 각국 정부는 세계 금융위기와 2010~2016년의 긴축 정책에서 교훈을 얻은 듯 보였고, 한동안은 과감한 재정 지출로 코로나19 사태에 맞섰다. 그러다 코로나19 이후 인플레이션(이 책에서는 '시간이 흐름에 따라 상품과 서비스의 가격이 전반적으로 오르는 것'으로 정의됨)[3]이 나타나자 '과도한 지출'이 인플레이션을 불러왔다는 주장이 곧바로 인기를 끌었다. 경제학자 로런스 서머스Lawrence Summers는 런던정경대학의 연설에서 팬데믹 시기의 과도한 지출 때문에 인플레이션이 발생했으니 인플레이션을 억제하려면 "5퍼센트 이상의 실업률을 5년 동안 유지해야 한다. 다시 말해 2년 동안 7.5퍼센트의 실업률 또는 5년 동안 6퍼센트의 실업률을 유지하거나 1년 동안 10퍼센트의 실업률을 경험해야 한다"라고 주장했다.[4] 서머스의 주장을 듣고 나서 우리는 2010년에 긴축 정책을 옹호했던 정책 결정자들의 주장[5]을 떠올렸다. 코로나19 대응책은 처음에는 긴축과 정반대로 보였지만, 시간이 지나자 우리는 역사가 되풀이되는 것 아닌가 하는 의심이 들기 시작했다. 2008~2009년 위기 국면에서는 위기 대응에 있어서 지출이 가장 중요한 부분을 차지했는데, 2010년에 들어서자 긴축만이 유일한 선택지라는 분위기가 형성되었다. 그래서 우리는 현재의 인플레이션 억제가 그로부터 10년 후에 재출현한 '또 다른 형태의 긴축'일 뿐이지는 않나, 하는 의문을 품기 시작했다.

  2021년 내내 인플레이션의 원인과 결과를 둘러싼 논쟁이 가열되면서 우리의 의혹은 점점 더 커져만 갔다. 저명한 경제학자들이 인플레이션의 원인을 두고 서로 격렬한 언쟁을 펼쳤다. 그러한 논쟁은 상아탑 안에 있는 학자끼리 벌이는 학술적 논쟁에 그치지 않고 큰 파장을 낳았다. 인플레이션의 원인을 무엇으로 규정하느냐가 그다음 단계인 인플레이션을 어떻게 잡을 것인가를 결정짓는 관건이기 때문이다. 특히

2022년 초에 이르러서는 인플레이션 대응과 관련하여 어느 한 가지 주장이 점점 더 큰 주목을 받기 시작했다. 앞서 인용한 로런스 서머스의 주장처럼 물가가 통제 불능 상태로 치닫는 것을 막으려면 인위적으로 대규모 경기 침체를 유발하는 방법뿐이라는 주장이었다.

그 주장에 깔린 논리에 따르면 중앙은행은 금리를 인상하여 투자 비용과 대출 상환 비용을 늘려야 한다. 그렇게 하면 경기가 둔화하면서 일자리가 줄어드는 결과가 나타나고 이를 통해 인플레이션이 잡힌다는 것이다. 금리를 인상하지 않는다면 사람들은 물가가 계속 오르리라 예상하게 되고, 바로 그러한 예상이 임금과 물가가 서로를 밀어 올리는 '악순환'을 불러온다는 것이다. 실업은 나쁘지만 '임금과 물가의 악순환'이 더 나쁘기 때문에 결국 실업만이 유일하게 그러한 악순환을 막을 수 있는 방법이라는 논리였다.

과거 긴축 정책에 따른 지출 삭감이 돈 잔치 뒤에 우리가 견뎌야 할 숙취처럼 묘사되었듯이 이제는 코로나19 시기의 과도한 지출로 인해 경기 침체가 불가피하게 일어났으며, '모든 사람'이 그 대가를 감내해야 한다는 주장이 등장했다.[6] 게다가 우리는 그것이 유일한 해결책이라는 이야기를 주입받았다. 지금 이를 악물고 불황을 견뎌내지 않으면 아르헨티나, 베네수엘라, 짐바브웨, 심지어 (히틀러의 집권을 불러왔다는) 독일 바이마르 공화국이 경험했던 것과 같은 끔찍한 하이퍼인플레이션을 맞이하게 되리라는 경고였다.

우리에게 그 요란한 주장은 2010년대의 '치료석 긴축therapeutic austerity' 논리와 무서울 정도로 비슷해 보였다. 즉 공공의 이익을 위해 고통을 감내해야 한다고 모두에게 요구했지만 결국에는 아무런 이익도 만들어

내지 못했던 그 논리 말이다. 금리를 올려 인플레이션을 잡자는 주장은 금리 인상이라는 방법으로 긴축과 마찬가지로 사람들의 허리띠를 졸라매면 이미 졸라맬 만큼 졸라맨 사람들만 고통받는다는 사실을 간과했다. 다시 말해 불황과 실업의 고통은 모두에게 똑같이 다가오지 않음에도 위 주장은 그 사실을 감안하지 않았다.

그렇다면 인플레이션과의 전쟁은 정말로 '통화 긴축monetary austerity'의 일종인 '긴축 2.0'에 불과했던 걸까? 각국 정부는 실제로 하이퍼인플레이션의 위험을 무릅쓰고 있었던 것일까? 또한 경기 침체와 실업을 의도적으로 유발하는 방법 이외에는 인플레이션의 덫에서 탈출할 '다른 방법이 없다'는 주장은 사실일까? 이 책을 쓰다 보니 우리가 처음 생각했던 것보다 할 말이 훨씬 더 많았다. 토킹 헤즈Talking Heads의 리드 싱어인 데이비드 번David Byrne이 말했듯이 "자세히 들여다볼수록 더 많은 것이 눈에 띄었다".[7]

구체적으로 말하자면 우리는 돈이 너무 많이 풀리면 인플레이션이 생긴다고 배웠다. 그러나 "인플레이션은 언제 어디서나 통화적 현상"[8]이라는 밀턴 프리드먼Milton Friedman의 유명한 발언은 사실상 '총격 사건은 언제 어디서나 총탄의 현상'이라는 말과 다름없다. 분명 총탄이 없으면 총격도 일어나지 않지만 그러한 사실만으로는 왜 총격이 일어났는지, 누가 총에 맞을 가능성이 있는지를 알아낼 수 없다.

더 나아가 인플레이션을 잡으려면 대규모 경기 침체가 필요하다는 통념은 최근에 일어난 사건들로 깔끔하게 반박되었다. 미국을 필두로 한 여러 나라에서 고용과 성장이 늘어났지만 동시에 인플레이션율은 낮아졌기 때문이다. 그뿐만 아니라 우리는 연구를 통해 그러한 통념의 이론적·실증적 근거가 놀랄 만큼 빈약하다는 사실도 밝혀냈다. 앞으로 알아보겠지만 인플레이션과 실업률 사이에는 중앙은행이 인플레이션이라는 '나쁜 현상'을 실업이라는 '나쁜 현상'으로 대체하는 것을 정당화할 수 있을 만큼의 직접적인 상관관계가 존재하지 않는다. 게다가 우리는 사람들이 미래 물가에 대해 구체적인 '기대치'를 설정하고, 중앙은행이 이를 이용해 경제를 조정할 수 있다는 생각 역시 상당히 의심스럽다는 것을 밝혀냈다. 마지막으로 인플레이션이 사람들의 삶에 미치는 해악과 실업이 미치는 해악을 비교해보면 실업의 해악이 인플레이션보다 여섯 배나 크다는 결과[9]를 얻었다. 그렇다면 우리는 사소한 이익을 얻으려고 경기 침체를 자초하여 스스로를 괴롭히고 있는 것은 아닐까?

그러한 문제들을 더 깊이 파고들다 보니 우리는 자꾸만 1970년대로 돌아가게 되었다. 1970년대는 선진국들이 마지막으로 대대적인 인플레이션을 겪었던 시기다. 당시 미 연준 의장이던 폴 볼커는 금리를 대폭 올려 대규모 경기 침체를 유발했고, 인플레이션이 잦아들 때까지 고금리를 유지했다. 그러나 1970년대의 진정한 교훈은 지금껏 알려진 것과는 그 내용이 다르지 않을까? 사실은 볼커의 금리 인상은 지나치게 강도가 높고 뒤늦게 이루어진 것은 아니었을까? 인플레이션이 완전히 다른 이유에서 이미 꺾이고 있었던 것은 아닐까? 그랬다면 오늘날에도 1970년대와 마찬가지로 잘못된 정책이 시행되고 있지만 (아직은) 우리가 그저 운이 좋을 뿐인 것은 아닐까?

우리 둘 다 2010년부터 2016년까지의 긴축 시기에 일어난 경기 침체가 일종의 치유 효과를 냈다는 주장을 무너뜨린 적이 있기 때문에 인플레이션이라는 주제에 대해서도 새롭고 의미 있는 이야기를 할 수 있겠다고 생각했다. 인플레이션 대응과 긴축 대응에는 또 다른 공통점이 있다. 두 경우 모두 정책 결정자들이 위기에 대응하면서 기존의 '경제 교본'을 그대로 적용하는 위험한 행동을 했다는 점이다.

미식축구를 본 사람이라면 잘 알겠지만, 플레이북playbook(미식축구의 작전을 그림으로 표시한 책-옮긴이)에 있는 표준 '전술'은 익숙한 상황에서 신속하게 대응할 때 매우 유용하다. 그러나 이런 표준 전술에만 의존하면 낯선 상황에 대응하기에 더 적합한 '플레이북 바깥'의 해법을 발견할 수 없다. 긴축과 관련된 경제 교본은 주로 1920년대에서 작성되었고, 그 핵심 전술은 '공공 지출을 줄여 경제 성장을 달성한다'는 것이었다. 그러나 그러한 전술은 전혀 통하지 않았다. 기본적으로 국가, 기업, 소비자 모두가 동시에 지출을 줄이면 저축에 필요한 소득이 발생하지 않고 저축이 없으니 투자도 이뤄지지 않기 때문이다. 투자 없이는 성장도 있을 수 없는데,[10] 그간 이루어진 긴축 정책의 지향점이 성장이었다는 점은 역설적이다.

2021년에도 정책 결정자들은 1970년대의 경험을 바탕으로 작성된 교본을 참고하여 인플레이션에 대응했다. 그러나 천연가스 가격 급등과 (이를테면 '당분간 줌Zoom에 틀어박혀 있어야 하니 지금 당장 소파를 바꿔야겠다' 같은 이유에서 식당 수요가 가구 수요로 옮겨간 식의) 수요 전환을 겨냥한 정책 해법으로 (특히 이미 신용 제약을 가장 크게 받은 사람들을 대상으로) 차입 비용을 올린 이유가 무엇인지는 알 도리가 없다. 그렇게 탐구하다 보니 우리는 1970년대의 인플레이션 교본이 과연 정확한지 궁금해졌다. 그렇지 않다면 정책 결정자들은 어쩌다 그 교본을 고집하게 된 것일까? 금리 인상이 정말로 물가 상승에 대응하는 최선책인가? 실행 가능한 대안은 없을까? 금리 인상만이 교본 속의 유일한 전술이었을까? 아니면 포퓰리즘과 정치적 양극화가 고조된 가운데, 정당한 이유도 없이 경기 침체를 자초했던 것은 아닐까?

지금부터 우리는 과거의 인플레이션 경험과 최신 연구를 바탕으로 위 질문들에 대한 답변뿐만 아니라 다양한 내용을 제시할 것이다. 예를 들어 하이퍼인플레이션은 규칙이 아니라 오히려 예외이며 과도한 공공 지출은 인플레이션의 발생에 작은 역할만 담당한다는 것을 전달하고자 한다. 금리 인상 외에도 몇 가지 대안이 존재한다는 사실을 확인하게 될 텐데, 그러한 대안을 찾아내려면 가로등 불빛 아래에서만 열쇠를 찾는 식의 술 취한 사람의 좁은 시야에서 벗어날 필요가 있다.[11]

인플레이션 담론은 누구에게 책임을 전가하는가

사실 금리 인상의 대안은 항상 존재한다. 그렇지 않다면 애초에 인플레이션의 원인에 대해 논쟁하는 일조차 없었을 것이다. 2021년 말에 우리는 인플레이션의 원인을 두고 벌어지는 논쟁이 의식적으로든 무의식적으로든 그 유명한 '코끼리 게임Elephant Game'처럼 전개된다는 사실을 깨닫기 시작했다. 코끼리 게임은 일종의 상상 놀이다. 눈을 가린 사람들이 이상할 정도로 얌전한 코끼리와 함께 방 안에 갇혀 있다. 사람들은 각자 다른 방향에서 코끼리에게 다가가 촉감만으로 무엇인지 알아내려 한다. 코끼리의 코를 붙잡은 사람은 커다란 뱀인 줄 알고, 다리를 더듬은 사람은 나무인 줄 안다. 어둠에서 벗어나서야 비로소 자신이 더듬은 것이 코끼리였음을 알게 되는 것이다.

우리는 왜 어떤 사람은 자신이 뱀을 만졌다고 확신하고 또 어떤 사람은 나무를 만졌다고 확신했는지에 관심이 갔다. 다시 말해, 여러 인플레이션 담론에 주목하게 되었는데, 특히 그러한 담론이 인플레이션이라는 현상을 설명하기 위해 등장할 뿐만 아니라 정치적 공방 가운데 남에게 인플레이션 비용을 떠넘기기 위한 무기로 사용된다는 점이 흥미로웠다. 왜 인플레이션 담론이 중요할까? 인플레이션은 승자, 패자, 가해자를 만들어낸다(인플레이션의 승자라니 의외겠지만 정말로 존재한다). 따라서 인플레이션 담론은 저마다 다른 영웅, 피해자, 악당을 설정하여 누가 문제를 일으켰는지, 누가 피해를 볼지, 그리고 무엇보다도 누가 그 대가를 치러야 하는지를 각기 다른 관점에 따라 제시한다.

우리는 인플레이션 논쟁을 지배한 네 가지 유형의 담론을 소개할 것이다. 이러한 담론은 물가 상승의 원인으로 서로 다른 주범을 지목하는데, 각각 정부, 근로자, 우크라이나 전쟁과 코로나19로 인한 혼란, 탐욕스러운 기업에 책임이 있다고 본다. 악당을 특정하는 목적은 비난하고 낙인찍기 위해서라기보다는 인플레이션에 대응하려면 무엇을 해야 할지 파악하기 위해서다. 예를 들어 인플레이션의 주범이 정부라면 정부 지출을 줄이면 된다. 주범이 글로벌 공급망의 교란이라면, 지출을 삭감하거나 금리를 올린다고 해서 문제가 해결되지는 않겠지만 인플레이션에 의해 자산 가치가 훼손된 특정 계층이 보상받을 수는 있을 것이다.

네 가지 유형의 담론은 서로 다른 인플레이션 대응책을 제시한다. 어떤 담론은 1970년대의 교본에 동의하고 경기 침체를 유발해야 한다고 주장한다. 가격 통제 같은 대안을 내놓기도 한다. 가격 통제는 인플레이션 논쟁이 시작되었을 때만 해도 '엉뚱하고 비주류적인' 대책으로 여겨졌으나 이후에는 오히려 비교적 정통적인 정부에 의해 큰 소동 없이 시행되었고 엇갈린 결과를 냈다. 이번에도 각국 중앙은행들이 금리를 인상했는데, 의외로 경기 침체가 발생하지 않은 데다 고용이 감소하기는커녕 증가했다. 중앙은행들은 경기 침체를 일으키지 않고도 '무결점 디플레이션immaculate deflation(중앙은행들이 선호하는 표현으로는 연착륙)'을 만들어냈다고 자축했다. 그러나 교본에는 그런 시나리오가 없다. 그렇다면 그것은 중앙은행들이 의도적으로 만들어낸 결과일까, 아니면 얼떨결에 얻은 결과인데 자신들의 공로라고 주장하는 걸까? 이 책은 그러한 의문에 대한 답변도 제시할 것이다.

우리는 인플레이션과 관련하여 불변의 유일한 진리 같은 것은 존재하지 않는다고 확신한다. 그보다는 특정 상황과 특정 시기에 더 잘 들어맞는 해석이 있다는 것을 알리고자 한다. 물가 상승의 원인을 정부 지출로도, 기업 이익으로도 주장할 수는 있겠지만 그처럼 한 가지 주장만을 내세우는 것은 인플레이션이라는 코끼리의 꼬리나 다리만 붙잡고 있는 격일 수도 있다. 인플레이션 담론은 모두 단편적인 이야기다. 이는 각각의 담론을 만들어낸 사람들이 좀 더 탄탄한 증거가 나타나기를 기다리기보다 성급하게 결론을 내렸기 때문일 것이다. 물론 그와 같은 난년석인 수상이 사실인 경우도 있을 수 있다. 어쨌든 어느 정도의 확실성은 필요한 법이고, '무슨 일이 벌어지고 있는가'와 '누가 책임을 져야 하는가'에 대한 권위 있는 해석을 확고히 구축하는 것은 확실성을 얻는 데 필요한 과정이다. 그러나 정치경제학자인 우리는 이해관계가 경제학적 서사narrative 형성에 중요한 역할을 할 수 있다는 사실을 잘 알고 있다. 누군가가 의도적으로 인플레이션을 일으켰다는 음모론을 주장하려는 것은 아니다. 그러나 인플레이션이 발생했을 때 문제를 겪은 사람뿐만 아니라 기회를 포착한 사람도 있었다.

야당 정치인 입장에서는 인플레이션을 집권 정부의 무모한 지출 탓으로 돌리는 것이 편리하다. 대형 슈퍼마켓 체인 입장에서는 판매 가격을 올려놓고는 전기 요금과 운송비 상승 때문이라고 핑계 대는 편이 편리하다. 그뿐만 아니라 중앙은행이 (자기들의 과제인) 물가 조절은 나 몰라라 하고는 임금-물가 악순환wage-price spiral이라는 유령을 불러내어 물가가 폭주하는 하이퍼인플레이션으로 치닫고 있다면서 (정부 과제인) 임금 통제의 필요성을 역설하는 것 또한 의미심장하다. 물론 기회주의나 탐욕 때문만은 아니다. 그것은 인플레이션 게임의 일부일 뿐이며 게임의 규칙은 소수의 이익을 위해 다수에게는 감춰져 있다. 게임의 규칙 가운데 하나는 인플레이션이 해롭지만 일부에게는 기회도 제공한다는 것이다. 그러한 기회는 승자, 패자, 이용자 그리고 경우에 따라서는 가해자를 만들어내는 인플레이션의 속성에서 비롯된다.

인플레이션의 승자, 패자, 이용자, 가해자

이 책에서 우리가 전달하고자 하는 바는 인플레이션이 대부분의 정책 결정자나 일반인이 생각하는 것과는 다르다는 사실이다. 인플레이션에는 여러 가지 원인이 있으며, 그런 만큼 다양한 양상으로 나타난다. 분배 측면에서도 중요한 영향을 끼친다. 기본적으로 우리가 던져야 할 질문은 '인플레이션의 승자와 패자는 누구인가?'이다. 그동안 언론, 정치인, 중앙은행이 인플레이션을 통해 이득을 보는 사람은 없다고 끊임없이 말해왔기에 인플레이션의 '승자'나 '이용자'가 존재한다니 터무니없는 소리처럼 들릴 것이다. 그러나 전혀 얼토당토않은 이야기가 아니다. 차츰 알아보겠지만 인플레이션을 통해 이익을 얻는 이들과 기업은 분명히 존재한다. 심지어 국가도 그렇다.

사우디아라비아가 2021~2023년의 유가 상승으로 얻은 초과 이익으로[12] 세계에서 가장 비싼 축구 선수들을 사들여 프로 리그를 시작한 것을 생각해보라. 보유 중인 수익 창출 자산의 가격이 오르고 더 큰 부를 거머쥐어 인플레이션의 승자가 된 대표적 사례다. 그뿐만 아니라 인플레이션의 '이용자'들도 있다. 이들은 전문가나 정치인으로, 인플레이션(더 정확히는 특정한 인플레이션 담론)을 정치적 무기로 활용한다. 이용자들은 그러한 담론을 활용해 인플레이션의 원인이 X 요인이지 Y 요인이 아니며 그렇기에 그 해결책은 B 정책이 아니라 A 정책이라는 주장으로 사람들을 설득한다. 다시 말해 인플레이션은 실제적인 비용을 발생시키며 정치인은 본인의 지지층이 그 비용을 치르는 것을 원치 않는다. 그래서 인플레이션의 비용을 제3자에게 떠넘기기 위해 이야기를 꾸며내는 것이다.

인플레이션을 분배의 문제(누가 무엇을, 언제, 어디서, 왜 가져가는가)로 바라보기 시작하면 인플레이션을 통해 이득을 보는 사람은 없다는 주장이 얼마나 잘못되었는지를 알 수 있다. 인플레이션의 패자는 분명히 존재하며, 인플레이션은 실제로 비용을 유발한다. 소득, 자산, 삶의 기회 측면에서 극심한 불평등이 존재하는 세계에서(예를 들어 미국의 경우 "대략 40퍼센트의 미국인이 식품비, 의료비, 주거비, 공과금 지불에 어려움을 겪고" 있으며,[13] 수백만 명이 인플레이션이 소득 가치를 더욱더 깎아 먹기 전부터 이미 고군분투하고 있었다) 10퍼센트대의 인플레이션이 2년 동안 지속되면 수많은 사람이 노숙자 처지로 내몰릴 수밖에 없다. 이런 사람에게는 인플레이션 억제가 가장 우선시되어야 할 이유가 분명히 존재한다. 그러나 이 이야기는 잠시 중단하고 다른 사례를 생각해보자. 지난 몇 년 동안 우리가 겪은 소득 압박$_{\text{income squeeze}}$(소득은 그대로인데 물가가 올라 쓸 수 있는 돈은 줄어든 상태–옮긴이)은 상당 부분 화석 연료의 비용 상승에서 비롯되었다. 화석 연료 때문에 발생하는 인플레이션을 자세히 살펴보면 인플레이션의 패자가 어떻게 해서 승자와 이용자에게 휘둘리는지를 짐작할 수 있다.

앞서 사우디아라비아의 축구 리그 사례에서 보았듯이 인플레이션율 상승은 화석 연료를 취급하는 기업과 탄소 집약적 국가에 뜻밖의 행운이 되었다. 2022년 이전까지만 해도 각국 정부, 환경 운동가, 투자자, 소비자가 탄소 기반 사업을 축소하라며 관련 기업과 국가에 압박의 강도를 높여가고 있었다. 그러나 유럽이 러시아산 가스의 수입을 사실상 금지한 데다 사우디아라비아가 유가 유지를 위해 생산 증가를 꺼리고 미국의 셰일 가스 업체들이 다시 한번 '호황–불황$_{\text{boom-bust}}$' 주기가 나타날 것을 우려한 가운데 2022년 2월 이후로는 화석 연료의 가격과 이익이 치솟았으며 특히 2021~2023년에 그러한 경향이 두드러졌다.[14] 호황이 찾아오자 탄소 집약적 국가, 화석 연료 기업, 그들의 후원을 받는 정치인은 전 세계가 필요로 하는 녹색 전환에 대놓고 반기를 들기 시작했다. 이들은 인플레이션의 승자이자 가해자로서 인플레이션 대응과 피해자 보호라는 명목으로 인플레이션이 유발한 고통을 무기화했고 탈탄소화decarbonization가 미래에 비용을 유발한다고 공격했다. 자기들의 자산을 보호하려고 나머지 사람들을 희생시킨 셈이다. 한마디로 인플레이션은 비용을 이리저리 떠넘기는 게임이다. 이 책은 그 게임이 어떻게 전개되는지를 보여줄 것이다.

  우리는 인플레이션 시기에 누가 승리하고 누가 패배하며 누가 인플레이션을 악용하는지 보여주고자 한다. 그뿐만 아니라 진정한 승자가 누구인지를 가려내기는 어려울 때가 많지만 패자만큼은 분명히 드러나는 이유가 무엇인지도 설명할 것이다. 그러나 이 암울한 상황 속에도 희망은 있다. 국가마다 인플레이션 경험이 상당히 달랐고, 실제로 일부 국가에서는 정책 결정자들이 그 차이를 만들어냈다. 이처럼 정부, 더 넓게 국가는 승자와 이용자로부터 패자에게 자원을 이전할 수 있다. 정부는 인플레이션으로 생긴 이익을 승자로부터 패자에게 재분배하여 부담을 덜어줄 수 있으며 때로 그렇게 하기도 했다. 가해자들의 행동을 막을 수도 있다. 또한 우리는 인플레이션과의 전쟁이 일종의 계층 전쟁이라고 주장한다. 그래도 그것이 의도되었다기보다 저절로 일어난 결과에 가깝다는 것은 희망적이다. 마찬가지로 사람들이 인플레이션을 좀 더 제대로 이해한다면 더 제대로 대응할 수 있다는 것 역시 희망을 안긴다. 그것이 이 책의 요지이기도 하다.

종잡을 수 없는
인플레이션에 대응하기 위하여

사실 우리는 인플레이션이 사라지지 않을 것이라고 본다. 뒤에 나올 내용 중 일부를 미리 말하자면 우리는 인플레이션이 대부분 공급 충격supply shock에서 비롯된다고 주장한다. 유가가 뛰어오르고 밀 가격이 오르고 공급망이 붕괴하면서 인플레이션이 일어난다는 이야기다. 그러나 앞으로 자세히 다루겠지만 우리가 익히 들어 알고 있는 인플레이션 이론은 대개 노동시장의 불균형이나 통화 공급량의 증가에 초점을 맞춘다. 그 때문에 문제가 생긴다. 임금 상승의 가속화나 방만한 통화정책만 주시하다 보면 공급 충격이나 이윤 방어(가능하다면 이익 확대)에 혈안이 된 기업의 영향을 간과할 수 있기 때문이다. 그런 식의 공급 충격이 더 빈번해질 것이라고 합리적으로 예상할 수 있을 때는 특히 큰 문제가 발생할 수 있다. 그리고 우리는 앞으로 공급 충격이 잦아질 것이라고 예상한다.

인플레이션에 대한 오늘날의 사고방식 대부분이 형성된 1970년대를 다르게 해석한 덕분에 우리는 이러한 결론에 도달할 수 있었다. 우리의 해석은 통화 요인이 아니라 공급 충격에 더 무게를 둔다. 그리고 우리는 그로부터 중요한 교훈을 얻었다. 이번 인플레이션은 진정될 수 있지만, 이것이 마지막은 아닐 것이라는 교훈이다. 긴밀하게 연결된 세계 경제에서는 예컨대 기후 변화가 먹이 그물food web(서로 의존 관계에 있는 먹이 사슬 시스템-옮긴이)과 농업 공급망에 미치는 영향 같은 요인으로 인해 앞으로도 계속해서 충격이 발생할 것이다.

결론 부분에서 자세히 논의하겠지만 기후 변화가 보험 비용에 미치는 영향, 지정학적 갈등의 악화에서 비롯된 관세와 제재, 국가주의nationalism의 확산으로 강화되고 있는 보호무역주의 등을 두루 감안하면 이제 우리는 '런던 버스London Bus' 같은 식의 인플레이션이 지배하는 세계로 들어서고 있는지도 모른다. 즉 인플레이션 요인이 런던 버스처럼 한참 동안 나타나지 않다가 한꺼번에 몰려오고 뒤엉켜서 상황을 점점 더 악화시킬 수 있다는 이야기다. 바로 그렇기 때문에 지금 이 책을 읽어야 한다. 2021~2025년에 우리가 경험한 것은 뉴노멀new normal의 전조에 불과하다. 우리는 지금 인플레이션 경향이 전보다 더 강력해진 세계로 되돌아가고 있으며, 그 이유는 흔히 언론이나 전문가들이 내놓는 이유와는 다르다. 그러한 미래를 견뎌내기 위해서는 인플레이션에 대한 인식부터 달라져야 한다.

각 장의 내용

제1장에서는 언론이나 전문가가 인플레이션에 대해 말해주지 않는 다섯 가지에 대해 다룬다. 먼저 인플레이션을 좋은 인플레이션, 나쁜 인플레이션, 추악한 인플레이션이라는 세 가지 유형으로 구분한 다음에 인플레이션 지수가 어떻게 만들어지는지, '소시지를 넣으면 소시지가 나온다'는 격언이 왜 딱 들어맞는지를 알아볼 것이다. 인플레이션 지수가 무엇인지, 어떻게 구성되는지, 지수에 포함되거나 포함되지 않는 의외의 항목으로 주택을 비롯해 무엇이 있는지, 왜 그 복잡한 통계 수치

가 실생활에서 중요한지도 살펴본다. 간단히 말해 무엇이 측정되느냐가 중요하고, 인플레이션의 '진짜' 측정치는 존재하지 않으며, 무엇을 인플레이션으로 판단할지 여부에는 정치가 크게 작용한다는 이야기를 한다.

제2장에서는 왜 인플레이션의 억제 수단으로 항상 금리가 동원되는지를 알아본다. 과거의 금리 인상이 달성한 일과 더 중요하게는 달성하지 못한 일을 되짚어보고, 금리 인상의 대안이 되는 정책들을 검토한다. 특히 그 대안 가운데 1970년대의 인플레이션을 억제하기 위해 시행된 가격 통제 정책이 어째서 실패작으로 간주되는지, 스페인, 헝가리, 독일, 스코틀랜드처럼 경제 상황이 제각각인 나라에서 최근의 인플레이션에 대응하기 위해 시행한 가격 통제가 어떤 성과를 거두었는지를 다룬다.

제3장은 인플레이션의 원인이 무엇인지, 누구에게 책임이 있는지, 누가 그 대가를 치러야 하는지를 설명하는 여러 가지 인플레이션 담론을 다룬다. 우리는 인플레이션 담론이 각각 정부의 재정 부양, 근로자의 임금 인상 요구, 공급 충격, 탐욕스러운 기업의 이익 확대를 원인으로 지목하는 네 가지 유형으로 나뉜다고 본다. 네 가지 유형의 인플레이션 담론은 저마다 서로 다른 방향으로 비난의 화살을 돌리며, 그에 따라 서로 다른 해법과 시사점을 제시한다.

제4장에서는 이번 인플레이션 같은 상황이 하이퍼인플레이션으로 이어져 실제로 사회 붕괴를 일으킬 가능성이 있는지를 다룬다. 무엇이 하이퍼인플레이션이고 무엇이 아닌지를 설명하면서 베네수엘라, 짐바브웨, 아르헨티나, 양차 대전 사이의 독일을 하이퍼인플레이션의 실제

사례로서 자세히 살펴본다. 그럼으로써 그럴듯하게 설득을 하거나 정치적인 주장을 강조하기 위해 하이퍼인플레이션이 자주 언급되지만 실제로는 매우 드문 현상이라는 안심할 만한 결론에 도달한다.

제5장에서는 '왜 이번 인플레이션을 예측하지 못했는가'라는 질문을 던진다. 그리고 그 답을 구하기 위해 기존 인플레이션 대응 교본의 근간을 이루는 역사 서사를 살펴본다. 우리는 그것을 1970년대 경제학의 '정착된 역사settled history'라고 부르며 그러한 역사 서사를 두 가지 렌즈로 분석한다. 첫 번째 렌즈는 필립스Alban W. Phillips 교수의 그 유명한 '곡선'이다. 필립스 곡선Phillips's curve은 인플레이션의 변동을 해석하는 모델로 인기를 끌었으며 오늘날까지도 사용되고 있지만 1970~1980년대의 주류 경제학자들은 그것이 '붕괴'했다고 판단했다. 두 번째 렌즈는 중앙은행의 독립성 강화로서, 이는 1970년대의 인플레이션에 대한 대응책으로 새로운 물가 안정 체제가 구축되면서 이루어졌다. 이어서 우리는 1980~1990년대에 새로이 구축된 물가 안정 체제를 뒷받침한 주요 개념을 살펴본다. 제5장은 인플레이션이 무엇인지, 인플레이션에 어떻게 대응해야 하는지, 왜 이번 인플레이션을 예측하지 못했는지에 대한 우리의 사고방식에 '정착된 역사 서사'가 지대한 영향을 끼쳤다는 사실을 조명한다.

제6장에서는 '인플레이션과의 전쟁은 계층 전쟁인가'라는 질문을 던진다. 인플레이션이 무엇인지, 어디에서 비롯되었는지, 사람들이 인플레이션에 대해 어떻게 생각하는지, 결정적으로 왜 그러한 사고방식이 자리 잡았는지 살펴본 다음에 가장 중요한 분배 문제를 파고든다. 여기서는 서로 충돌하는 인플레이션 담론의 쟁점을 걷어낸 다음에 누가 이

기고 누가 지는지, 누가 자신의 이익을 지키기 위해 인플레이션을 이용하는지, 누가 약탈적인 지대 추구rent seeking의 형태로 인플레이션을 악용하는지를 구체적으로 밝힌다.

우리는 인플레이션을 좀 더 비판적으로 살펴봄으로써 처음에 제기했던 여러 질문에 답할 수 있었다. 그러나 그 과정에서 새로이 생각해볼 가치가 있는 질문들도 떠올랐으며 결론에서 그러한 질문을 다룬다. 우리는 인플레이션이 대세가 되는 미래를 앞두고 있을까? 아니면 이번 인플레이션은 일회성 사건에 불과하며 세계는 다시 저인플레이션의 시대로 돌아갈까? 우리는 두 가지의 가능한 미래를 제시한다. 하나는 세계 경제가 디플레이션 압력으로 인해 저인플레이션으로 되돌아가는 시나리오이며, 다른 하나는 구조적으로 더 높은 인플레이션이 지속되는 시나리오다. 우리는 현재 상황이 곧 사라질 공급 측면의 충격에서 비롯되었다고 생각하지만 지난 30년간의 극도로 낮은 인플레이션율이 되돌아오지는 않을 것이라고 주장한다. 오히려 구조적으로 더 강한 인플레이션이 우리를 기다리고 있을 수 있는 이유를 제시하고자 한다. 그리고 만약 그렇다면, 그러한 환경에 대비하기 위해 무엇을 해야 하는지도 살펴보려 한다. 그러나 본격적으로 시작하기에 앞서, 우선 인플레이션이 무엇이고 우리가 어떻게 그것을 인식할 수 있는지부터 살펴보겠다.

제1장
인플레이션에 관해 그들이 말하지 않는 5가지

Inflation

내가 아는 사람 중에서
분별 있게 행동하는 이는 내 재단사뿐이다.
그는 나를 볼 때마다 내 치수를 새로 쟀다.
반면에 다른 이들은 예전 치수를 그대로 사용했고
그 치수가 나한테 딱 맞기를 기대했다.[1]

─조지 버나드 쇼 George Bernard Shaw,
『인간과 초인 Man and Superman』 중에서

1. 좋은 인플레이션, 나쁜 인플레이션, 추악한 인플레이션

이제부터 인플레이션이 무엇인지, 어째서 인플레이션에 관해서는 보이는 것이 전부가 아닌지, 우리가 인플레이션을 충분히 파악하지 못하는 이유가 무엇인지 알아보자. 우선 다음 질문부터 생각해봐야 한다. 지금 인플레이션이 한창 진행 중인지, 아니면 (임대료, 연료비, 주택 가격처럼) 몇몇 눈에 띄는 가격만 오르고 있는 것인지를 어떻게 구분할 수 있을까? 이 질문에 답하려면 먼저 인플레이션이 무엇인지를 명확히 정의할 필요가 있다.

인플레이션은 평균 물가 수준이 전반적이고 지속적으로 상승하는 현상이다. 그러나 이 말이 실제로 무엇을 의미하는지는 좀 더 자세히 알아봐야 한다. 우리는 물가가 너무 높을 때 인플레이션이 발생했다고 생각하기 쉽다. 그러나 여기에는 한 가지 의문이 따라붙는다. 무엇과 비교하여 높다는 것일까? 예를 들어 스위스는 물가 수준이 매우 높지만 인플레이션율은 매우 낮다(2024년 6월 기준 1.4퍼센트였다).[2] 흔한 예시를 들자면 스위스의 빅맥 햄버거 가격은 6달러 정도다.[3] 반면에 튀르키예는 인플레이션율이 2024년 5월에 75퍼센트를 넘어섰을 정도로 매우 높지만 빅맥 가격은 훨씬 더 싸서 2.6달러밖에 하지 않는다. 그렇다면 어느 나라의 물가가 더 높은 것일까?

여기서 반드시 알아둘 점은 인플레이션이 물건이 상대적으로 얼마나 비싸냐 하는 것보다는 그 가격이 어떻게 변화하고 있느냐와 관련이 있다는 사실이다. 우리는 가격이 오를 때는 '인플레이션'이라고 하고 가격이 내릴 때는 '디플레이션'이라고 한다. 연간 인플레이션율이 10퍼센트일 때 지난해 커피 한 잔 가격이 1달러였다면 올해는 1.10달러가 될 가능성이 크다. 다시 말해 인플레이션은 가격의 변화를 통해 사람들의 구매력이 어떻게 변화했는지를 보여준다. 위의 예시인 커피 한 잔의 경우에는 구매력이 10퍼센트 줄어든 셈이다. 마찬가지로 스위스의 빅맥이 더 비싼 까닭은 스위스 사람들이 튀르키예보다 더 높은 임금을 받기 때문이라고 추측할 수 있다. 그러나 두 나라 모두 임금은 그대로이고 인플레이션율이 100퍼센트인 상황을 겪는다면 빅맥 가격이 비슷한 폭으로 상승하여 스위스에서는 12달러, 튀르키예에서는 5.2달러가 될 것이다. 물론 어느 쪽이 소비자에게 더 큰 타격을 줄지는 별도로 다루어야 할 문제다.

요약하자면 인플레이션에서 정말로 중요하게 살펴보아야 할 점은 물가가 '얼마나 많이, 얼마나 빠르게, 얼마나 광범위하게' 변동하느냐다. 우선 '얼마나 많이'는 물가 변동의 폭을 뜻한다. 물가가 1년 동안 1~2퍼센트 상승하면 사람들이 별로 신경 쓰지 않을 가능성이 크다. 그러나 1년 만에 물가가 두 배로 오른다면 누구나 우려하기 마련이다. 우리는 인플레이션율이 임금에 비해 '얼마나 빠르게' 상승하는지에도 신경 쓴다. 적어도 이론상으로는 유가가 두 배로 오르더라도 임금 역시 두 배로 오르면 경각심을 느낄 일이 아니다. 경제학자들의 표현대로라면 '실질적$_{real}$' 변화가 아니라 '명목적$_{nominal}$' 변화일 뿐이기 때문이다.[4] 다시 말해, 숫자는 바뀌었지만 임금과 물가 사이의 관계는 바뀌지 않았다. 그럼에도 사람들은 대개 명목적인 변화와 실질적인 변화를 혼동한다. 그 때문에 인플레이션의 실제 영향과 사람들이 체감하는 인플레이션 사이에는 괴리가 생긴다.[5] 이에 대해서는 곧 알아보기로 한다.

그러나 물가 변동의 속도가 우리에게 큰 영향을 끼치지 않는다고 해도 변동되는 물건의 범위는 문제가 될 수 있다. 인플레이션은 우리가 소비하는 여러 품목에 동시에 영향을 줄 때 비로소 인플레이션으로 불릴 수 있으며 그럴 때만이 실제로 문제가 된다. 기억해둘 점은 인플레이션이 전반적인 물가 수준이 평균적으로 상승하는 현상이라는 사실이다. 이때 '평균'이라는 단어가 중요하다. 예를 들어 튀르키예에서 햄버거용 소고기가 너무 비싸지면 현지 소비자들은 햄버거에 넣을 고기를 닭고기나 양고기로 대체할 수 있다. 그러나 인플레이션이 모든 품목에 영향을 끼쳐서 다른 품목으로 대체할 수 없게 되면 문제가 발생한다. 우리가 인플레이션이 '얼마나 광범위한지'에 주목하는 이유와 인플레이션의 가장 제대로 된 정의가 '전반적인 물가 수준의 평균적인 상승'인 이유도 그 때문이다. 이 같은 통찰을 바탕으로 이탈리아 중앙은행의 총재이며 유럽중앙은행$_{European\ Central\ Bank}$ 집행위원회 이사를 역임한 파비오 파네타$_{Fabio\ Panetta}$는 적절하게도 인플레이션을 좋은 것$_{the\ good}$, 나쁜 것$_{the\ bad}$, 추악한 것$_{the\ ugly}$의 세 종류로 나누어 정의했다.[6] 물론 이러한 분류에는 세르조 레오네Sergio Leone 감독의 스파게티 웨스턴('마카로니 웨스턴'으로도 불리는 이탈리아에서 만든 미국 서부 개척 시대 영화-옮긴이)인 〈좋은 놈, 나쁜 놈, 추악한 놈〉(우리나라에 소개된 제목은 '석양의 무법자'이다-옮긴이)도 영감을 주었을 것이다.

인플레이션은 적당한 경우 오히려 '좋은' 영향을 줄 수 있다. 일반적으로 완만한 물가 상승은 경제 성장의 신호이며, 경제가 성장하면 적어도 이론상으로는 임금도 노동자의 생산성에 발맞춰 오른다. 이 같은 상황에서는 물가가 오르더라도 임금이 물가를 따라가기 때문에 사람들이 전과 같은 분량의 물건을 구매할 수 있으며 경우에 따라서는 더 많이 구매할 수도 있다. 이 같은 이유로 미 연준이나 유럽중앙은행을 비롯한 중앙은행 대다수는 무조건 인플레이션율을 낮추려 하기보다는 대체로 2퍼센트 정도의 안정적이고 긍정적인 인플레이션율을 유지하는 것을 목표로 한다.[7]

'나쁜' 인플레이션의 원인은 물가를 끌어올리는 동시에 경제를 침체에 빠뜨리는 공급 충격이다. 최근 우리가 겪은 인플레이션이 나쁜 인플레이션이다. 예를 들어 코로나19로 인한 공장 가동이 중단되었고 러시아-우크라이나 전쟁으로 인해 상품 공급량과 석유 공급량이 급격히 감소했으며, 그 결과 소비재와 에너지 가격 모두 급등했다. 이러한 유형의 인플레이션이 나쁜 것으로 간주되는 까닭은 석유나 가스 같은 특정 상품에 영향을 끼치는 데 그치지 않고 다른 관련 상품 가격에도 그 영향이 번져나가 사람들의 소득에 추가적인 압박을 가하기 때문이다. 그러나 대체 에너지원이 발견되거나 공급망이 전환되어 공급 충격이 사라지고 물가가 정상 수준으로 되돌아오기만 한다면 인플레이션이 아직

'추악한' 수준까지 이른 것은 아니다.

적어도 이론적으로는 경제학 용어로 '인플레이션 기대 심리inflation expectation(앞으로도 물가가 계속 상승하리라는 주관적인 전망-옮긴이)'가 '억제되지 못한de-anchored' 상태일 때 인플레이션이 '추악한' 수준에 이르는 것으로 간주된다. 나중에 좀 더 자세히 다루겠지만 이는 기본적으로 사람들이 물가가 이미 상승한 적이 있기 때문에 앞으로도 지속적으로 상승하리라고 예상하는 한편, 기업들이 물가 상승을 내다보고 미리 가격을 인상하여 그 과정에서 인플레이션이 발생하는 상황을 말한다. 경제학자들의 표현으로는 가격이 '억제 장치를 잃은' 상황이다. 경제 이론에 따르면 이러한 상황이 발생할 때 사람들은 내일이 되면 물가가 더 올라가리라 예상하기 때문에 내일까지 기다리지 않고 오늘 당장 물건을 구매하기 마련이라고 한다.[8] 그뿐만 아니라 이들은 미래의 가격 인상에 대비하기 위해 임금 인상을 요구한다. 그러나 그 같은 행동을 통해 수요와 임금이 동시에 상승하고, 기업은 공급량을 줄이고 상품에 더 높은 가격을 책정해야 하는 상황에 처한다. 근로자들의 임금을 인상해 주면 전체적인 비용도 상승하기 때문이다. 이렇게 해서 가격과 임금이 서로를 끌어올리는 순환이 시작된다.

그 순환에서 벗어나기란 매우 어렵다. 물론 제4장에서 알아보겠지만 '추악한' 인플레이션은 매우 드문 현상이다. 2021년부터 2024년까지 미국과 유럽연합이 겪은 인플레이션의 원인은 '임금-물가 악순환'이 아니었다.[9] 더욱이 미국 같은 나라에서는 금리가 인상되었음에도 경제 성장과 고용 증가가 이루어졌고 인플레이션 기대 심리는 안정적으로 유지되었다. 앞으로 살펴보겠지만 이러한 상황은 미래의 물가 변동에 대한 사람들의 기대가 불안정할 때 인플레이션이 발생한다는 이론에 부합하지 않는다. 그러나 이 사례는 우리가 어떠한 종류의 인플레이션을 경험하고 있는지 정확히 아는 것이 중요하다는 점을 시사한다. 각 인플레이션에 저마다 다른 대응책을 적용할 필요가 있기 때문이다. 그렇다면 현재 진행 중인 인플레이션이 어떤 유형인지는 어떻게 알 수 있을까? 인플레이션 유형을 파악하려면 인플레이션을 측정하는 방법부터 알아봐야 한다.

2. 인플레이션을 측정하는 방법

미국 연준은 인플레이션을 '시간이 흐름에 따른 상품과 서비스의 가격 상승'으로 정의한다. 연준의 설명에 따르면 인플레이션은 '단일 상품과 서비스의 가격 상승은 물론 몇 가지 상품과 서비스의 가격 상승만으로 측정되지 않으며' 그보다는 '상품과 서비스의 전체적인 가격 수준이 전반적으로 상승하는 경제 현상'이다.[10] 실제로 연준은 다양한 '물가지수price indexes'를 살펴봄으로써 인플레이션을 추적한다. 물가지수는 통계적인 도구로서 가격이 제각각인 품목을 결합하고 상대적인 중요도에 따라 가중치를 부여한 뒤 그 가격을 기준이 되는 시점이나 가격 수준과 비교한 것이다. 그런 다음 연준이 장기간에 걸쳐 '그러한 지숫값을 추적'하면 전반적인 물가 수준이 어떻게 움직이고 있는지를 종합적으로 파악할 수 있다. 연준이 활용할 수 있는 물가지수에는 여러 가지가 있지만 연준의 주요 정책 결정 기구인 연방공개시장위원회

Federal Open Market Committee는 그 가운데서도 개인소비지출Personal Consumption Expenditures(이하 PCE)이라는 물가지수를 가장 중요시한다. PCE는 미국 소비자들이 구매하는 상품과 서비스의 가격을 측정한 지표로 미국 경제분석국Bureau of Economic Analysis에서 산출한다. 광범위한 소비 유형을 분석하며 비교적 자주 갱신되는 데다[11] 연준의 설명에 따르면 물가 안정과 완전 고용의 달성이라는 연준의 이중 목표에도 더 부합하기 때문에 [12] 다른 지수들보다 선호된다. 그럼에도 연준은 소비자물가지수Consumer Price Index(이하 CPI)에도 관심을 기울인다. CPI는 PCE와 전반적으로 비슷한 지표이지만 측정 방식(특히 계산식, 가중치, 범위)이 다르기 때문에 PCE에 비해 인플레이션율을 더 높게 나타내는 경향이 있다.

미국 CPI의 산출에는 미국 노동통계국Bureau of Labor Statistics이 취합하는 장바구니 물가 데이터가 사용된다. 노동통계국은 매달 설문조사와 현장 조사를 통해 미국인이 일상적으로 구매하는 상품과 서비스 8만 개의 가격을 파악하여 장바구니 물가를 측정한다.[13] 장바구니 물가에는 사과 가격, 휘발유 가격, (이제는 아무도 이용하지 않는다는) 케이블 TV 요금, 병원 진료비 등의 다양한 항목이 포함된다. 상품과 서비스의 표본인 장바구니는 미국 전체 인구의 93퍼센트를 차지하는 도시 거주자의 소비 행태를 전반적으로 보여줄 수 있도록 선별되며, 가격 정보는 온라인상의 웹스크래핑Web scraping(웹사이트에서 필요한 데이터를 추출하는 기법 – 옮긴이), 설문조사, 마트의 판매 데이터를 보여주는 전자 판독기 scanner 정보를 통해 수집된다.[14]

잉글랜드은행Bank of England은 사람들이 자주 구매하는 상품과 서비스 묶음인 장바구니의 물가를 바탕으로 인플레이션율을 산출하며 장바구니는 영국 국가통계청British Office for National Statistics에 의해 정기적으로 갱신된다. 장바구니에는 빵 한 덩어리, 버스표, 신차나 중고차, 해외여행 비용을 비롯해 700개가 넘는 품목이 포함된다.[15] 영국의 인플레이션은 그러한 장바구니의 전반적인 가격 변동을 나타내는 CPI로 측정된다.[16] 인플레이션율은 '현재의 장바구니 비용(CPI 수치)과 1년 전의 장바구니 비용'을 비교하는 방식으로 산출된다. 즉 1년 동안의 가격 변동 수준이 인플레이션율인 것이다.

유럽중앙은행은 인플레이션을 다음과 같이 설명한다. "개별 품목뿐만 아니라 상품과 서비스 전반의 가격이 광범위하게 상승할 때 일어난다. 오늘 1유로로 살 수 있는 물건이 어제보다 줄어든다는 뜻이다."[17] 유럽중앙은행이 사용하는 물가지수도 CPI처럼 장바구니를 바탕으로 산출되지만, 조화소비자물가지수Harmonized Index of Consumer Prices(이하 HICP)로 불린다. 독일, 프랑스, 이탈리아를 비롯해 유로화를 사용하는 모든 국가들이 물가 변동을 손쉽게 상호 비교할 수 있도록 동일한 산출 방식을 사용하기 때문이다.

사람마다 다르게 체감되는 인플레이션

알다시피 2022년이나 2023년에는 이 나라 저 나라에서 인플레이션이 전년도보다 'x'퍼센트 높다고 하는 뉴스가 보도되었다. 그러나 이제까지 알아본 대로 각국이 서로 다른 방식으로 인플레이션을 측정한다는 사실을 감안하면 우리가 정말로 같은 인플레이션을 측정하고 있기는 한가, 하는 의문이 들 수 있다. 실제로 인플레이션율이 상승했다는 보도가 나왔을 때 우리 역시 모든 상품과 서비스가 더 비싸진 것 같은 느낌을 받았을까? 친구들과 이야기를 나눠보면 국가 통계 기관의 웹사이트에서 인플레이션이 우리 삶에 어떠한 영향을 주는지 읽을 때와는 사뭇 다른 느낌이 들 수 있다.[18]

예를 들어 나는 자동차를 자주 사용하지만 친구는 자전거를 타고 출근한다고 가정해보자. 이 경우 지난 1년 동안 휘발유 가격이 크게 올랐기 때문에 친구보다 내가 인플레이션율이 더 높다고 체감할 것이다. 그러나 친구는 월세가 거의 두 배로 올랐기 때문에 저축해놓은 돈을 월세로 지출해야 할 것 같다고 힘들어할지도 모른다. 반면에 고정금리형 주택담보대출로 주택을 소유하는 사람은 인플레이션의 수혜자다. 인플레이션은 대출금의 실질 가치를 떨어뜨리기 때문이다. 인플레이션율이 10퍼센트이고 내가 받은 주택담보대출의 금리가 5퍼센트라면 부담해야 할 실질금리는 -5퍼센트다. 나는 사실상 '평가 절하된devalued' 달러나 유로로 대출금을 상환하게 되는 반면에 월세를 사는 친구는 자금 압박이 가중될 것이다. 이처럼 인플레이션 체감은 사람마다 크게 다를 수밖에 없다. 그렇다면 이 같은 차이가 있더라도 공통된 인플레이션 척도를 만들 수 있는 방법은 무엇일까?

각국은 되도록 다양한 상황을 반영하여 하나의 물가지수로 요약하려고 한다. 인플레이션 지수는 특정 국가의 물가 추세와 그것이 국민의 소비에 끼치는 영향을 종합적으로 보여줄 정도가 되어야 한다. 이를 위해 통계학자와 경제학자는 인플레이션을 '소비 바구니consumption basket'라는 개념을 통해 분석한다. 개개인이 사는 물건 가격을 일일이 확인하는 것이 아니라 전체 인구의 일반적인 소비를 대표적으로 보여주는 상품과 서비스의 묶음을 만들고 그 묶음의 가격을 파악하는 것이다. 이렇게 수집된 가격은 위에서 알아본 CPI라는 단일 지표로 통합된다.[19] CPI는 연간, 월별 통계뿐만 아니라 일일 통계를 통해 해당 국가의 물가 수준을 보여준다. 이때 (우리가 알아보고자 하는) 가격 변동률은 특정 품목의 현재 시점 가격을 이전 시점 가격으로 나누고 여기에 100을 곱하여 측정된다. 앞서 언급한 바와 같이 단순히 CPI의 변동률로 인플레이션을 파악하는 것이다.[20]

그뿐만 아니라 위에서 잠깐 살펴본 대로 8만 개에 달하는 품목들의 가격 변화를 측정하고 합산할 때 소비 바구니 속 모든 품목에 동일한 중요도나 '가중치'를 부여해서는 안 된다. 어떤 품목은 전반적인 물가 수준에 더 큰 영향을 미치기 때문이다. 소비 바구니에 햄버거와 파스타 밀키트가 포함되어 있다고 가정해보자. 미국인들이 파스타보다 햄버거에 더 많은 지출을 하는 경향이 있기 때문에 미국에서는 햄버거 가격의 변동이 파스타 밀키트의 가격보다 CPI에 더 큰 영향을 미친다. 반면에 이탈리아의 CPI를 측정할 때는 그 반대의 내용이 적용될 가능성이 크다. 이처럼 지수는 고정된 것이 아니다. 소비 행태가 변하면 소비 바구니 속 품목도 바뀐다. 예를 들어 경제 구조가 변화하여 우리가 물질적인 상품보다 서비스를 더 많이 소비하게 되면 서비스 부문의 인플레이션에 더 큰 주의를 기울여야 할 것이다.

인플레이션 지수를 통해 다양한 개별 지표를 세분화할 수도 있다. 이와 관련하여 우리가 자주 접하는 개별 지표는 '헤드라인 인플레이션$_{\text{headline inflation}}$'과 '근원 인플레이션$_{\text{core inflation}}$'이다. 지금까지 알아본 지수는 헤드라인 인플레이션을 나타낸다. 그러나 경제 분석가나 중앙은행은 근원 인플레이션의 추세를 더 중시하는 경향이 있다. 근원 인플레이션은 헤드라인 인플레이션에서 식품과 에너지 가격을 제외한 것이다. 그렇게 하는 까닭은 식품과 에너지 가격이 자주 변동하므로 근본적인 인플레이션 추세를 파악하는 데 방해가 되기 때문이다. 그처럼 연 단위 또는 월 단위로 가격이 급격히 오르내리는 것을 경제 용어로는 가격 변동성이 크다고 표현한다.

헤드라인 인플레이션과 근원 인플레이션: 평균과 지수의 '체감' 문제

그러나 인플레이션의 영향을 가장 크게 받는 사람들에게는 그 같은 구분이 잘 와닿지 않을 것이다. 평균값을 구할 수는 있지만 실제로 평균의 삶을 그대로 사는 사람은 없기 때문이다. 현재의 인플레이션을 유발하는 주요 요소가 식품과 에너지 가격이라면 이 두 가지를 지수에서 제외하는 방법이 통계학적으로는 타당할지 몰라도 통계를 조작하여 수치를 낮추는 것처럼 보인다. 원칙적으로는 헤드라인 CPI가 연간 가격 변동을 비교하는 데 사용되고 근원 CPI가 월별 인플레이션을 분석하기에 더 적합한 도구라고 한다. 그러나 분명한 점은 근원 인플레이션과 헤드라인 인플레이션이 (일반적으로 유가 변동 때문에) 각기 다른 인플레이션율을 나타낸다는 사실이다. 따라서 둘 중에서 한 가지 지수를 선택하고 참고하는 데는 신뢰도가 더 높다거나 비교가 더 쉽다는 것 이상의 유인incentive(경제학적으로 어떤 행동을 자극하는 보상-옮긴이)이 작용한다. 경제 역시 정치처럼 시각적인 효과가 중요하다. 실제로 이 같은 구분에 주의를 기울이면 인플레이션을 상당히 다른 관점에서 바라볼 수 있다. 특히 선진국의 헤드라인 인플레이션과 근원 인플레이션을 비교해보면 언론 기사에서 접하는 인플레이션 이야기가 얼마만큼 타당한지 검증해볼 수 있다.

통설에 따르면 팬데믹 이후에 사람들이 그동안의 소비 결핍을 만회하기 위해 더 많은 물건을 사들이기 시작하면서 전 세계적으로 물가가 올라갔다고 한다. 팬데믹 기간에 각국 정부가 국민에게 너무 많은 돈을 퍼주어 소비할 돈이 넘쳐났지만 공급망 붕괴로 인해 그 돈을 지출할 대상이 없었다는 것이다. 한마디로 정부가 팬데믹 재정 지출을 통해 '경제를 과도하게 부양'했으니 팬데믹이 끝난 뒤에 인플레이션이 발생할 수밖에 없었다는 해석이다.

이러한 해석은 그럴듯하지만 중요한 사실을 간과하고 있다. 세계 각국의 인플레이션율이 전반적으로 상승하기는 했지만 실제로는 나라마다 서로 다른 양상의 인플레이션을 체감했다는 사실이다. (좋은 인플레이션, 나쁜 인플레이션, 추악한 인플레이션 등) 인플레이션의 유형도 달랐고 인플레이션이 영향을 끼친 범위도 제각각이었다. 2022년 7월에 미국과 유로존Eurozone(유럽연합에서 유로화를 공식 통화로 사용하는 국가들 - 옮긴이)의 헤드라인 인플레이션은 9퍼센트 정도로 비슷했지만 근원 인플레이션은 미국이 6퍼센트로 5퍼센트인 유로존보다 더 높았다.[21] 미국에서는 식품과 에너지를 제외한 품목들의 가격 상승이 인플레이션의 절반 정도를 견인했다. 반면에 애당초 유로존의 인플레이션은 에너지 가격 상승에서 비롯되었다. 러시아산 가스에 대한 의존도가 높은 상황에서 러시아의 우크라이나 침공 때문에 에너지 공급이 급감하자 유럽의 에너지 가격이 상승한 것이다.

그러나 사람들이 가장 민감해하는 것으로 알려진 식품 인플레이션만

따로 떼어 살펴보면 이야기가 완전히 달라진다. 2022년 12월에 미국과 영국의 식품 물가 인플레이션율은 각각 10퍼센트와 13.3퍼센트였으며 독일은 20퍼센트를 넘어섰다. 이것만 보더라도 헤드라인 인플레이션에서 식품을 제외하면 인플레이션의 원인을 파악하는 데에는 상당한 도움이 될지 몰라도 우리가 측정하는 인플레이션 수치에 크나큰 영향을 준다는 사실을 알 수 있다. 예를 들어 독일은 미국과 달리 팬데믹 기간에 근로자들에게 수표를 직접 지급하지 않았지만, 미국보다 더 심한 인플레이션을 겪었는데 상당 부분 식품과 에너지의 가격 상승 때문이었다.

그뿐만 아니라 인플레이션 지수마다 지속적인 요소와 변동성이 큰 요소를 구분하는 방식도 다르다. 근원 인플레이션은 계절적 변동성이 크다는 이유로 식품과 에너지 가격을 제외한다. 그러나 어떤 인플레이션 지수는 할인 행사나 휴가철의 영향으로 변동성이 크다면서 의류 가격과 여행비용을 배제한다.[22] 이처럼 다양한 접근법에는 인플레이션의 '진짜' 추세를 파악하겠다는 의도가 깔려 있다. 그러나 그처럼 다양한 시도가 이루어졌음에도 그 어떠한 지수도 인플레이션의 진정한 본질을 보여주지는 못한다. 각각의 지수는 선택적이고 주관적이며 그 예측력은 시간이 지나면서 달라진다.[23] 그러한 점에서 지수를 분류하고 분석하는 방법은 강력한 정치적 도구가 될 수 있다. 결국 인플레이션에서 정말로 중요한 것은 소비자와 생산자가 얼마나 광범위한 분야에서 물가 변화를 체감하느냐이다. 그러한 체감은 본질적으로 주관에 좌우되는 동시에 각자 소득 분포에서 차지하는 위치에 따라 객관적으로 결정된다. 까놓고 말해 부유한 사람은 인플레이션이 소비에 미치는 영향에

덜 민감하다.[24]

　가격 상승이 특정 부문에만 집중되고 다른 부문에는 영향을 끼치지 않는 경우도 있다. 예를 들어 2022년 초에 미국은 멕시코 미초아칸에 주재하는 자국의 농산물 안전 검사관이 (멕시코 마약 조직원으로 추정되는 인물로부터) 살해 협박을 받자 멕시코산 아보카도의 수입을 금지했다.[25] 그 후 해당 금수 조치로 아보카도 공급이 급감하면서 가격이 24년 만에 최고치를 기록했다. 그러나 아보카도 가격의 급등이 다른 상품의 가격에 영향을 주지는 않았다(단, 아보카도로 만드는 소스인 과카몰레만큼은 예외일 것이다). 언론 매체 대다수는 아보카도 가격의 상승을 '아보카도 인플레이션'으로 표현했지만 가격 상승이 그리 광범위하지 않았기 때문에 실질적인 인플레이션은 아니었다.

　경제사학자 애덤 투즈Adam Tooze에 따르면 '진정한 의미의 인플레이션'은 "물가지수의 상승이 여러 세부 구성 요소 전반에 걸쳐 대체로 비례적으로 나타날 때" 발생한다고 한다.[26] 그러한 이유에서 사람들이 말하는 '자산 가격 인플레이션'이나 '주택 가격 인플레이션'은 진짜 인플레이션이 아니다. 예를 들어 2000년대 초반, 세계화의 디플레이션 효과가 몇몇 상품의 가격에 영향을 미치면서 미국에서는 텔레비전을 비롯해 다양한 소비재의 가격이 하락했지만 주택 가격은 급속도로 상승했다.[27] 그렇다면 주택이나 의료서비스처럼 가격이 비싸면서도 물가지수에 포함되지 않거나 특이한 방식으로 반영되는 품목의 인플레이션은 어떻게 측정해야 할까?

3. 무엇을 측정하느냐가 중요하다

이처럼 인플레이션 지수가 제각기 다른 방식으로 구성되는 탓에 진정한 인플레이션 척도가 없다면 우리는 이 문제를 어떻게 해결해야 할까? 게다가 통일된 척도가 없는 상황에서 인플레이션의 원인을 어떻게 찾아야 할까? 이 마지막 질문은 중요한 문제인데 그 까닭은 CPI의 '내부 구조'를 자세히 들여다보면 시간이 지날수록 지수를 구성하는 개별 항목의 기여도가 분산되었다는 사실을 발견할 수 있기 때문이다.[28] 쉽게 말해 과거에는 특정 품목의 가격이 함께 오르거나 내리는 경향이 있었지만 이제는 각각 다른 방향으로 움직이는 경우가 더 많아졌다는 뜻이다. 이러한 분산 현상은 특히 2020년과 2021년에 두드러졌다. 이럴 때는 인플레이션이 얼마나 광범위하게 확산되어 있는지를 파악하는 일이 중요하다. 실제로는 인플레이션을 유발하는 요인이 몇몇 핵심 부문에만 집중될 때도 있기 때문이다. 예를 들어 미국의 경우 2022년에는 주거 임대료가, 2023년에는 교통비가 물가를 대폭 끌어올린 요소였다. 반면에 유럽연합에서는 앞서 언급했듯이 에너지 비용 상승이 물가지수 상승의 절반 정도를 견인했다.

그 이외에도 중요하지만 잘 언급되지 않는 사실은 물가지수가 시간에 따른 변화를 측정하기 때문에 시작 시점을 언제로 선택하느냐가 중요하다는 점이다. 그 중요성은 미국의 월별 인플레이션율이 유독 높게 나타났던 2021년에 부각되었다. 루스벨트 연구소Roosevelt Institute는 전년 대비 물가 변동을 측정하는 방식에 따른 기저 효과(기준 시점과 비교 시점의 차이로 경제 지표가 크게 달라지는 현상-옮긴이) 때문에 2021년 4월의 인플레이션율이 다른 때보다 더 높게 나타날 것이라고 경고했다.[29] 간단히 말해 2020년 4월과 2021년 4월을 비교하면 2021년의 인플레이션율이 더 높아 보이지만 실제로는 2020년에 팬데믹으로 말미암아 물가가 비정상적으로 하락했기 때문에 그러한 결과가 나타난 것에 불과했다. 이와 같이 2021년의 인플레이션은 2021년에 물가가 실제로 상승했기 때문이라기보다는 2020년에 물가가 하락했기 때문에 발생했다.

그뿐만 아니라 CPI를 볼 때는 무엇이 제외되어 있는지도 염두에 두어야 한다. 물가지수의 바탕이 되는 소비 바구니가 장기간에 걸쳐 사람들의 소비 행태를 정확히 반영하지는 않는다. 코로나19 팬데믹은 어째서 그러한 일이 일어나는지를 명확히 보여주는 사례다. 팬데믹은 사람들의 삶을 바꿨으며 삶의 변화는 소비 행태의 변화로 이어졌다. 대개 여행을 단념해야 했으므로 항공권 가격이 얼마인지를 따지는 일은 더 이상 의미가 없었다. 아무도 항공권을 사거나 외식을 하지 않는다면 항공권이나 식당 음식의 가격이 오르거나 내리는 데 신경 쓸 필요가 있을까? 실제로 팬데믹 기간에는 평소에 관심을 끌지 못했던 보호용 마스크나 홈트레이닝 기구 같은 품목의 가격에 더 큰 가중치를 두어 물가지수에 반영해야 할 것이다. 이와 같은 문제가 발생함에 따라 경제학자와 통계학자는 인플레이션 측정 방식을 재고해야 하는 것이 아닌가 고민하기 시작했다. 예를 들어 하버드대학의 교수인 경제학자 알베르토 카바요Alberto Cavallo는 팬데믹 기간 동안 미국의 신용카드와 직불카드 사용 데이터를 분석한 후에 CPI의 소비 바구니를 조정할 필요가 있다고 제안했다.[30] 실제로 카바요에 따르면 팬데믹 기간에 사람들은 식품에 대한 지출은 늘리고 교통, 외식, 호텔에 대한 지출은 줄였다고 한다.

이러한 문제는 갑자기 등장한 것이 아니었다. 가격에 어떻게 정확한 가중치를 부여할지에 대한 고민은 오래전부터 이어져왔으며 팬데믹을 계기로 그 문제가 새로운 형태로 부각됐을 뿐이다. 결국 문제는 소비 바구니를 고정된 상태로 유지하느냐 아니면 새로운 소비 패턴에 맞춰 바꿀 것이냐로 요약된다. 소비 바구니를 그대로 유지하면 장기간에 걸쳐 가격을 비교하기가 쉬워진다. 이 같은 방식으로 산출된 물가지수는 현재의 인플레이션이 이를테면 1970년대만큼 극심하게 진행될 것인지 판단하는 데 도움을 준다. 그러나 오늘날의 소비 행태는 1970년대와 매우 다르다. 지금은 스마트폰을 비롯해 당시에는 존재하지 않았던 제품이 수두룩하다. 따라서 물가지수 내의 가중치를 조정하는 편이 합당해 보인다. 실제로 일부 국가의 중앙은행은 그렇게 하고 있다. 그러나 소비 바구니를 조정하고 나면 사과와 오렌지처럼 전혀 다른 상품을 비교하는 것이 합당한가, 하는 질문이 따라온다. 소비 바구니의 가중치와 구성 품목을 지속적으로 갱신하면 현재와 1970년대의 인플레이션을 정말 제대로 비교할 수 있을까?

세부 사항에 얽매이는 것처럼 들릴지도 모르지만 가중치 조정 같은 요소는 매우 큰 영향을 끼친다. 독일의 사례를 보면 그 점을 단적으로 알 수 있다. 독일에서는 코로나19 기간에 봉쇄 조치가 시행되자 대중교통 이용이 급감하면서 대중교통 요금이 하락했다. 반면에 식음료 가격과 가구 가격은 상승했다. 그럼에도 독일의 물가지수에서 대중교통 요금에 부여된 가중치는 한참 후에 조정되었다(이를테면 영국보다 더 늦게 조정되었다).[31] 그 까닭은 지출 항목의 가중치가 어쩌다 가끔 시행되는 설문조사 결과를 바탕으로 갱신되기 때문이다.[32] 일반적으로 소비

습관은 쉽게 변화하지 않지만 코로나19 당시에는 예외적으로 사람들의 소비 행태가 급작스레 속속들이 바뀌었다. 갑자기 모든 사람이 더는 여행을 가지 않았고 식품을 많이 구매하기 시작했다. 그러나 공식 통계상의 가중치는 그리 신속하게 조정되지 않았다. 그 결과 실제로는 식품 가격의 상승 때문에 많은 이가 허리띠를 졸라매야 했지만 공식적인 물가지수만 보면 인플레이션은 그리 심각하지 않아 보였다. 식품 가격은 올랐지만 교통비는 떨어지고 있었기 때문이다. 공식 통계에는 코로나19 당시에 대중교통을 이용하는 사람이 거의 없었다는 사실이 반영되지 않았다. 신용카드 데이터를 통해 팬데믹 기간의 소비 패턴이 어떻게 변화했는지를 분석한 연구만 보더라도 그러한 사실이 명확히 드러난다. 한마디로 인플레이션은 발표된 것보다 한층 더 극심했다. 독일의 인플레이션이 과소평가된 이유는 간단했다. 더 이상 많이 소비되지 않는 항목이 여전히 중요한 소비 항목과 동일한 가중치를 부여받았기 때문이다. 2021년 9월에는 소비 바구니가 전면적으로 조정되었다. 이때 여행 지출의 감소가 반영되었기 때문에 여행 관련 서비스 가격의 가중치가 낮아졌다. 그 결과 독일의 인플레이션율은 한 달 만에 3.4퍼센트에서 4.1퍼센트로 급등했다.[33]

또 다른 사례는 한층 디지털화된 세계 안에서의 삶에서 찾아볼 수 있다.[34] 예를 들어 인터넷 검색이나 디지털 플랫폼 이용처럼 우리가 사용하는 인터넷 서비스의 일부는 명목상 무료로 제공된다. 그러나 실제로는 당연히 공짜가 아니다. 우리가 광고에 노출됨으로써, 또는 예를 들어 페이스북 데이터의 경우처럼 우리 자신이 상품이 됨으로써 그 대가를 지불하고 있기 때문이다. 어쨌든 오늘날 우리가 디지털 서비스를 소비하고 있는 것만큼은 분명하다. 그렇다면 디지털 서비스 같은 품목의 인플레이션은 어떻게 측정해야 할까? 각종 디지털 서비스가 우리의 소비에서 한층 더 큰 비중을 차지하게 된다면 우리는 인플레이션 가중치와 척도에 그 비중을 어떻게 반영해야 할까? 이는 결코 명확하게 해결할 수 있는 문제가 아니다. 요약하자면 무엇을 측정하는지뿐 아니라 어떻게 갱신하는가도 중요하다. 무엇보다도 소비 바구니에 포함된 품목만큼이나 포함되지 않은 품목도 중요하다. 이러한 사실은 주거비 문제에서 가장 뚜렷이 부각된다.

4. 주택 가격 인플레이션은 왜 측정하기 어려운가

주거비가 인플레이션 지수에서 누락된 것에 대해서는 예전부터 의문이 제기되어왔다. 최근의 인플레이션이 발생하기 이전에도 그랬지만 특히 요즘 들어서는 주거비가 가장 큰 쟁점으로 떠올랐다. 구체적으로 살펴보면 주택 가격은 누구에게나 가장 큰 지출을 유발하고 심지어 주택은 한 개인이 일생에 구매하는 것 중에서 가장 비싼 상품이 될 가능성이 크다. 게다가 주택 가격은 금리에 가장 민감하게 반응하는 항목이다.[35] 그럼에도 이것이 인플레이션 지수에 반영되지 않는 이유는 무엇일까? 게다가 한 세대 동안 전 세계 여러 시장에서 급등했으며 자산 형성에 중요한 역할을 해왔다는 사실을 감안하면 주택 가격은 어떤 식으로든 인플레이션에 대한 우리의 체감에 반드시 포함되어야 할 항목이 아닐까? 예를 들어 앞서 언급한 '가중치' 관점에서 생각해보면, 주택 가격의 변화는 빵 한 덩어리의 가격 변화에 비해 우리의 다양한 품목 소비에 훨씬 더 명백하게 영향을 미친다. 가격 변동이 우리의 생활 수준에 미치는 영향을 포착하는 것이 인플레이션 측정의 전반적인 목표임에도 주택 가격이 인플레이션 측정에 반영되지 않는 까닭은 무엇일까?

사실 주택 가격은 인플레이션 지수에 특이한 형태로 포함되어 있다. 예를 들어 미국의 CPI에는 '주거비shelter cost'라는 항목이 포함되어 있다. 주거비는 임대료뿐만 아니라 '잠재 임대료potential rent'와 '소유자의 귀속 임대료owners' equivalent rent(자가를 임대할 경우에 받을 수 있는 예상 임대료-옮긴이)'처럼 좀 더 복잡해 보이는 척도로 측정된다. 주거비는 CPI 전체 항목의 3분의 1을(또한 PCE의 15퍼센트 정도를), 근원 CPI의 40퍼센트를 차지한다.[36] 그러나 주택 가격을 인플레이션 지수에 반영하는 과정이 얼마나 복잡한지 이해하려면, 집값이 인플레이션 전반에 어떤 영향을 미치는지를 분석해야 하는 통계학자의 관점에서 생각해볼 필요가 있다.

집을 먹을 수 있는가?

먼저 임대료에서 시작해보자. 세입자가 집주인에게 내는 임대료가 얼마인지 자료를 취합하는 것이다. 임대료는 상당히 적절한 척도지만 임차인 말고 주택 소유자가 부담하는 비용은 반영하지 않는다. 주택 가격이 얼마나 올랐는지를 확인할 수도 있지만 그래봤자 주택 소유자의 소비가 아니라 자산을 측정할 수 있을 뿐이다. 알다시피 주택은 자산이다. 주택 구매는 투자로 간주된다. 자산은 본질적으로 소비재가 아니며,

CPI는 그 이름에서 알 수 있듯이 소비재의 가격을 측정한다.[37] 주택은 우리가 먹을 수 있는 물건이 아니다. 주택담보대출을 받아서 구매한다고 하더라도 우리가 주택을 매달 또는 매년 '소비'하는 것은 아니다. 주택담보대출 상환은 빵을 먹거나 휴가를 가는 행위와 다르다는 이야기다. 우리가 매달 갚아나가는 주택담보대출 상환금은 대출금을 줄이는 동시에 우리의 주택 지분을 창출하여 자산 증가를 불러온다. 그러나 안타깝게도 샌드위치를 먹는다고 해서 자산이 창출되는 것은 아니다. 이러한 관점에서 볼 때 임대료 지급은 순수한 소비이지만 주택담보대출 상환은 소비가 아니다. 그럼에도 우리는 여전히 CPI에 주택 가격을 반영하고 싶어 한다. 주택은 '주거'라는 서비스를 제공하고 그러한 서비스에는 비용이 따르는 데다 주택 가격이 변동하면 소비에도 변화가 일어나기 때문이다. 골치 아플 정도로 까다로운 내용 아닌가? 그렇다면 우리는 주거 서비스의 비용을 어떻게 측정해야 할까?

미국에서는 그 비용을 측정하기 위해 노동통계국이 '소유자 귀속 임대료'라는 척도를 고안했다. 소유자 귀속 임대료와 잠재 임대료는 주택 가격이 급상승하여 우리가 더 많은 돈을 치르고 구매한다 해도 주택을 빵처럼 소비할 수는 없다는 데서 비롯되는 문제를 해결하기 위해 설계되었다. 통계 전문가들은 소유자 귀속 임대료를 측정하기 위해 주택 소유자가 자신의 집과 동등한 집을 임대할 경우에 치러야 할 잠재적 비용을 산출한다. 그러한 지출도 소비이므로 CPI에 포함되어야 한다는 근거에서다.

그러나 주택담보대출이 끼어 있는 단독주택과 동등한 주거지를 찾기란 쉽지 않다. 일반적으로 임대용 공동주택과 소유자 거주 공동주택은 단독주택과는 매우 다르다. 일부 단독주택은 너무 크기 때문에 이와 비슷한 임대용 주택을 찾기가 어렵다. 게다가 임대용 공동주택은 대부분 도심에 집중되어 있는 반면에 소유자 거주 단독주택은 주로 교외에 흩어져 있다. 그런데 임대료는 위치에 따라 천차만별이며 주택담보대출 상환 비용과는 역의 상관관계를 보이는 경향이 있기 때문에 문제가 발생한다. 대개 도심의 임대료는 높고 교외의 임대료는 낮은 반면, 소유자 거주 단독주택의 경우에는 도심이 싸고 교외가 비싸다. 따라서 공식 CPI에 자가 주거비가 포함되어 있긴 하지만 그 추정치에는 중요한 한계가 존재한다. 주택 가격 자체가 아니라 주거비의 대리 척도 proxy measure 가 CPI에 반영되는 까닭도 그 때문이다.[38]

주택 가격이 CPI에 (직접적으로) 포함되지 않는 마지막 이유에는 역사적인 배경이 있는데 시간이 흐름에 따라 가중치와 소비 바구니를 갱신하는 문제와도 관련이 있다. 각국 정부는 20세기 초에 인플레이션에 대한 정보를 수집하기 시작했다. 20세기 초는 (남성) 인구가 막 투표권을 얻고 교육 기회를 누리게 되었으며 노조를 조직하고 파업할 수 있는 자격을 얻은 시기였다. 당시 정부는 근로자들이 식료품을 구매하기에 충분한 임금을 받고 있는지에 관심을 기울였다. 근로자들이 굶주리면 노조를 조직하고 파업에 나설 가능성이 크기 때문이었다. 결과적으로 초창기의 인플레이션 지표는 즉각 소비되는 재화만을 기준으로 측정되었다. 시간이 지난 후에야 좀 더 다양한 재화까지 포함하게 되었고, 서비스 항목까지 반영된 것은 비교적 최근의 일이다.

그러나 1953년부터 1983년까지는 미국의 CPI에 주택 가격이 포함되어 있었다.[39] 주택 가격은 1983년에 지수에서 제외되었고 자가 주거비 추정치로 대체되었다. 그 까닭은 주택 가격이 소비가 아니라 투자로 간주되었기 때문이다. 또 주택 가격 자체를 CPI에 반영했더니 인플레이션율이 상승하여 인플레이션에 연동되는 연금이나 복지 급여의 지급 부담이 지나치게 커진 것도 이유였다(는 주장이 있다). 주택 가격을 공식적인 물가지수에서 제외한 것은 CPI를 효과적으로 끌어내리는 방법이었고[40] 그에 따라 인플레이션에 연동되는 사회보장 지출 부담도 줄일 수 있었다. 결과적으로 도표 1.1에서 알 수 있듯이 주택 가격이 제외되자 CPI에서 주거비 인플레이션이 하락했다.

주택 가격이 CPI에서 제외됨에 따라 주택 가격 상승 추세와 CPI 사

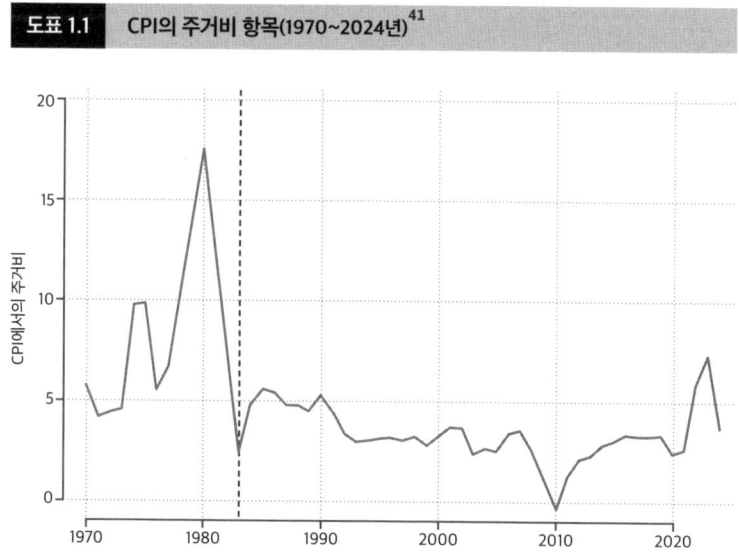

도표 1.1 CPI의 주거비 항목(1970~2024년)[41]

출처 미국 세인트루이스 연준은행의 연준경제데이터(FRED)에서 조회한 미국 경제분석국 자료에 미 대통령 경제자문위원회(Council of Economic Advisers)의 분석을 취합하여 필자가 보완한 그래프
주 해당 차트는 미국 도시 소비자를 대상으로 한 CPI 주거 항목의 연간 변동률을 백분율로 나타낸 것이다. 미국 도시 평균을 기준으로 삼았으며 1982~1984년의 평균을 기준점(100)으로 설정했다.

이에 괴리가 발생했다. 적어도 일부 지역에서는 주택 가격이 폭발적으로 상승했기 때문에 격차가 두드러졌다. 이러한 현상은 사람들이 인플레이션을 체감하는 방식에 뚜렷한 영향을 끼친다. 주거비가 지출에서 크나큰 비중을 차지하고 주택 가격이 급격히 상승한다 해도 그 같은 변화가 공식적인 인플레이션 통계에 충분히 반영되지 않는 것이다. 이는 2007~2008년 세계 금융위기 직전에 실제로 벌어진 일이다. 2005년에 주택 가격의 연간 상승률은 15퍼센트 정도였지만[42] 도시 소비자의 체감 인플레이션율은 3퍼센트 정도로 측정되었다. 이러한 괴리에 국민이 동요하자 각국 중앙은행은 '주택 가격 인플레이션house-price inflation'을 반영하려는 움직임을 보이기 시작했다.[43] 그러나 이제까지 이루어진 변화를 보면 그 효과가 불분명하거나 심지어 우려스러울 정도다.

주택 가격이 물가지수에 포함된다면

2021년에 뉴질랜드 정부가 중앙은행의 임무를 개편함에 따라 뉴질랜드 중앙은행은 통화정책 결정 시에 주택 가격을 반영해야 했다. 당시 재무장관은 해당 조치가 주택 가격이 급격한 상승이나 하락 없이 경제 전반과 균형을 이루며 유지되도록 하기 위한 정부 조치의 일환이라고 설명했다. 그러나 개정 조치는 실제 통화정책이나 주택 가격에 사실상 영향을 미치지 못한 것으로 보였다. 개정 이후 뉴질랜드 중앙은행 총재는 "임무는 변화했어도 중앙은행의 인플레이션 목표치는 변경되지 않았다"고 강조했다.[44] 한편 2020년 8월부터 2022년 3월까지 뉴질랜드의 평균 주택 가격은 41퍼센트 상승했다.[45]

주택을 물가지수에 반영할지 여부는 오늘날에도 전문가들 사이에서 논의가 분분한 주제다. 유럽중앙은행은 통화정책 전략을 대대적으로 개편한 데 이어 자가 소유 비용을 물가지수에 반영하기로 결정했다.[46] 그러나 이 책을 쓰고 있는 시점에도 유럽중앙은행은 어떻게 반영할 것인가를 두고 고심하고 있다. 현재 유럽중앙은행이 사용하는 물가지수에는 실제 임대료만 반영되어 있으며 그 가중치도 6.5퍼센트에 불과하다.[47] 게다가 미국 연준과 달리 소유자 귀속 임대료 등의 대리 척도를 통해 주택 소유자의 임대료를 추정하지도 않는다. 유럽중앙은행이 소유자 귀속 임대료와 유사한 추정치를 반영할 경우에는 인플레이션 측정치가 약 0.3퍼센트 상승할 것으로 추정된다.[48]

영국에서는 인플레이션 통계에 자가 보유 비용이 포함되어 있지만 잉글랜드은행은 이를 반영하지 않은 다른 CPI를 기준으로 인플레이션 목표치를 설정한다.[49] 다시 뉴질랜드의 사례를 살펴보면 주택 가격이 물가지수에 포함되고 주택 가격이 지속적으로 상승하고 있어도 뉴질랜드 중앙은행은 인플레이션 목표치를 바꿀 이유가 없다고 판단한다. 이처럼 우리가 체감하는 인플레이션과 정부가 제공하는 다양한 물가지수가 현저하게 다른 것은 그리 놀라운 일이 아니다. 게다가 곧이어 살펴보겠지만 무엇이 물가지수에 포함되고 포함되지 않느냐는 인플레이션의 비용을 사회의 특정 집단에서 다른 집단으로 전가하는 데 있어 유용한 참고 자료가 된다. 예를 들어 이론상으로는 금리 인상으로 주택 가격을 잡으면 과열된 주택 시장이 진정되기 마련이다. 그러나 주택 가격을 반영하더라도 물가지수가 거의 움직이지 않는다면 주택 가격을 잡겠다고 금리 인상을 단행할 이유가 있을까?

결론적으로 우리는 주택 가격 인플레이션이라는 말을 자주 접하지만 실은 그러한 개념이 존재하지 않는다는 사실을 기억할 필요가 있다. 주택은 구매자들 사이에서 자산으로 간주되는 데다 제한된 공급량과 투자 가치 덕분에 가격이 높게 매겨진 상품일 뿐이며 주택 가격은 그 가격에 불과하다. 물론 주택 가격은 인플레이션을 유발할 가능성이 있으며, 실제로도 주택 가격을 물가 상승 요인으로 간주해야 할 수도 있다. 그러나 소유자 귀속 임대료나 이와 유사한 대리 척도로 측정해보면 주택 가격은 적어도 역사적으로는 인플레이션에 큰 영향을 끼치지 않은 것으로 보인다. 그렇다면 우리는 왜 그 복잡한 통계 수치에 신경 써야 할까? 이것이 이번 장의 마지막 주제다.

5. 왜 복잡한 통계 수치를 신경 써야 할까

'무엇을 넣고 무엇을 뺄 것인가'에 대한 논의는 방법론적 쟁점에 그치지 않는다. 이는 인플레이션으로 말미암아 누가 이득을 보고 누가 손해를 보느냐에 중대한 영향을 끼친다. 그 가운데 직접적인 영향의 사례로 인플레이션에 따른 과세 표준구간tax bracket(세금을 매길 때 기준이 되는 소득 구간-옮긴이) 조정을 들 수 있다. 미국 국세청은 해마다 인플레이션을 반영하여 과세 표준구간을 조정해왔다. 물가 상승이 (명목) 임금 인상을 동반하기 때문이다. 미국의 경우 2017년까지만 해도 표준 CPI가 구간 조정에 사용되었다. 그러나 표준 CPI는 물가 상승 시에 사람들이 얼마나 빨리 대체재로 전환하는지를 반영하지 않으므로 인플레이션을 과대평가하는 경향이 있었다.

이 문제에 대응하기 위해 2017년 미국 의회는 과세 표준구간 조정에 다른 물가지수를 사용하기로 했다.[50] '연쇄chained CPI'로 불리는 해당 지수는 가격이 상대적으로 변동할 때 지출 행태가 어떻게 바뀌는지를 포착하는 방법과 CPI보다 소비 바구니를 더 신속하게 갱신하는 방법을 통해 대체 효과substitution effect를 제대로 반영하도록 설계되었다. 연쇄 CPI는 표준 CPI보다 더 낮은 수치를 산출하는 경향이 있기 때문에 그 같은 법 개정은 미국의 과세 방식에 즉각적인 영향을 주었다. 브루킹스 연구소Brookings Institute의 마이클 응Michael Ng과 데이비드 웨셀David Wessel은 다음과 같이 설명한다. "연쇄 CPI는 표준 CPI보다 더 서서히 상승하기 때문에 과세 표준구간의 기준 금액도 매년 더 적은 폭으로 오르게 된다. 그 결과 법 개정 이전에 비해 더 높은 과세 표준구간에 진입하는 사람들이 늘어났다."[51] 다시 말해 납세자들은 더 낮은 인플레이션율을 적용받으면서도 전보다 더 많은 세금을 내는 상황에 처할 수 있다.

그 이외에도 인플레이션 측정에는 누가 이득을 보고 누가 손해를 보느냐를 결정짓는 일에 직접적이지는 않지만 꽤 중요한 영향을 끼치는 요소가 있다. 예를 들어 어떤 가중치 부여 체계에 따르면 오늘날의 물가 급등이 1970년대의 인플레이션과 유사한 것으로 나타났다고 가정해보자. 그런 결론을 접한 정부 관료들은 그들의 전임자들이 그러했듯이 금리를 인상하여 대량 실업을 유발하는 수준으로까지 경기를 둔화해야 한다고 생각할 수도 있다. 이와 대조적으로 연쇄 CPI처럼 소비 바구니의 품목을 더 자주 갱신하는 물가지수는 더 낮은 인플레이션율을 산출하는 경향이 있으며 그 결과 인플레이션에 대해 덜 과감한 통제 정책을 유도할 가능성이 있다. 첫 번째 시나리오의 경우에는 실업이 증가함에 따라 급여생활자들이 손해를 보는 반면, 임대소득자나 예금자는 이익을 보게 된다. 두 번째의 경우에는 급여생활자와 임대소득자나 예금자 간의 손익 불균형이 완화된다.

이러한 영향은 중앙은행이 경제에서 담당하는 역할을 생각해보면 더욱 확실하게 파악할 수 있다. 오늘날 대부분의 중앙은행은 '물가 안정'이라는 구체적이고도 법률로 정해진 임무를 수행하는 데 있어서만큼은 선출직 관료들로부터의 '독립'을 보장받는다. 일반적으로 '물가 안정'이란 인플레이션율을 2퍼센트 정도로 유지하는 것을 의미한다. 인플레이션의 측정 방식은 그러한 임무를 어떻게 수행할지뿐만 아니라 그 임무가 달성되었는지를 평가할 때에도 중요한 역할을 한다. 예를 들어 기준 물가지수를 바꾸거나 물가지수의 바탕이 되는 소비 바구니 안의 가중치를 조정하는 것은 중앙은행의 정책 결정에 큰 영향을 끼칠 수 있다.

미국의 중앙은행인 연준이 인플레이션을 어떻게 인식하는지를 생각해보자. 연준은 정책 결정 시에 PCE를 기준으로 삼는다.[52] 이 지수는 앞서 다룬 CPI와는 큰 차이가 있다. 예를 들어 CPI는 PCE보다 주거비 인플레이션에 더 큰 가중치를 둔다. 미국의 주거비가 오를 때 PCE는 CPI보다 덜 상승한다는 뜻이다. 의료비가 상승하면 정반대 상황이 나타난다. PCE와 CPI 모두 소비자의 본인 부담 진료비를 반영하지만 PCE는 고용주나 (연방 의료보험제도를 통해) 정부가 부담한 비용도 반영한다. 이 같은 품목 구성의 차이를 감안하면 물가지수를 변경하는 것은 기술적인 사안에 그치지 않는다. 2003년 영국의 물가지수 전환 사례를 보면 그로 인해 어떤 사안이 영향을 받는지 알 수 있다.

2003년에 영국의 고든 브라운Gordon Brown 재무장관은 잉글랜드은행에 기존의 소매물가지수Retail Price Index(이하 RPIX)를 유로존에서 일반적으로 사용되는 HICP로 교체하라고 지시했다. HICP를 더 믿음이 가고 정확한 물가지수로 간주했기 때문이다. 영국의 유로존 가입 가능성이 점쳐지던 상황에서 HICP 채택은 다른 유럽 국가와의 통합에 속도를 내려는 정치적 조치이기도 했다. 이 두 가지 지수의 주된 차이는 HICP가 주택담보대출의 상환 비용을 반영하지 않는 반면, RPIX는 영국의 높은 자가 보유 비율을 감안해 상환 비용을 반영한다는 점이었다. 영국에 HICP를 적용하면 헤드라인 인플레이션율이 낮아지며 실제로도 RPIX는 HICP보다 0.8퍼센트포인트 정도의 더 높은 인플레이션율을 나타냈다. 그 격차는 주택 가격이 오를수록 더 벌어졌다.

브라운이 지수 전환을 공식 발표하기 한 달 전인 2003년 11월에도 그 같은 일이 발생했다. RPIX가 HICP보다 1.2퍼센트포인트 더 높게 나타난 것이다. 지수 전환의 결과로 새롭게 도입된 HICP만 보면 인플레이션율이 비교적 낮았기 때문에 경제 상황도 한층 더 긍정적인 것처럼 느껴질 수밖에 없었다. 그럼에도 잉글랜드은행의 인플레이션 목표치는 계속해서 2.5퍼센트로 유지되었다. 목표치를 달성하기가 전보다 더 용이해진 셈이다.

영국의 지수 전환은 몇 가지 중요한 분배 효과를 일으킬 것으로도 예측되었다. HICP 기준으로 인플레이션율이 낮아졌기 때문에 잉글랜드은행은 금리를 인하하여 목표치를 달성하려고 했다. 그러한 변화는 채무자들에게 유리한 법이다. 금리가 낮아지면 채무 상환 부담이 줄어드는 데다 대출 비용의 하락으로 영국 경제에서 중요한 역할을 하는 주택

시장이 호황을 이어갈 수 있기 때문이다. 반면 대출금의 이자소득은 줄어들기 때문에 채권자들에게는 불리한 상황이 펼쳐진다.

이 모든 상황을 관망하던 금융시장은 HICP가 인플레이션율을 더 낮게 추정한다면 잉글랜드은행이 금리를 인하할 테고 그러면 대출 비용이 줄어들어 주택 가격이 한층 더 상승하리라고 판단했다. 그래서 시장은 금리가 더 떨어지리라는 쪽에 베팅했다가 결과적으로 큰 손실을 입었다. 잉글랜드은행은 물가지수의 변경을 공식적으로 발표한 2004년 6월에 기준 금리를 0.25bp(bp는 basis point의 약자로 1bp는 0.01퍼센트를 나타낸다-옮긴이) 인상한 4.75퍼센트로 결정하여 시장의 예상을 뒤엎었다.[53] 간단히 말해 시티the City(런던의 금융가-옮긴이)가 지수 변경에 따른 금리 인하를 예상하자 이를 의식한 잉글랜드은행이 그러한 베팅을 무산시키려고 금리를 인상으로 대응한 것이었다.[54]

오늘날에도 유럽중앙은행의 물가지수에 주택 가격을 반영할지 여부를 둘러싸고 비슷한 논의가 진행 중이다. 전문가들은 주택 가격을 반영하면 인플레이션의 지표인 HICP가 상승하고 그에 따라 유로존의 물가가 전보다 더 높게 나타날 것이라고 내다본다.[55] 이러한 변화는 '절약 정신'이 강한 (즉 인플레이션 회피 성향이 강한) 유럽 북부의 중앙은행 총재들에게 매파 노선(인플레이션을 강력하게 통제하려는 입장-옮긴이)을 택할 명분을 제공할 여지가 있다. 일반적으로 중앙은행이 매파 노선을 채택하면 금리 인상과 좀 더 긴축적인 통화정책으로 이어져 채무자보다는 채권자에게 유리해진다.

요점은 인플레이션을 어떻게 측정하느냐가 인플레이션을 어떻게 인식하느냐에 영향을 준다는 이야기다. 인플레이션을 어떻게 인식하느냐는 인플레이션에 어떻게 대응해야 하는지, 궁극적으로 그 부담을 누가 지는지를 결정짓는다. 인플레이션은 재분배 효과를 낸다. 이 부분은 전문가들이 당신에게 말해주는 내용이다. 그러나 그들은 인플레이션의 측정 방식 역시 재분배 효과를 낸다는 사실은 알려주지 않는다. 자신이 거짓말을 한 것이 아니라 "진실을 아껴서 말했을 뿐"이라는 마거릿 대처Margaret Thatcher 전 영국 총리의 유명한 말이 연상되는 상황이다.

제2장

인플레이션에 금리 인상으로 대처하는 이유

Inflation

역사는 똑같은 일의 반복이다.[1]

―우디 앨런Woody Allen

우리에게 망치만 있다면: 금리와 인플레이션

중앙은행이 인플레이션을 억제하기 위해 금리를 이용하는 이유는 무엇일까? 금리를 인상하면 은행권의 차입 비용이 증가해 결과적으로 은행이 대출을 내주는 것을 꺼리게 된다. 이론적으로 은행이 대출을 줄이면 기업의 투자와 사업 확장에 차질이 빚어진다. 이는 결국 생산이나 고용(혹은 둘 다)의 감소로 이어진다. 개인의 대출 비용이 올라가면 소비가 감소한다. 따라서 우리가 인플레이션의 원인을 (바로 이어서 각각에 대해 자세히 알아보겠지만) 기업의 가격 마진price margin(판매 가격에서 원가를 뺀 금액 - 옮긴이) 확대로 보든, 과도한 소비 자극으로 보든, 임금 상승 압력으로 보든 상관없이 금리 인상은 경기 과열을 식히는 수단으로 가장 많이 사용된다. 2021년에도 예외는 아니었다.

2021년, 중앙은행들은 '통화 긴축'이라는 매우 공격적인 금리 인상 조치로 인플레이션에 대응했다. 도표 2.1은 미국, 유로존, 영국의 금리가 2008년 이후로 0퍼센트 가까이에 머물러 있었음을 보여준다. 이는

2007~2008년 세계 금융위기로 말미암아 경기 부양을 위해 마이너스 금리나 양적 완화quantitative easing(간단히 말해 중앙은행이 국민에게서 국채를 사들이고 지급한 대금이 경제로 흘러 들어가기를 기대하는 것)처럼 복잡해 보이는 확장적 통화정책이 시행된 결과였다. 그러다가 팬데믹의 발생과 함께 금리가 급등했다. 도표 2.1은 이때 중앙은행들의 대응이 얼마나 과감했는지를 뚜렷이 보여주면서도 실제로는 그 일련의 금리 인상이 1970년대 후반과 1980년대 초반에 비하면 상당히 미약했다는 사실도 알려준다.[2] 미국의 기준 금리가 1980년 12월에 22퍼센트로 고점을 찍었고 영국의 기준 금리가 1980년대 거의 내내 17퍼센트라는 고점을 유지했다는 사실은 1980년대의 금리 인상 규모가 얼마나

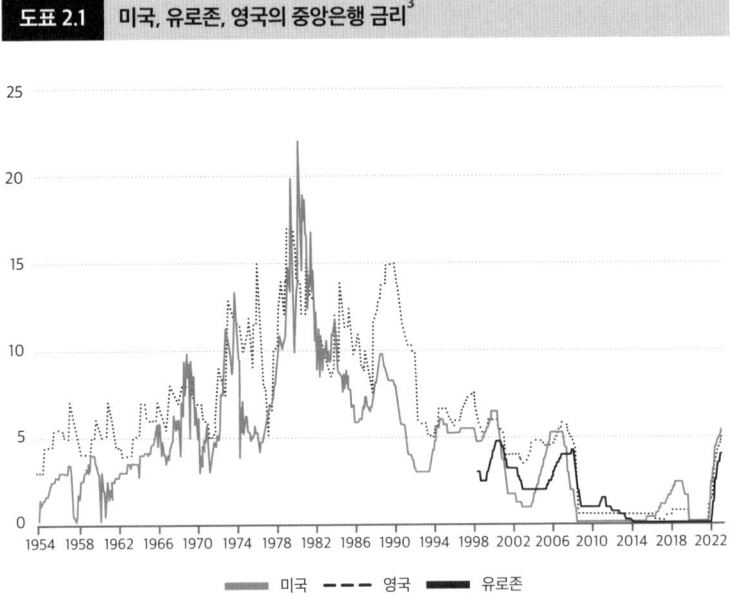

도표 2.1 미국, 유로존, 영국의 중앙은행 금리[3]

출처 BIS 데이터를 바탕으로 필자가 구성한 차트

대단했는지를 실감케 한다. 이와 비교하면 2023년에 미국의 연준과 영국의 잉글랜드은행이 설정한 기준 금리는 5.25퍼센트였으며 유럽중앙은행의 기준 금리는 4퍼센트였다.

금리 인상은 가장 자주 사용되는 인플레이션 억제 수단이다. 그런 만큼 우리는 금리 인상이 실제로 효과를 발휘하는지 질문을 던져볼 필요가 있다. 주류 경제학계에서는 금리 인상이 효과가 있는지보다는 얼마나 효과적인지에 초점을 맞추어 논의하는 경향이 있다. 다시 말해 주류 경제학의 관심사는 금리 인상이라는 약에 효능이 있는지가 아니라 그 약을 얼마만큼 투여하느냐다. 과도한 금리 인상은 인플레이션 그 자체보다 더 나쁜 결과를 초래한다.

그러나 금리를 속담('가진 도구가 망치뿐이면 모든 사물이 못처럼 보인다'는 서양 속담 – 옮긴이) 속의 망치 같은 도구로 간주하는 비주류적인 관점도 존재한다. 우리가 금리를 경기 조절 수단으로 사용하는 까닭은 이상적인 도구라서가 아니라 1980년대 이후에 정부가 가격 통제나 신용 한도 설정 등의 재정 수단을 통해 물가 수준을 조절하는 정책을 포기했기 때문이라는 관점이다. 실제로 대부분의 선진국에서는 1990년대 들어서 재정 정책의 사용이 급감했다. 나중에 자세히 알아보겠지만 재정 정책 자체가 인플레이션을 유발한다는 인식 때문이었다. 결과적으로 남은 도구는 중앙은행의 통화정책뿐이며 이는 크게 두 가지로 나뉜다.

중앙은행은 자산을 매입하거나 매각함으로써 시중에 현금을 공급할 수 있다. 이러한 방식은 양적 완화로 불리며 흔히 (2011년부터 2016년까지의 유럽에서처럼) 디플레이션일 때 사용된다. 한편 인플레이션이 오면 중앙은행은 공개시장 조작 open market operations 을 단행하거나 상업은행에 지급 준비금의 이자를 지급하는 방식으로 돈을 빌리는 가격(금리)을 인상할 수 있다(최대한 단순화하여 설명한 것이다). 어쨌든 속담에도 있듯이 수중에 있는 도구가 망치뿐이면 모든 문제가 못처럼 보인다.

안타까운 점은 금리라는 망치로 못처럼 보이는 그 모든 문제를 내리치더라도 실제로는 못과 달리 망치에 반응하지 않을 수도 있다는 사실이다. 예를 들어 로런스 서머스와 폴 크루그먼Paul Krugman처럼 인플레이션에 대한 견해가 서로 다른 경제학자들조차도 미국의 금리 인상이 실업률을 끌어올리고 경기 둔화를 유발할 것으로 예측했다. 그러나 두 가지 일 모두 일어나지 않았다. 오히려 공격적인 금리 인상에도 미국 경제는 호황을 누렸고 고용이 감소하기는커녕 증가했다.[4]

주류 경제학계는 이러한 현상을 기존 이론에 배치되는 정보로 받아들였으며, 그 이론 자체에 근본적인 문제가 있다고 인정하기보다는 연준이 완벽한 인플레이션 완화[5]를 달성했다고 찬사를 보냈다. 다시 말해 금리 인상 덕분에 경제가 스위트 스폿sweet spot(경제가 이례적으로 호황을 누리면서 물가도 안정적인 최적 지점 - 옮긴이)으로 추정되는 상황에 도달하여 (실업률 상승 없이 인플레이션이 완화되는) 연착륙에 성공했다는 것이다. 그러나 그 말이 사실이라면 우리가 흔히 금리 조절을 통해 활용할 수 있으리라 기대하는 인플레이션과 실업률 간의 상충 관계(실업률을 높이면 물가가 안정되는 식으로 어느 하나를 얻으면 다른 것이 희생되는 관계-옮긴이)가 존재하지 않는다는 이야기가 된다. 그렇다면 우리는 어째서 아직도 금리를 만능 망치로 생각하고 금리만을 도구로 이용해야 한다고 믿는 것일까? 해당 질문에 대한 답을 찾으려면 금리가 인플레이션의 대표적인 억제 수단이 된 이유를 알려주는 역사적 사례를 돌이켜

볼 필요가 있다. 이 대목에서뿐만 아니라 이 책에서 앞으로도 몇 번 더 되돌아볼 가장 중요한 사례는 1970년대와 1980년대에 경험했던 인플레이션이다.

70년대 이야기 제1막: 볼커의 망치와 분배의 정치학

미국은 1970년대 들어서 완만한 경기 침체에 직면했다. 연준 의장이던 아서 번스Arthur Burns는 경제에 인플레이션 압력이 누적되고 있었음에도 금리 인하로 상황에 대응하기로 결정했다. 당시 경제학계에서는 사회 복지 정책에 대한 정부 지출의 증가, 베트남 전쟁 비용, 그리고 그 두 가지 정책의 결과물인 극도로 타이트한 노동시장tight labor market(실업률이 낮고 인력을 구하기가 어려운 노동시장-옮긴이) 때문에 미국에 인플레이션이 발생하고 있다고 봤다. 그러나 그들은 실업이 인플레이션보다 더 심각한 문제라고 인식했고, 그에 따라 연준은 물가 상승 압력이 있음에도 금리 인상 대신 금리 인하를 선택했다. 다시 말해, 인플레이션율의 일정한 상승을 감수하더라도 완전 고용 상태를 유지하는 것이 더 중요하다고 판단한 것이다.

번스는 통화정책이 인플레이션에 끼치는 영향이 미미하다고 믿었다. 그리고 당시에는 노조와 대기업 양측이 연준의 정책 기조가 어떻든 간에 임금 인상과 가격 인상을 밀어붙일 수 있을 정도로 강력했다. 더욱이 연준의 확장적 통화정책은 공공 지출을 늘리겠다는 닉슨 행정부의 계획에도 부합했다. 나중에는 번스도 '중앙은행의 고뇌Anguish of Central Banking'라는 강연에서 "연준은 미국인의 삶과 문화에 큰 변화를 몰고 온 철학적·정치적 풍조에 휘말려 들어갔다"라면서 그 때문에 통화 공급량의 증가를 제한함으로써 인플레이션을 억제하지 못했다는 것을 뒤늦게 깨달았다고 인정했다.[6]

어쨌든 위와 같은 정책 목표에 따라 연준은 인플레이션율의 상승에도 굴하지 않고 통화 기조를 완화했다. 1970년대 초반 2년 동안에는 인플레이션율이 소폭 하락했다가 그 후 2년 동안에는 다시 급격히 상승했다. 그러고는 2년 동안 떨어졌다가 또다시 가파른 상승세를 보였다. 바로 이때 당시 대통령이던 지미 카터Jimmy Carter가 폴 볼커라는 금융인에게 연준 의장직을 맡겼다. 카터는 리처드 닉슨의 사임 후에 대통령에 오른 제럴드 포드Gerald Ford를 1976년 대선에서 물리친 인물이다. 볼커는 1979년 8월에 연준 의장에 취임했고 잠시 지체한 뒤에 금리를 급격히 인상하기 시작하여 1979년 1월만 해도 10퍼센트였던 금리가 1981년 6월에는 19퍼센트에 이르렀다.[7] 여기서 중요한 사실은 볼커의 임기 동안에 인플레이션율이 1979년부터 1982년까지 13퍼센트에서 약 4퍼센트로 하락했다는 점이다. 볼커가 고용률을 끌어내리기 위해 끈질기게 금리 인상을 단행한 덕분에 물가가 안정되었다는 것은 거의 보편적으로 인정되는 사실이다.[8] 이것이 우리가 1970년대에서 얻을 수 있는 가장 중요한 교훈이다. 실제로도 금리 인상은 고용 감소로 이어졌다. 1979년에 5.6퍼센트이던 실업률이 1982년 말에는 10.8퍼센트로 치솟았다. 그와 더불어 수많은 기업이 파산했고 경기가 크게 둔화했다. 당연히 그만한 고통을 감수할 가치가 있었을까, 하는 의문이 남는다.

인플레이션 억제만이 유일한 정책 목표였다면 금리 인상 자체는 유익한 조치였을지도 모른다. 그러나 현실에서는 정책 목표가 하나만 존재하지 않으며, 금리라는 망치는 다양한 인구 집단뿐만 아니라 다양한 국가에 다양한 형태의 영향을 끼친다. 볼커의 망치는 특히 저소득층 사람들에게 치명적인 타격을 안겼다. 그들은 취업 기회를 잃었을 뿐 아니라 당장 주택담보대출 금리와 대출 금리가 인상되는 결과를 맞이해야 했다. 1980년대 초반에 경기가 침체되자 연준에 대한 항의 시위가 빗발친 것은 놀라운 일이 아니었다. 당시나 지금이나 연준(과 다른 나라 중앙은행들)은 자기들이 분배 정치distributional politics(정부나 공공기관이 자원을 누구에게 얼마나 배분할지를 정치적으로 결정하는 것 – 옮긴이)에 '관여하지 않는다'고 단언해왔지만 연준의 긴축 통화정책은 분배 정책에 중대한 변화를 유발했다. 채권자에게는 이득이 된 반면에 채무자 중에서도 이미 높은 대출 금리를 부담하고 있는 데다 경기 둔화 시에 실직할 가능성이 큰 저소득층 채무자에게는 특히나 큰 손해를 안겼다.

더욱이 연준은 의도적으로 실업을 유발함으로써 근로자와 노조의 협상력을 떨어뜨렸다. 협상력의 약화는 나중에 더 자세히 알아보겠지만 장기적으로 임금 상승에도 악영향을 끼쳤다. 그뿐만 아니라 금리 인상은 국가 채무의 이자 비용까지 끌어올렸으므로 복지 지출이며 실업 수당 같은 정부의 사회적 지출이 줄어드는 결과로 이어졌다. 사회적 지출은 서구권의 여러 국가가 금리 충격을 완충하기 위해 복지제도를 확대했던 1970년대에 매우 중요한 역할을 담당했던 지원책이었다. 애덤 투즈는 이 같은 고찰을 바탕으로 연준과 그 이외 서구권 중앙은행의 인플레이션 대응이 사실상 "예금자, 기업주, 투자자 등 인플레이션을 싫어하는 집단뿐만 아니라 안정성의 회복을 바랐던 정치적으로 보수적인 집단의 기대에 부응"했다는 신랄한 평가를 내렸다. 투즈에 따르면 이로써 중앙은행은 "보수주의 정치의 연장선상"에 놓이게 되었고 "기술 중심적이고 비민주적인 수단"을 활용하는 기관이 되고 말았다.[9] 간단히 말해, 중립적이어야 할 심판이 양측 관중의 눈에 띌 정도로 원정팀에 불리한 판정을 남발한다면 경기의 승자를 결정지을 수 있는 법이다. 그러나 바로 이어서 알아보겠지만 그렇게 해서 발생한 비용은 경기 당일 이후에도 한참 동안 남아 있을 것이다.

부수적 피해:
저축대부조합 위기, 중남미 위기, 그리고 잃어버린 성장

실제로 볼커의 망치는 일반적으로 알려진 것보다 훨씬 더 많은 피해자를 낳았다. 미국 국내에서는 금리 인상의 여파로 사실상 저축대부조합savings and loan(이하 S&L) 전체가 파산했다. S&L은 은행과는 완전히 다른 금융회사로서 그 전문 분야는 은행의 단기 저축 예금을 취합한 다음에 그렇게 모은 예금을 장기 주택담보대출로 내주는 것이었다. 그러나 금리 인상이 거듭되자 S&L은 문제에 직면했다. 예금자에게 지급할 수 있는 금리의 상한선이 1930년대에 연방 법령으로 제정된 '규제 Q Regulation Q'에 의해 정해져 있었기 때문이다. 연준이 Q 금리 Q rate라는 상한선을 넘어선 수준으로 금리를 인상하자 S&L 예금자들은 현금을 인출하여 더 높은 수익을 제공하는 금융회사로 갈아탔다. 그렇게 해서 수많은 S&L이 지급불능 상태에 빠지자 예금자들이 파산하는 한편 주택담보대출의 금리가 올라가고 대출 자체를 받기 어려워졌다.[10]

달러가 세계적으로 통용되는 만큼 볼커의 망치는 해외에도 엄청나게 부정적인 영향을 끼쳤다. 당시 멕시코, 브라질, 아르헨티나 같은 신흥국은 대량의 달러 대출을 받은 상태였다. 이들 국가는 1973년 석유수출국기구OPEC가 유가를 인상했을 때 횡재로 얻은 소위 페트로달러petrodollar(석유 판매 대금으로 받는 미국 달러-옮긴이)의 재활용에 눈독을 들이고 있던 미국계 은행들의 권유로 달러를 차입했다. 1975년에 인플레이션율이 9퍼센트였다는 점을 감안할 때 5퍼센트의 금리로 대출을 받는다면 실질 대출 금리는 마이너스(-) 4퍼센트인 셈이었다. 이는 은행이 신흥국에 차입을 하면 돈을 주겠다고 제안하는 격이었으며, 실제로 신흥국들은 대규모 차입에 나섰다.

그리고 나서 볼커가 망치를 내리쳤다. 미국의 금리 인상 덕분에 달러는 한층 더 매력적인 투자 상품이 되었다. 달러로 돈을 빌려주면 더 높은 수익을 얻을 수 있었기 때문이다. 이처럼 달러의 인기가 높아지자 그 가치가 다른 나라 통화 대비 상승했다. 멕시코, 브라질, 아르헨티나가 달러 대출을 갚으려면 같은 금액이라도 전보다 훨씬 더 많은 자국 통화를 환전해야 했다는 뜻이다. 1982년 8월에 멕시코는 국가 채무를 상환하지 않겠다고 위협했다. 실제로 국가 채무 불이행default이 일어났더라면 돈을 빌려준 미국 은행들이 맨 먼저 파산했을 것이다. 그러나 미국 입장에서 자국의 금융회사들이 실제로 손실을 떠안는 것은 용납될 수 없는 일이었다. 결국 국제통화기금International Monetary Fund(이하 IMF)과 연준은 미국 은행들이 멕시코에 추가 대출을 제공한다는 조건으로 구제 금융 프로그램을 제공하여 멕시코의 국가 채무 불이행을 막았다. 그러나 멕시코만이 그러한 곤경에 빠진 것은 아니었으며 곧 아르헨티나와 브라질도 같은 문제를 겪었다. 그로 인해 중남미 각국이 맞이한 결과는 국가 채무 위기, 저성장으로 대표되는 잃어버린 10년과 상환이 불가능할 정도로 어마어마하게 불어난 빚이었다. 물론 금리 인상으로 미국의 국내 인플레이션은 억제되었다. 그러나 그 대가는 컸다.

더욱이 통화 긴축은 일시적이고 급격하게 작용하면서도 장기적인 손상은 끼치지 않는 충격 요법(인플레이션이라는 숙취를 해소하는 일종의 구토제)이 아니라 아주 오랜 시간이 지나도 회복되지 않는 손상을 남긴다. 최근에 샌프란시스코 연준 은행이 1900년부터 2015년까지 열일곱 개 선진국을 대상으로 진행한 연구에 따르면 금리 인상은 일반적인 인식보다 훨씬 더 오랫동안 경기를 둔화시킨다고 한다.[11] 경제학자들은 '장기적으로 화폐는 중립적'이라고 생각하기 때문에 통화정책의 효과가 단기적이라고 주장하는 경향이 있다. 즉 시중에 통화를 투입하면 경제에 변화를 줄 수는 있지만 얼마 지나지 않아 경제가 다시 펀더멘털fundamental(경제 성장률, 외환 보유고, 무역 수지와 같은 경제의 기초 여건 - 옮긴이)에 의해 결정되는 장기 성장 경로로 되돌아간다는 것이다.[12] 이와 대조적으로 연준의 연구 결과에 따르면 중앙은행이 금리를 1퍼센트포인트 인상할 경우 금리를 그대로 유지할 때보다 경제 생산량이 5퍼센트 감소하며 그 영향은 12년이 지난 후에도 지속된다.

더 나아가 연준의 연구는 금리가 인상될 때 생산량이 감소하는 이유를 분석한다. 연구진은 생산량 감소가 자본 투자의 급감과 그에 따른 생산성 저하에서 비롯된다고 주장한다. 이를 통해 중앙은행의 통화 긴축이 투자에 제동을 거는 데는 성공한다는 사실을 알 수 있다. 그러나 중앙은행은 실업이 아니라 투자 위축을 유발함으로써 그런 결과를 얻는다. 문제는 실업은 일시적인 부작용에 그칠 수 있지만 투자 위축은 장기적인 생산성 둔화로 이어진다는 점이다. 이후에 금리를 인하하더라도 그러한 손실을 만회할 수는 없다.

그럼에도 각국 중앙은행들이 2021년에 그토록 적극적으로 통화 긴축을 단행한 이유는 무엇일까? 사실 그들도 위와 같은 우려 때문에 몇 달 동안 주저했다. (당연히 중앙은행들도 자체적인 연구 보고서를 읽는다.) 중요한 점은 인플레이션이 얼마만큼 오랫동안 지속될 것이냐는 것이었다. 인플레이션이 장기적으로 지속될 전망이라면 통화 긴축이 불가피한 치료제로 여겨질 수 있다. 반대로 인플레이션이 일시적인 현상으로 보인다면 중앙은행은 물가가 차츰 하락하기만을 기다릴 수도 있다. 그러나 기다리기만 하고 아무 조치도 하지 않다가 인플레이션이 가속화할 경우 중앙은행은 법적으로 부여된 임무를 달성하지 못하게 된다.

이러한 상황을 감안할 때 각국 중앙은행으로서는 망치를 그대로 두기보다 사용하고 싶은 유혹이 컸을 것이다. 그렇다면 제2장 서두에서 던진 질문으로 돌아가보자. 금리 인상이 정말로 인플레이션 압력을 억제하는 것이 확실할까? 아니면 우리 수중에 있는 도구가 망치뿐이고 그것을 사용하고 싶은 유혹을 이기지 못해 망치를 드는 것일까? 그 답은 정해져 있는 듯하다. 우리는 망치 이외에도 다른 도구가 존재한다는 사실을 알고도 결국에는 망치를 쓸 것이다.

예를 들어 유럽중앙은행의 집행이사인 이사벨 슈나벨Isabel Schnabel은 금리와 인플레이션의 관계에 대해 확정적인 판단을 내려서는 안 된다면서 그러한 불확실성의 두 가지 요인을 지목한 바 있다.[13] 첫째, 유럽

중앙은행의 경제 분석가들조차 금리 인상의 효과를 확신할 수 없다는 사실을 인정한다. 유럽중앙은행은 2021년의 긴축 정책이 2025년까지 끼칠 영향, 즉 '중기적 효과mid-term effect'를 추정했다. 세 종류의 거시경제 모델을 토대로 유럽중앙은행이 내린 결론은 긴축 정책의 효과가 0.9퍼센트포인트에서 3.9퍼센트포인트까지 다양하게 나타난다는 것이다. 다시 말해 유럽중앙은행의 결론에 따르면 통화 긴축은 인플레이션에 영향을 거의 끼치지 않을 수도, 반대로 인플레이션을 완전히 퇴치할 수도 있다.

둘째, 금리 인상이 효과를 거둔다고 해도, 또한 그에 수반되는 꽤 큰 부작용을 감안하지 않는다고 해도, 중앙은행의 통제를 벗어난 요인들로 인해 미래에 더 높은 인플레이션을 예상할 수 있다. 예를 들어 기후 변화로 인한 극단적인 기상 현상이 농작물에 영향을 끼쳐 식품 가격이 높은 수준을 유지할 가능성이 크다.

향후 기존의 세계무역협정이 붕괴되어 지정학적 갈등이 커지거나 인구학적 변화가 일어나 노동시장 긴장도labor market tightness(노동 공급에 비해 노동 수요가 어느 정도인지를 나타내는 지표로서 높을수록 구인난이, 낮을수록 구직난이 심각함을 나타냄-옮긴이)가 높은 상태로 고착될 경우에도 인플레이션율이 상승할 수 있다. 이에 대해서는 결론 부분에서 다시 알아볼 것이다. 이러한 세상에서 통화 당국이 금리 인상을 인플레이션 퇴치용 만능 망치로 사용한다면 여러 가지 목표를 놓칠 수밖에 없다. 대출 비용을 높인다고 해서 세계 공급망을 통해 외국에서 수입되는 고가의 중간재나 수입 식품의 가격 문제를 해결할 수 있겠는가? 그렇다면 금리 인상의 대안으로 고려해볼 방법은 없을까? 있다. 그리고 그러한 대안

중 하나에 경제학자 대다수는 입에 거품을 물고 반대한다. 바로 '가격 통제'다.

터부가 된 정책, 가격 통제

가격 통제는 가장 단순한 인플레이션 억제 수단이다. 예를 들어 나치 독일은 가격 통제 덕분에 제2차 세계대전 내내 놀랄 만큼 낮은 인플레이션율을 유지했다. 상인들이 나치가 지정한 수준 이상으로 가격을 올렸다가 총살당한 일도 있었다. 극단적이기는 하지만 그만큼 이 사례는 가격 통제 정책의 작동 원리를 명확히 보여준다. 물가가 오르는 것을 원치 않는다면 기업의 가격 인상을 금지하고 이를 어기는 기업을 처벌하면 된다. 이는 전시 상황에서 각국이 흔히 취하는 조치다. 케인스John Maynard Keynes가「전쟁 비용 조달 방법How to Pay for the War」이라는 소책자에서 가격 통제의 필요성을 강조한 것은 잘 알려진 사실이다. 미국 역시 제2차 세계대전 동안 광범위한 가격 통제를 시행했다. 그렇다면 그리 심각하지 않은 시기에는 어떨까? 평상시에도 가격 통제는 효과적인 정책일까?

경제학자들은 가격 통제의 효과에 대해 이상할 정도로 회의적인 경향이 있다. 그들은 가격 상한선을 정했다가는 공급 부족을 초래할 수 있다고 우려한다. 기업들은 자신들이 원하는 가격이나 생산 원가보다 더 낮은 가격으로는 필요한 상품을 생산하려 하지 않거나 생산할 수 없기 때문이다. 가격을 생산의 한계 비용marginal cost(생산량이 한 단위 증가할 때마다 늘어나는 비용-옮긴이)보다 낮게 제한하면 기업들이 생산을 중단하거나 상품을 유통할 다른 방법을 찾으려 함에 따라 암시장 형성을 부추길 수 있다. 그렇다면 가격 통제는 자기 발등을 찍는 결과를 초래하는 셈이다.

그 이외에도 경제학자 대다수는 시장이 정부보다 소비자 선호라는 정보를 훨씬 더 잘 수집한다는 경제학의 주요 신념 때문에 가격 통제가 반드시 실패하리라고 본다. 이론상 적어도 '완전 경쟁'이 이루어지는 자유시장 경제에서는 기업이 이윤을 남기기 위해 자사 상품에 매기고자 하는 가격과 소비자가 그 상품을 구매하기 위해 지불할 의향이 있는 가격 사이에서 판매 가격이 정해질 수밖에 없다. 기업이 자사 상품에 너무 높은 가격을 매기면 소비자들은 그 상품을 구매하지 않을 테고 결과적으로 그 기업은 파산할 것이다. 경쟁사들이 그처럼 잘못된 가격 책정을 인지하고는 파산한 기업의 매출을 낚아챌 정도로 가격을 인하하면 시장은 균형을 이룬다. 경제학에서는 이를 시장 청산market clearing이라고 표현한다. 기업과 달리 정부는 적정 가격이 얼마인지를 추정해야 한다. 정부가 가격 상한선을 설정하면, 그것이 잘못 설정되더라도 그 오류를 포착하고 시장 점유율을 가져가는 식의 피드백을 줄 경쟁자가 존재하지 않는다. 예를 들어 정부가 가격을 너무 낮게 설정하면 소비자들이 재빨리 몰려들어 그 상품을 평소보다 더 많이 사들이고 그 결과 상품 부족 사태가 벌어질 위험이 생긴다.[14]

그러나 기업 간의 완전 경쟁이라는 시나리오에서 벗어나 기업 한 곳 또는 몇 곳이 특정 상품이나 서비스를 판매하는 독점이나 과점 상황으로 이동하면 상황이 달라진다. 독점이나 과점은 미국을 비롯한 선진국

경제의 여러 산업 부문에서 흔히 볼 수 있는 형태로서 소수의 기업이 항공과 식품 유통 산업 같은 시장을 지배하는 것을 말한다. 이러한 상황에서는 '시장 지배력market power(경쟁을 크게 우려할 필요 없이 가격을 책정할 수 있는 능력)'을 지닌 기업이 소비자에게 동일한 상품을 공급할 곳이 달리 없다는 이유만으로 한계 비용보다 더 높은 가격을 책정할 수 있다.[15] 독점이나 과점의 상황에서는 통제 대상인 기업의 숫자가 적기 때문에 가격 통제를 시행하기가 훨씬 더 수월하다. 그뿐만 아니라 해당 기업이 이미 평균보다 더 높은 이윤을 내고 있다면 통제된 가격이 상품 부족으로 이어질 가능성도 낮기 때문에 가격 통제가 좀 더 효과적으로 작동할 수 있다. 바로 이와 같은 이유로 특정 시장에서는 가격 통제를 도입하려는 유혹이 항상 존재하며, 적어도 전쟁이 벌어진 상황에서는 가격 통제가 효과를 거두기도 한다.

70년대 이야기 제2막: 리처드 닉슨의 가격 통제

정책 결정자들이 가격 통제에 조심스러운 입장을 취하는 데는 역사적 이유도 있다. 금리와 인플레이션에 대한 오늘날의 인식이 볼커의 금리 인상에서 비롯되었듯이 가격 통제의 효용성에 대한 인식 역시 1970년대의 어느 사건이 빚은 파장에서 비롯되었다. 1970년대 초반에 닉슨 대통령이 인플레이션 억제를 위해 시도한 가격 통제는 그것이 얼마나 효과적이지 못한지, 그리고 왜 시도조차 해서는 안 되는지를 단적으로 보여주는 사례로 간주되곤 한다. 닉슨은 가격 통제를 시도했고 실패했다. 그렇게 끝났다. 그러나 그 내막이 실제로도 그렇게 단순했을까?

1971년 닉슨 대통령은 전국에 생중계된 연설을 통해 "미국 전역의 가격과 임금을 모두 동결할 것을 명령한다"라고 발표하며 가격 통제를 시행했다.[16] 이러한 결정은 연준의 (다소) 긴축적인 통화정책으로도 높은 실업률과 인플레이션이 꺾이지 않고 한동안 지속되자 닉슨이 어쩔 수 없이 대안으로 내놓은 것이었다.[17]

1971년에 가격 통제가 시행되고 나서 1972년에는 인플레이션율이 3.2퍼센트까지 내려갔지만 1974년에 다시 급등해 11퍼센트에 이르렀다. 그러다 같은 해에 터진 워터게이트 스캔들 때문에 닉슨이 대통령직에서 물러났다. 닉슨은 실패한 대통령이었고 그와 더불어 가격 통제도 실패한 정책으로 평가되었다. 그러나 지금에 와서 그때의 상황을 좀 더 면밀히 들여다보면 시행 당시보다는 가격 통제에 좀 더 후한 평가를 내릴 수 있다. 더욱이 닉슨의 가격 통제를 세부적으로 검토하고 나면 그 정책을 실패작이라 단정 짓기는 어렵다.

닉슨의 가격 통제 정책은 세 단계로 나뉘어 시행되었다. 1971년 8월에 시작된 첫 번째 단계에는 임금과 가격을 전면 동결하는 조치와 함께 수입품에 10퍼센트의 할증 관세surcharge를 부과하는 내용이 포함되었다. 당시는 산업 전반에 걸쳐 노사 단체 협약이 체결될 정도로 지금에 비해 경제가 노조 위주로 돌아가고 있었다. 그런 만큼 정부는 임금과 가격에 상한선을 두면 각 산업 부문에서 주기적으로 정해지는 임금 인상률이 하향 조정될 것이라 기대했다. 한편 수입품에 대한 할증 관세는 수입품으로 인한 인플레이션을 억제하는 것을 목표로 했다. 수입품이 비싸지면 사람들이 수입품을 덜 소비하여 수입에 따른 인플레이션 압력이 완화되리라는 논리에서였다.

닉슨 정부는 1971년 10월에 시작된 두 번째 단계에서 동결을 일부 해제하여 임금 인상률이 5퍼센트를 넘지 않고 평균 3퍼센트 수준에 머물도록 강제하는 조치를 취했다.[18] 해당 정책은 기업의 이익률에 상한을 두는 조치와 함께 시행되었지만 그 초점은 여전히 임금에 맞춰졌다. 임금은 기업의 이익보다 한층 더 명확히 드러나서 통제하기도 더 용이했기 때문이다. 그 외에 두 번째 단계에서는 가격 설정에 대한 전권을 부여받은 가격 위원회와 임금 인상을 공정하게 심의하기 위한 임금위원회도 구성되었다. 1972년에는 헤드라인 인플레이션이 2~3퍼센트 정도로 떨어졌고 근원 인플레이션은 1.8퍼센트까지 떨어졌다. 닉슨은 자신의 정책을 두고 "완벽하다"고 자화자찬했다. 그러나 1973년 1월에 가격 통제가 세 번째 단계로 진입하면서 모든 것이 잘못되기 시작했다.

세 번째 단계에서는 가격 통제 체제가 준(準)자율적으로 전환되었다. 이전에는 법적 구속력을 발휘했던 가격 통제가 그때부터는 기업과 노조의 자발적인 행동을 유도하기 위한 '지침'으로 바뀐 것이다. 여기에는 가격 통제가 근원 인플레이션을 낮췄으니 자율적인 체제로 전환되더라도 똑같은 효과를 낼 수 있으리라는 논리가 깔려 있었다. 간단히 말해 기업들이 예전처럼 자발적으로 가격을 책정해도 된다는 뜻이었다. 기업들은 다시 기회를 얻자 지난 2년간 포기했던 이윤과 임금 인상분까지 보전하려는 마음으로, 정부 지침을 훌쩍 뛰어넘는 수준으로 가격을 올렸다. 그러자 인플레이션율이 다시 급등했고 이전보다 훨씬 더 높은 수준으로 고착되었다. 예를 들어 1973년 상반기에는 육류 가격이 연간 환산 기준으로 30.4퍼센트 상승하여 정부가 양고기, 쇠고기, 돼지고기에 대해 가격 상한제를 재도입할 수밖에 없었다.[19] 그러나 피해는 이미 발생해 있었고 가격 통제를 인플레이션 억제 수단으로 신뢰하던 여론도 이미 무너진 상태였다.

돌이켜보면 닉슨의 실수는 너무 일찍 승리를 선언한 것이라고 할 수 있다. 그러한 정책적 과오에 더해 다른 요인들도 가격 통제의 결말을 한층 더 나쁜 쪽으로 몰고 갔다. 연준은 가격 통제를 뒷받침하기 위해 긴축적 통화정책을 시행하기는커녕 오히려 더 많은 돈을 시중에 풀었다. 강제적 가격 통제가 시행되던 기간에 총통화(M2)는 연간 10.8퍼센트씩 급증했고 그 결과 구매 가능한 가격 통제 품목에 비해 소비자들이 지출할 수 있는 돈이 상대적으로 많아지면서 공급 부족이 일어났다. 설상가상으로 1973년의 아랍-이스라엘 전쟁으로 말미암아 유가가 300퍼센트 폭등했다.[20] 실책과 공급 충격이 더해져 닉슨이 사임할 무렵에는 도매 물가가 연간 환산 기준으로 44퍼센트로 치솟았고 실업률은 7.6퍼센트에 달했다. 결과적으로 닉슨의 가격 통제는 일관성 부족으로 인해 실패한 정책으로 오해받았다고 볼 수 있다.

2020년대의 가격 통제 실험: 엇갈린 결과와 그 배경

최근에도 가격 통제 시도는 여러 차례 있었다. 놀랍지 않은가. 그중에서도 헝가리, 스페인, 스코틀랜드의 사례가 눈에 띈다. 유럽연합 회원국으로서 가격 통제를 시행한 헝가리와 스페인은 인플레이션 억제 측면에서 각각 유럽 최악과 최고의 성과를 보이고 있다. 헝가리는 2022년에 이르러 특히나 극심한 인플레이션을 경험했는데, 2022년 7월에는 근원 인플레이션율이 17퍼센트를 넘어서면서 25년 만에 최고치를 기록했다. 그 대응책으로 오르반 빅토르Orban Viktor 총리는 식품, 연료, 에너지 요금에 가격 상한제를 도입했다.[21]

그러나 오르반 총리의 가격 통제는 실패로 끝났다.[22] 경제학자들의 경고대로 품귀 현상이 빚어지자 헝가리 정부는 가격 통제를 점진적으로 폐지할 수밖에 없었다. 헝가리 소비자들은 가격 인하를 반겼지만 슈퍼마켓에서는 구매를 제한하기 시작했고 그 때문에 소비자는 필요한 품목을 모두 사기 위해 날마다 여러 상점을 돌아다녀야 했다.

이와 대조적으로 스페인에서는 정부가 주택 임대료와 난방용 가스 가격에 상한선을 도입했다.[23] 구체적으로는 2022년에 임대료를 2퍼

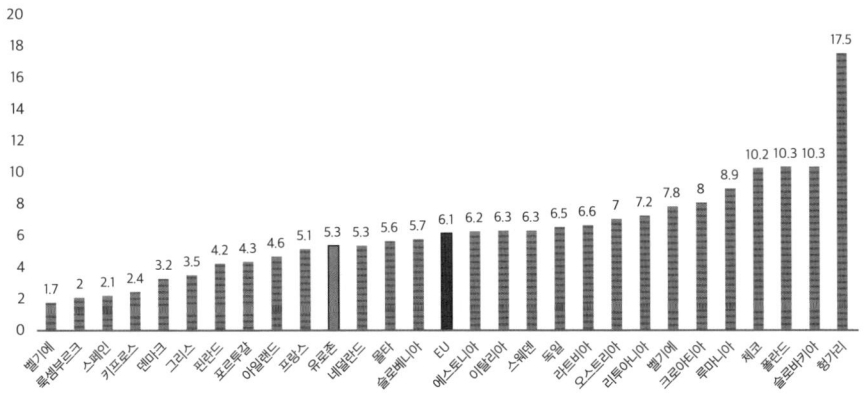

도표 2.2 2023년 7월 기준 유럽의 연간 환산 인플레이션율

출처 유로스탯(Eurostat) 데이터를 바탕으로 한 필자의 분석

센트 이상 올릴 수 없도록 제한하는 한편 전력 도매 시장에서 판매되는 가스 가격에 상한선을 두었다. 스페인 정부는 대중교통 요금도 인하했으며, 무엇보다도 민간 기업의 이익률에 상한선을 설정하여 큰 논란을 불러일으켰다. 현재 스페인은 유로존에서 가장 낮은 인플레이션율을 기록하는 나라 중 하나인 만큼 스페인의 가격 통제는 헝가리의 사례와는 달리 성공을 거둔 것으로 보인다. 그렇다면 스페인의 성과는 가격 통제의 타당성을 입증하는 사례일까? 이 질문에 대한 답을 찾으려면 스페인과 헝가리가 그토록 엇갈린 결과를 얻은 이유가 무엇인지를 알아봐야 한다.

여기에는 크게 두 가지 이유가 있다. 첫째, 두 나라는 러시아산 가스에 대한 의존도에서 차이가 났는데, 그 의존도는 러시아-우크라이나 전쟁이 발발한 이후에 각국의 에너지 관련 인플레이션에 크나큰 영향을 미쳤다. 헝가리는 대부분의 가스를 러시아에서 수입하지만 스페인은 (2023년부터 러시아산 가스의 수입량을 늘리기 시작하기는 했지만) 주로 알제리에서 들여온다.[24] 그다음으로 중요한 차이는 헝가리가 스페인보다 더 가난하다는 점이다. 스페인의 1인당 GDP는 3만 3,000달러인 데 반해 헝가리는 2만 1,000달러에 불과하다.[25] 이런 소득 차이 때문에 두 나라의 인플레이션 측정 방식은 크게 다를 수밖에 없다.

소득이 낮은 사람일수록 소득에서 식비가 차지하는 비중이 큰데, 앞선 장에서 알아보았듯이 식품 가격은 인플레이션 측정 시에 반영된다. 따라서 물가지수에서 식품의 비중이 큰 헝가리의 경우 인플레이션율이 더 높게 나타난다. 이것이 유럽의 식품 인플레이션이 미국보다 더 두드러져 보이는 이유 중 하나다. 이는 HICP를 기준으로 식품 인플레이션과 헤드라인 인플레이션을 비교해봐도 알 수 있는 사실이다. 2023년 7월, 식품 인플레이션은 유럽연합이 12.4퍼센트, 스페인이 10.8퍼센트, 헝가리가 21퍼센트였다.[26] 2022년 12월에 헝가리는 무려 49.6퍼센트의 식품 인플레이션과 씨름하고 있었다(같은 시기에 유럽연합과 스페인의 식품 인플레이션은 각각 18퍼센트와 16퍼센트였다).

이와 같이 어떤 품목의 소득 대비 비중이 물가에 끼치는 영향은 에너지 소비에도 적용되는데, 에너지 소비가 가계 소득에서 차지하는 비중 역시 스페인보다 헝가리가 더 크다. 여기에 러시아발 에너지 충격이 물가 전반에 더 큰 영향을 끼쳤다. 헝가리나 유럽 다른 나라나 에너지와 식품 가격 급등을 경험했지만 위와 같은 요소로 말미암아 헝가리가 유독 더 큰 타격을 받은 것이다. 이를 감안하면 두 나라 정책의 성과 차이가 전적으로 스페인의 '현명한 통제'와 헝가리의 '어리석은 통제' 때문인지는 확실치 않다. 그보다 우리는 헝가리와 스페인의 경험이 제시하는 두 가지 교훈을 알아볼 필요가 있다.

첫 번째 교훈은 가격 통제가 언제 어디에서나 나쁘기만 한 것은 아니라는 사실이다. 적합한 시장에서 적합한 방식으로 시행되면 효과적인 수단이 될 수 있다. 두 번째 교훈은 가격 통제를 어떻게 시행할지 미리 결정하기가 무척 어려울 뿐만 아니라 시행 후에도 그것이 효과적인지 아닌지 판단하기가 쉽지 않다는 점이다. 가격 통제의 효과는 그 나라의 거시경제 정책 조합, 소득 수준, 정부의 역량을 비롯한 다양한 요인에 크게 좌우되기 때문이다. 금리 인상은 앞서 살펴본 대로 부작용이 나타나기도 하지만 간단하면서도 경제 전반에 두루 효과를 발휘한다는 장점이 있다. 이와 대조적으로 가격 통제는 특정 부문에 집중적으로 적용할 수 있지만 집행과 관리에 어려움이 따를 수 있다. 특히 경쟁이 치열한 경제에서는 가격 통제를 제대로 시행하기가 어렵다.

스코틀랜드의 가격 통제

최대한 긍정적인 이야기를 해보자면 가격 통제는 운이 따르고 다양한 거시경제적 여건이 뒷받침될 때는 성공을 거두기도 한다. 하지만 그런 경우라도 정부가 가격 통제 조치를 발표한 뒤, 소비자들의 반응을 세심히 살피지 않으면 일을 그르칠 수 있다. 가격 통제와 관련하여 스코틀랜드는 매우 흥미로운 사례를 제시한다. 잉글랜드은행이 금리를 결정하는 스코틀랜드에서는 가격 통제가 사실상 유일한 물가 조절 수단이다. 스코틀랜드 당국이 인플레이션의 주요 구성 요소에 영향을 주고자 한다면, 해당하는 가격을 직접 통제할 수밖에 없다는 이야기다. 예를 들어 금리 인상으로 말미암아 임대용 주택의 주택담보대출 비용이 상승하고 그 때문에 임대료가 치솟으면 당국이 임대료를 통제하는 식이다. 스코틀랜드 당국은 인플레이션을 억제하기 위해 2022년 9월에 임대료를 동결하고 임대 주택에서의 강제 퇴거를 금지하는 조치를 발표했다. 임대료 동결은 어느 정도 긍정적인 효과를 냈지만 심각하고 예기치 못한 부작용도 초래했다.[27]

첫째, 기존 임대료가 동결되면서 거주 중인 세입자들은 보호받았지만 임대 계약이 끝났거나 새로운 계약에 대한 협상이 진행되는 경우에는 집주인이 자기 마음대로 임대료를 책정할 수 있었다. 집주인들은 가격 통제 조치가 다른 분야로 확산될 가능성을 우려하여 계약을 갱신하거나 새로 체결할 수 있게 되자마자 임대료를 일제히 인상하는 식으로 대응했다. 둘째, 가격 통제는 임대료에만 적용되었을 뿐 대부분의 임대료를 근본적으로 결정하는 요인인 주택담보대출 상환 비용에는 적용되지 않았다. 심지어 주택담보대출 상환 비용이 상승 중이었는데도 아무런 조치도 하지 않았다. 스코틀랜드의 주택담보대출은 영국 전반이 그러하듯이 대부분 변동금리 방식이다. 따라서 주택담보대출 금리가 2퍼센트에서 6~7퍼센트로 상승하면 대출을 받은 사람은 상환 부담을 견디기 어렵다.[28] 그 결과 다수의 집주인이 집을 팔아야 했고 그렇게 해서 임대 주택의 공급이 줄어드는 바람에 주택 문제가 개선되기는커녕 악화되기에 이르렀다.

셋째, 임대료 상승의 이면에는 가격 통제로는 해결할 수 없는 문제가 있었다. 주택 자체의 근본적인 공급 문제가 그것이다. 스코틀랜드는 다른 여러 나라와 마찬가지로 1980년대에 들어서 저렴한 공공주택의 대규모 건설을 사실상 중단했다. 그 결과 민간 임대업자들이 공공 부문이 책임지던 문제를 떠안았다. 그러나 개별 임대업자의 사업 규모를 감안하면, 수요가 늘어도 주택 공급량이 늘어난 수요를 따라잡지 못해 임대료가 상승할 수밖에 없었다. 이러한 상황에서 가격 통제는 문제를 더욱 더 악화시켰다. 기존 세입자들은 임대료 인상을 겪지 않았지만 그러한 보호 조치의 대가로 신규 임대 물량이 줄어들고 새로 집을 구하는 사람들에게는 남아 있는 임대 주택의 가격이 상승하는 결과가 나타났다. 실제로 수도 에든버러에서는 가격 통제의 도입 이후로 임대료가 전년 대비 15퍼센트 상승했으며 임대 기간도 줄어들었다. 임대 기간 단축은 주택 부족을 기회로 이득을 취하려는 임대업자들이 임대료를 주기적으로 인상하기 위해 취하는 수법이다.[29] 이처럼 스코틀랜드와 헝가리에서는 가격 통제가 공급 부족을 초래할 뿐이라는 옛 경제학자들의 경고가 현실화한 것으로 보인다. 그러나 가격 통제로 인해 전혀 다른 상황이 펼쳐진 사례도 있다.

독일의 가스 가격 상한제

최근에 한바탕 휩쓸고 지나간 인플레이션의 첫 번째 원인은 팬데믹으로 인한 전 세계 공급망의 마비에 있다. 두 번째 원인은 우크라이나 전쟁이다. 우크라이나를 지지하는 국가들이 러시아산 석유와 가스에 대해 금수 조치를 취하면서 독일처럼 가스 사용량이 엄청나게 많은 국가는 (스스로 유발한) 가격 충격을 겪었다. 2021년 3월에 메가와트시 MWh당 4.77유로이던 도매 가스 가격은 2022년 7월에 150유로까지 치솟았다.[30] 절박한 상황에는 절박한 조치가 필요한 법이다. 이에 독일 정부는 일련의 가스 가격 통제 조치를 수립할 위원회를 설치했다.[31] 가격이 대폭 급등한 상황에서 독일 정부는 독일 가계와 산업 전반이 대대적으로 파산할 가능성이 있다고 보았고 어떻게든 이를 막을 해결책을 찾으려고 한 것이다.

결국 위원회는 상한제와 보조금이 결합된 모델을 채택했다. 가정용 가스의 과거 평균 소비량을 산출하여 그 가운데 80퍼센트에 대해서는 팬데믹 이전 수준으로 가격 상한선을 설정했으며 나머지 20퍼센트에는 시장 가격을 적용했다. 독일 정부는 그 같은 방식을 적용하면 가정의 가스 절약을 유도하는 한편 필수 소비량인 80퍼센트에 대한 가격 보조를 통해 가정에 도움이 되리라 기대했다. 산업용 가스에도 비슷한 방식이 적용되었지만 가격 상한선이 적용되는 비중이 팬데믹 이전 소비량의 70퍼센트로 제한되었으며 전체 보조금에는 금액 상한선이 설정되었다. 그렇다면 독일의 가스 가격 상한제Gaspreisbremse는 효과가 있었을까?

독일의 중앙은행인 분데스방크Bundesbank는 가격 상한제가 당시 8퍼센트를 웃돌았던 독일의 인플레이션을 1퍼센트 낮췄다고 추정했다.[32] 이 제도가 평균 소비량을 기준으로 했기 때문에 상대적으로 부유한 가정이 더 큰 혜택을 받을지도 모른다는 합당한 우려도 있었지만, 가격 상한선과 보조금이 결합된 해당 모델은 대규모 파산과 빈곤을 막는 데 성공했으며 예상보다 훨씬 더 적은 비용이 들었다. 처음에는 2년 동안 403억 유로가 소요될 것으로 추정되었지만 가스 가격 하락, 2022년의 온화한 겨울 날씨, 2023년의 전반적인 인플레이션 둔화 덕분에 총비용이 크게 줄어들어 131억 유로에 그친 것으로 추산된다.[33] 다시 말해 독일은 가격 상한제를 통해 사회적 평화와 산업의 안정성을 얻었으며 그와 동시에 인플레이션도 억제할 수 있었다.[34]

그러나 이런 이야기조차 반론의 대상이 되기도 한다. 예를 들어 '가스 가격 제동 조치gas price brake'가 진정한 가격 통제냐는 것이다. 경제 논객인 노아 스미스Noah Smith는 생산자 가격이 결코 직접적으로 '통제'된 것은 아니며 그보다는 독일 정부가 생산자의 가격을 보조해준 것이라고 지적한다. 물론 그 두 가지는 엄연히 다르다. 가격 보조는 가격 통제가 아니다.[35] 예를 들어 사람들은 석유나 가스 산업에 보조금을 지급하는 것이 가격 인상에 대한 억제 조치와 동일하다고 생각하지 않는다. 그보다는 입막음용 돈이나 '뇌물'처럼 여기기 쉽다. 그러나 그 모든 인식보다도 더 중요한 점은 가격 보조 역시 시장 가격의 자율적인 형성을 허용하지 않는 조치라는 사실이다. 국가가 어떤 방식으로든 소비자가 지급하는 가격과 소비자에게 청구되는 가격이 일치하지 않도록 개입하는 것이다.[36] 이런저런 논쟁을 제쳐두고 이제까지의 내용을 요약하자면 금리 인상은 여러 이유에서 가격 통제보다 한층 더 시행하기 쉬운 수단이다. 또한 가격 통제는 역효과를 낳거나 엉뚱한 대상에 적용될 가능성도 크다. 그러나 방식에 상관없이 제대로 된 대상의 가격을 통제할 수 있다면, 특히 그 대상이 인플레이션율 상승의 큰 요인이라면 가격 통제는 시도해볼 만한 조치이기도 하다.

금리와 가격 통제 이외의 수단: 세금, 합의, 완충 장치

주류 경제학계에서 인플레이션 억제 조치에 대한 논의가 어쩌다 이루어지기라도 하면 그 논의의 초점은 중앙은행이 얼마나 많이, 그리고 얼마나 오랫동안 금리를 인상해야 하는지에 맞춰지기 마련이다. 가격 통제는 주류 경제학파의 바깥에서 논의되기 시작했으며, 그 즉시 여러 경제학자의 강력한 반발에 부딪혔다. 이들은 가격 통제를 도덕적 파탄과 사회주의적인 조치 사이에 있는 것쯤으로 간주한다. 이는 결코 과장이 아니다. 경제학자들 사이에서 가격 통제는 한층 더 개입주의적인 경제 체제로 가는 조치라는 우려를 샀고 그러한 우려는 가격 통제에 대한 수많은 의혹을 불러일으켰다.[37]

그러나 그 많은 우려에도 정부가 다양한 가격을 통제하고 있는 것이 현실이다. 예를 들어 미국은 전략적 비축유로 공급량을 늘리는 식으로 소매 휘발유 시장에 개입하고 있다. 중국은 과거부터 현재까지 여러 산업 분야에서 이와 같은 비축분을 활용해왔다.[38] 더욱이 자유롭고 통합된 시장을 표방하는 유럽연합조차도 여러 시장에서 상당히 적극적으로 개입하고 있다. 전력 시장을 예로 들면 팬데믹 이전만 해도 유럽연합 28개국 중 15개국이 어떤 식으로든 소비자용 전력 시장에 개입했으며, 25개국 중 14개국이 가스 시장에 개입했다.[39]

앞서 살펴본 바와 같이 팬데믹 기간에는 일부 가격 통제 조치가 크게 주목받는 없이 실행되었는데, 그 결과는 엇갈렸다. 그러나 이와 관련된 논의는 다른 인플레이션 억제 정책들을 배제한 채로 전개되었다. 중앙은행의 통화정책과 가격 통제에 대한 논의는 광범위한 내용을 다루지만 정부가 경제의 특정 부문에서 인플레이션 억제 정책들을 시행해왔다는 사실은 다루지 않는다. 그러한 정책들은 대개 큰 주목을 받지는 못하지만, 정부가 인플레이션과의 전쟁에서 어떠한 집단을 수혜자와 피해자로 선택하는지를 넌지시 보여준다는 점에서 흥미를 자아낸다. 정부가 특정 경제 부문에서 시행하는 인플레이션 억제 정책은 세금, 합의, 완충 등의 세 가지 유형으로 나눌 수 있다.

횡재세

첫 번째는 이른바 횡재세windfall taxes다. 횡재세의 논리적 근거는 가격 통제로 기업 이익을 제한하기보다는 초과 이익이 발생하면 과세하고 그 재원을 사용하여 다른 부문의 부담을 덜어주는 편이 낫다는 것이다. 특히 횡재라는 말 그대로 기업이 별다른 노력 없이 초과 이익을 얻게 된 것이라면? 정부는 기업들이 인플레이션을 이용해 가격을 인상하고 있다는 판단이 들 때 횡재세를 부과할 수 있다. 당연히도 그 대상이 된 기업들은 횡재세 부과라는 아이디어를 결코 달가워하지 않았다.

가격이 급등할 때 에너지 기업이 이익을 거둔다는 것은 누가 봐도 분명하다. 그런 만큼 에너지 기업은 횡재세의 명확한 표적이 되었다. 예를 들어 영국은 에너지 기업의 비정상적으로 높은 이익에 대해 45퍼센트의 에너지 이익세를 도입했다.[40] 이탈리아 정부도 에너지 기업들의 '초과 이익'에 세금을 부과했는데 이로 인해 기업들은 500만 유로를 초과하는 이익에 대해 10퍼센트의 세금 납부 의무를 지게 되었다. 마리오 드라기Mario Draghi 이탈리아 총리는 그러한 세금 수입을 전기료 부담에 시달리는 저소득 가정과 영세 기업 등의 인플레이션 피해자들을 지원할 긴급조치의 재원으로 삼을 계획이었다. 이탈리아 정부는 초과 이익세로 대략 12억 유로를 걷는 데 성공했지만 이는 39억 8,000만 유로라는 기대치에 한참 미치지 못하는 금액이었다. 세금 수입이 예상만큼 크지 않았던 까닭은 초과 이익 자체가 부족해서가 아니라 에너지 기업들이 세금 납부를 지체했기 때문이다.[41] 이들은 과거의 유사한 과세 사례에서처럼 사법부가 위헌 판결을 내릴 거라 기대했던 듯하다.

횡재세는 중앙은행이 설정한 고금리로 이득을 본 은행들의 '초과' 이익에 대한 세금으로 변형되기도 했다. 그 과정에 대해서는 제6장에서 좀 더 자세히 다루겠지만 간단히 설명하자면 중앙은행에 예치된 은행의 지급 준비금은 하루짜리 예금으로 취급되며 기준 금리에 따라 이자를 지급받는다. 따라서 기준 금리가 오르면 은행은 '횡재'를 만난다. 은행은 대출금과 그 이외 자산에 더 높은 금리가 적용된 덕분에 이익을 언지만 그에 비례하여 예금 금리를 올리지는 않기 때문에 예금자들은 그 이익을 나눠 받지 못한다. 그 결과 은행은 예대 마진spread, 즉 예금 금리와 대출 금리의 차이를 통해 막대한 이익을 얻어 왔다.[42]

은행의 초과 이익에 과세하자는 발상에 우파 성향인 이탈리아의 멜로니Meloni 정부부터 좌파 성향의 스페인 산체스Sanchez 정부까지 모든 성향의 정부가 관심을 보였다.[43] 이탈리아는 은행들이 (2021년 대비 가장 많은 이익을 거둬들인 연도 기준으로) 2022년 또는 2023년에 벌어들인 '초과 이익'에 대해 40퍼센트의 세금을 도입했다.[44] 헝가리도 비슷한 조치를 취했지만 은행이 (신규 발행) 국채를 일정량 이상 매입할 경우에 횡재세 납부액을 50퍼센트까지 줄여준다는 조건을 내세웠다. 초과 이익이 존재한 것은 분명한 사실이다. 횡재세는 인플레이션을 억제하는 수단이 아니라[45] 인플레이션의 수혜자로부터 피해자에게 자원을 이전하는 수단이지만 바로 그 같은 역학 구조 때문에 정치계가 횡재세에 매력을 느끼는 것이다.

금리 인상과 달리 횡재세는 사회 전체를 타격하지 않고 특정 부문만을 겨냥한다. 이론적으로 횡재세는 가격 통제보다 시행하기가 한층 더 용이하다. 시장을 지속적으로 감시하면서 상품이 통제된 가격에 팔리고 있는지 확인하고 더 높은 가격을 요구하는 판매자에게 처벌을 가할 필요가 없다. 이론상 횡재세를 도입할 때 할 일은 과거 일정 기간 에너지 기업이나 은행이 벌어들인 이익(a)을 계산해 평균을 내고 현재 '인플레이션으로 인해 증가'한 이익(b)을 구한 다음에 b에서 a를 빼서 그 차액에 세율을 적용하면 된다.

그러나 안타깝게도 현실은 그렇게 단순하지 않다. 예를 들어 이탈리아는 2022년과 2023년에 40퍼센트의 세금을 도입함으로써 횡재세를 시도했다. 그럴 만한 타당한 이유도 있었다. 첫째, 이탈리아의 주요 은행들은 전년 동기 대비 75퍼센트나 더 많은 이익을 기록했으면서도 기준 금리 상승으로 생긴 그 이익을 예금자들에게 이전해주지 않고 질질 끌었다. 둘째, 이탈리아은행의 추산에 따르면 2022년에 가격이 가장 큰 폭으로 상승한 부문은 에너지와 식품이었으며,[46] 이 두 항목이 소득 최하위층의 소비 지출에서 차지하는 비중은 최상위층의 두 배에 달했다. 상황이 이러하니 한쪽에서 뺏은 돈을 다른 쪽에 주는 정책은 정치적으로나 경제학적으로나 설득력을 얻었다. 횡재세로 마련한 재원을 활용하여 인플레이션의 수혜자로부터 피해자에게 50억 유로 정도를 이전해줄 수 있을 것으로 보였다.

그러나 상황은 계획한 대로 흘러가지 않았다.[47] 우선 은행에 대한 횡재세는 예대 마진에 과세하는 방식이었기 때문에 수입원이 매우 다양한 대형 은행보다 전통적인 대출을 주요 수입원으로 삼는 중소은행에 한층 더 불리하게 작용했다. 중소은행에 불이익을 주면 결과적으로 그 은행에서 대출받는 이들에게 세금을 부과하는 셈이 된다. 그리고 중소은행의 대출 고객 대부분은 중소기업이다. 일반적으로 중소기업은 신용 대출을 받기도 어려울 뿐만 아니라, 가격을 올려 이익률을 방어할 수가 없기 때문에 인플레이션의 최대 피해자로 꼽힌다. 따라서 중소은행에 횡재세를 부과하면 이미 인플레이션의 피해를 입은 중소기업에 한 번 더 타격을 가하는 결과에 이른다.

게다가 이탈리아 정부가 횡재세를 기습적으로 발표하자 이탈리아 주식시장이 요동쳤다. 발표 직후 첫 거래일에 은행 주가가 폭락하면서 이탈리아 주식시장에서 270억 유로에 달하는 시가총액이 증발했다. 그 대응책으로 정부는 가장 많은 이익을 낸 은행들로 과세 대상을 한정하는 한편 은행 규모에 따라 세금 부담을 조정하는 방식으로 정책을 수정했다.[48] 결과적으로 횡재세로 거둬들인 금액은 대형 은행들의 주가 하락으로 발생한 손실보다 적었을 것으로 추정된다. 게다가 중소 은행들과 그 고객들은 이중 과세를 당하고도 혜택은 거의 입지 못하는 상황에 처했다. 요약하자면 횡재세는 가격 통제보다 시행하기 쉬울지는 몰라도 가격 통제만큼이나 뚜렷한 성과를 내지 못하는 것으로 보인다.

가격 합의

그 이외에도 기업에 가격을 제한하라고 강요하지 않고 합의를 통해 가격 상한선을 설정하는 대안이 존재한다. 그 논리적 근거는 가격 인하가 합의에 따라 이루어진다면 정부가 횡재세를 '기습' 단행할 때처럼 정부와 주요 기업들 사이의 갈등이 커지는 상황을 피할 수 있다는 것이다. 프랑스 정부가 그 같은 가격 합의를 추진했으며, 75개 프랑스 식품업체로부터 2023년 7월을 시작으로 프랑스 식품의 80퍼센트를 차지하는 상품군의 가격을 인하하겠다는 약속을 받아냈다.[49]

기업이 이러한 합의에 참여하는 것은 언뜻 이익을 포기하는 행위처럼 보일 수도 있다. 그러나 실제로는 상업적인 논리에 따라 그 같은 결정을 내리는 것이다. 예를 들어 대형 유통업체 카르푸는 정부와의 합의에 동참하자마자 홈페이지에 "인플레이션과 싸우기 위해" 자사가 "프랑스 소비자의 구매력을 보호하려는 노력의 일환으로 100가지 생필품의 가격을 동결했다"라고 홍보했다. 가격 인하에 합의하면 수익이 일시적으로 감소하는 결과로 이어지겠지만 기업 입장에서는 합의에 동참함으로써 장기적으로 소비자들의 호감을 사는 것이 훨씬 더 가치 있는 일일지도 모른다. 기업들이 가격 인하에 동의하는 두 번째 이유는 '카르텔cartel' 논리로 설명할 수 있다. 가격 카르텔에 참여하면 경쟁사들의 전략을 좀 더 제대로 예측할 수 있게 된다. 합의에 동참한 기업이 평판이 떨어질 것을 감수하고 가격을 인상하기란 쉽지 않기 때문이다.

가격 합의는 정부와 기업 양측에 유리한 조치처럼 보인다. 정부는 기나긴 입법 절차 없이 신속하게 물가를 낮출 수 있는 한편 기업은 불안정한 단기 이익 대신에 장기적인 가격 안정, 꾸준한 이익, 긍정적인 대외 이미지를 얻을 수 있다. 그렇다면 가격 합의에는 어떠한 문제가 있을까? 간단히 답하자면 카르텔은 본질적으로 불안정하다. 기업들이 가격을 인상하지 않겠다는 서로 간의 약속을 지키지 않거나 그러한 약속을 우회할 방법을 찾을 수 있기 때문이다.

따라서 2023년 8월에 프랑스 재무장관이 식품 가격 합의에 참여한 기업들이 약속한 바를 지키지 않았다고 비판한 것은 그리 놀라운 일이 아니었다. 그는 네슬레, 유니레버, 펩시코 같은 일부 다국적 기업이 가격을 "많이는 아니고 고작 소폭" 인하했다고 꼬집으면서,[50] 가격을 인하하겠다고 광고한 기업 가운데 상당수가 실제로는 슈링크플레이션shrinkflation에 관여했다고 지적했다. 즉 가격을 올리지는 않았지만 제품의 용량이나 중량을 줄였다는 것이다. 이렇게 하면 기업은 가격을 그대로 유지한다는 인상을 주면서도 판매 단위당 가격을 올리는 효과를 얻을 수 있다. 그 결과 8월의 식품 물가는 합의가 체결된 6월보다는 낮아졌지만 전년 동월 대비로는 여전히 11퍼센트나 높았다.[51] 게다가 그 상승률은 총인플레이션율의 두 배에 달했다.

다시 말하지만 가격에 대한 자발적 합의는 이론적으로는 훌륭해 보여도 닉슨이 경험했듯이 실행에 옮겨서 성공하기가 지극히 어렵다. 그리고 놀랍게도 가격 합의를 둘러싼 이해관계는 참여 기업 간의 갈등을 불러일으켰다. 2024년 1월에 「파이낸셜 타임스」는 식품 유통업체 카르푸가 너무 비싸졌다는 이유로 도리토스나 세븐업을 비롯한 펩시코 제품의 판매를 중단하기로 결정했다는 기사를 냈다.[52]

가격 완충

마지막 접근법은 이른바 완충 재고buffer stock 비축을 바탕으로 한다. 여기에는 국가가 석유처럼 가격 변동성에 취약할 것으로 예측되는 특정 자원을 비축해뒀다가 가격이 상승할 때 이를 방출하면 가격을 조절할 수 있다는 논리가 작용한다. 앞서 언급했듯이 미국은 전략 비축유를 통해 이 같은 방식을 시행하는 중이며, 중국은 식용유부터 의료용품에 이르기까지 다양한 핵심 물자를 비축해두고 있다.[53] 완충 재고 비축은 가격 정책과는 완전히 다른 인플레이션 대응 방식이다. 특정 재화의 수요는 지나치게 많지만 공급이 부족하여 가격이 오를 때 가격을 억누르기보다는 공급을 늘려 가격을 정상 수준으로 되돌리는 것이다.

이는 미국의 바이든Biden 행정부가 석유에 대해 취한 조치이기도 하다. 2021년 11월에 바이든 대통령은 "미국 국민이 부담하는 가격을 인하하고 팬데믹 막바지의 수요와 공급 간의 불균형을 해소하기 위해" 에너지부가 5,000만 배럴의 전략 비축유를 방출할 것이라고 발표했다.[54] 그에 이어 2022년 4월에는 1억 8,000만 배럴이 추가로 방출되었는데 이는 사상 최대 규모의 전략 비축유 방출이다.[55] 미국 재무부가 진행한 연구에 따르면 실제로 갤런당 유가가 17센트에서 42센트까지 하락한 만큼 비축유 방출 전략은 유가를 낮추는 데 효과를 발휘한 것으로 나타났다.[56]

그러나 이처럼 명쾌해 보이는 해결책도 시행하기는 쉽지 않다. 전략적 자원을 파악하기란 보기보다 까다로운 일이다. 팬데믹 당시에 마스크와 라텍스 장갑이 부족해졌던 것을 생각해보라. 석유처럼 경제의 원동력이 되는 '전략적' 자원에 대해서조차 장기적인 비축을 정책 목표로 삼을 필요가 있냐는 의문이 제기된다. 세계가 점점 더 재생 에너지로 옮겨가는 상황에서 앞으로도 석유가 지금처럼 유용한 자원으로 남아 있겠냐는 것이다. 게다가 석유 비축은 공짜가 아니다.[57] 저장 비용이 들 뿐만 아니라 보유한 석유를 내다 팔지 않는다는 것은 경제학에서 기회비용이라고 부르는 손실을 감수해야 한다는 뜻이다. 즉 다른 곳에 활용할 수도 있었던 돈을 석유 비축에 지출하는 것이다. 마지막으로 비축 능력 자체도 중요하다. 미국은 대부분의 다른 나라보다 더 많은 석유를 생산할 수 있지만 미국을 제외하면 선진국들조차 석유 비축에 어려움을 겪고 있다. 유럽 국가들이 천연가스 대부분을 수입해서 쓰는 상황에서 천연가스 비축도 쉽지 않다. 따라서 가격 완충을 위한 비축은 에너지 가격을 낮추는 데는 효과적일지 모르지만 비축할 자원을 확보하고 유지하며 사용하는 과정에서 매우 큰 비용이 들고 어려움이 따르는 수단이다.

금리 인상의 대안으로 누가 어떤 혜택을 입을까

이와 같이 금리 인상의 대안이 되는 인플레이션 억제 수단은 각각 장단점을 지니고 있다. 이러한 수단들은 금리 인상과는 다른 방식으로 분배 효과를 낸다. 금리 인상은 예금자에게 유리한 한편 대출자에게는 불리하며, 자산이 적은 저소득 가정에 가장 큰 타격을 준다. 그러나 금리 인상의 대안들은 정부가 경제의 특정 부문을 겨냥하여 한 집단의 자원을 다른 집단으로 이전하는 일에 활용되곤 한다. 이러한 조치들이 중앙은행의 금리 인상보다 훨씬 더 정치적인 성격을 띤다는 데는 두말할 나위가 없으며, 그런 이유에서 그 결정권은 선출직 정치인의 손에 맡겨진다. 유권자 대다수가 자원의 분배 방식에 불만을 품는다면 다음 선거에서 다른 정당에 표를 던져 정부를 교체할 수 있기 때문이다.

하지만 유권자들은 중앙은행의 금리 인상에 대해서는 투표할 수 없다. 이러한 책임 의식의 부재를 보완하기 위해 흔히 중앙은행은 물가 안정 유지라는 제한된 임무를 부여받는다. 그러나 앞서 살펴보았듯이 경제 전반에 영향을 미치는 단일 수단으로만 인플레이션에 대응하는 것은 인플레이션이 사회의 다양한 분야에 각각 다른 영향을 미친다는 사실을 간과하는 행위다. 당연히 중앙은행 관계자들도 그 사실을 알고 있다. 중앙은행에도 연구 인력이 존재하며, 이들은 중앙은행의 정책으로 발생하는 피해를 꿰뚫고 있다. 그리고 앞서 밝혔듯이 이 책은 중앙은행 정책이 낳을 수 있는 부작용을 정확히 설명하기 위해 중앙은행 연구진의 분석을 여러 차례 인용할 것이다. 그러나 중앙은행이 그러한 문제점을 인식하고 있다고 해서, 그들이 정책의 분배 효과로부터 자유롭다는 뜻은 아니다.

2020년대의 인플레이션 대응에서 얻을 수 있는 두 번째 교훈은 다양한 수단들을 개별적으로 적용하기보다는 조합해서 사용하는 것이 더 효과적이라는 점이다. 예를 들어 금리 인상이라는 수단만 단독으로 활용하면 소득 분포상의 최하위 계층이 가장 큰 타격을 입기 마련이다. 이때 인플레이션 수혜자들의 일부 자원을 피해자들에게 이전해 준다면 그들의 손해를 어느 정도는 상쇄할 수 있다. 이탈리아 중앙은행의 경제 분석가인 프란체스코 코르셀로Francesco Corsello와 마리안나 리지Marianna Riggi는 연구를 통해 가장 취약한 가정을 지원하는 재정 정책이 통화정책을 보완한다는 측면에서 반드시 필요한 수단이라는 점을 입증했다.[58] 그러한 재정 정책을 시행하지 않는다면 불평등이 심화된다는 것이다. 마찬가지로 이사벨라 베버Isabella Weber와 에번 와스너Evan Wasner는 2023년의 연구에서 다양한 정책을 결합하여 시행할 때 개별 정책의 결점을 보완할 수 있으며 효과적인 인플레이션 억제 무기를 만들어낼 수 있다는 결론을 내렸다.[59] 이들은 국가가 다양한 재화의 완충 재고를 비축하면 기업이 인플레이션을 통해 이익을 취하는 것을 막을 수 있을 뿐만 아니라 횡재세를 부과하겠다고 위협하면 '판매자 주도 인플레이션'을 더욱더 억제할 수 있다고 주장했다.

이처럼 제2장에서 알아본 정책들은 서로 충돌하는 수단이 아니다. 그보다는 오히려 금리라는 망치를 넘어서는 선택권을 제공하는 일련의 도구 모음이라고 볼 수 있다. 인플레이션과의 전쟁은 중요할 수 있지만, 이때 어떠한 비용이 따르는지 개의치 않은 채로 한 가지 전술만을 추구해서는 안 된다. 정책을 시행할 때는 인플레이션이 만들어내는 피해자뿐만 아니라 인플레이션과의 전쟁이 만들어내는 피해자들도 똑같이 염두에 두어야 한다. 금리 인상은 경제 전반에 광범위한 영향을 미치기 때문에 수많은 이들의 형편이 나빠지는 결과로 이어질 수 있다. 그렇기에 신중하게 사용해야 한다. 금리 인상의 타격을 완화할 수 있는 정책은 제대로 시행하기 어려울 수도 있지만 그 모든 수고를 감수하고서라도 충분히 시행할 만한 가치가 있다.

제 3 장

인플레이션 담론과 책임 전가의 정치학

Inflation

희생양을 찾는 것은

사냥 원정에서 가장 손쉽게 할 수 있는 일이다.

- 드와이트 아이젠하워 Dwight Eisenhower

인플레이션의 원인과 그 피해자

지금까지 우리는 인플레이션의 본질과 그에 관한 잘못된 인식에 대해 논했다. 인플레이션이 어떻게 측정되며 그 측정치가 무엇을 포착하고 놓치는지도 논의했다. 이어서 금리가 인플레이션이라는 못에 쓸 수 있는 만능 망치로 인식되는 까닭을 살펴봤고, 인플레이션에 대응하기 위해 사용할 수 있는 여러 정책에 대해서도 주의 깊게 알아봤다. 그러나 이 모든 내용보다 먼저 답을 구해야 할 질문이 있다. 애초에 인플레이션이 발생하는 까닭은 무엇일까? 그리고 그에 못지않게 중요한 질문은 인플레이션이 누구/무엇의 탓이며 인플레이션을 바로잡을 책임은 누구/무엇에게 있냐는 것이다. 다시 말해 우리가 인플레이션의 '진짜' 원인을 제대로 알아보고자 한다면 (물론 제대로 된 단일 해결책이 없으며 인플레이션을 억제하기 위한 정책이 백해무익할지라도) 다양한 전문가들이 인플레이션에 대해 어떻게 말하는지, 정치인들이 그러한 의견을 이용하여 인플레이션 비용을 어떻게 떠넘기는지도 관심 있게 살펴볼 필요가 있다.

최근 인플레이션율이 급등함에 따라 그 원인을 밝혀내고자 하는 인플레이션 담론들이 앞다퉈 쏟아져 나왔다. 담론마다 인플레이션의 원인을 다르게 규정하며 매우 다른 해결책을 제시한다. 우리는 인플레이션 담론의 내용이 다양하다는 사실에 주목해야 한다. 정책의 경우와 마찬가지로 인플레이션 담론의 내용에 따라 분배의 결과도 매우 달라질 수 있기 때문이다. 예를 들어 물가 상승의 원인을 코로나19와 같은 공급 측면의 충격으로 본다면 주택담보대출 금리를 인상하는 것은 올바른 대응이 아닐 수도 있다. 인플레이션 담론을 펼치는 이들은 오늘날의 인플레이션에 많은 요인이 작용하고 있다는 사실을 인정하면서도 인플레이션의 주된 원인에 대해서는 제각각 다른 관점을 제시한다. 그러니 인플레이션의 책임이 누구/무엇에 있는지에 대해서도 의견이 엇갈린다.

예를 들어 얼마 전 미국에서 인플레이션이 한바탕 시작된 이후로 가장 주목받은 인플레이션 담론은 두 가지인데, 로런스 서머스와 폴 크루그먼이라는 두 명의 저명한 경제학자가 내놓았다. 재무부 고위 관료, 하버드대 총장, 오바마 정부의 경제 고문을 역임한 서머스는 현재의 인플레이션이 임금과 물가가 서로를 밀어 올리며 악순환을 만들어냈던 1970~1980년대의 인플레이션과 유사하다면서 그렇기에 그때와 똑같은 방식으로 대응해야 한다고 주장한다. 다시 말해 고금리를 통해 경기 침체를 유도함으로써 장기간에 걸쳐 평상시보다 더 높은 실업률을 유지해야 한다는 주장이다.[1] 서머스는 수요를 억제하여 실업률을 끌어올리는 것만이 경기 과열을 가라앉힐 수 있는 방법이라고 말한다.

노벨 경제학상 수상자이자「뉴욕 타임스」의 칼럼니스트인 폴 크루

크루그먼은 서머스의 주장을 격렬하게 반박한다. 그는 현재의 물가 상승이 1970년대가 아니라 1940년대 후반과 1950년대 초반의 현상과 더 유사하다고 주장한다.[2] 당시 인플레이션은 제2차 대전 경제를 민간 용도로 전환하는 과정에서 발생한 문제와 한국전쟁으로 인한 예상치 못한 수요 및 공급 충격이 결합되어 발생했다. 당시 두 가지 요인은 모두 일시적인 것으로 판명되었다. 즉 그때의 인플레이션은 한시적인 원인에 의해 발생했다는 이야기다. 크루그먼의 이야기에 따르면 충격이 발생했고 가격이 상승했으나 결국 경제가 공급을 확대함으로써 (이를테면 한국전쟁에 사용할 철강 생산량을 늘리는 식으로) 고물가에 적응해나가자 인플레이션 압력이 완화되다가 소멸하면서 가격이 하락했다고 한다. 크루그먼의 분석이 옳다면 올바른 정책적 대응은 경기 침체를 유발하여 사람들을 실업 상태로 몰아넣는 것이 아니라 인플레이션이 지나가기를 기다리는 것이다.

이 두 사람 이외에도 대중적으로 잘 알려진 수많은 거물이 최근의 물가 급상승 기간에 자기만의 인플레이션 담론을 만들어내고 널리 퍼뜨렸다. 그들의 이야기에는 저마다 다른 악당, 영웅, 수혜자, 피해자가 등장한다. 예나 지금이나 인플레이션 국면에서 등장해온 인플레이션 담론은 크게 네 가지 유형으로 나뉜다. 우리는 이 이야기를 경제이론으로서 아니라 인플레이션의 책임과 비용을 타인에게 전가하기 위한 정치적 레토릭rhetoric(사상이나 감정을 효과적으로 전달하기 위해 꾸며내는 언어 표현 – 옮긴이)으로서 살펴볼 것이다. 인플레이션의 해소에는 부분적으로 정책이 작용한다. 그러나 결국에는 정치가 훨씬 더 중요한 역할을 한다.

유형 1: 너무 많은 돈이 문제다

먼저 '초과 수요' 때문에 경제가 몸살을 앓는다는 주장이 있다. 앞서 그 같은 주장을 간략히 알아봤지만 여기에서 좀 더 자세히 검토해보겠다. 이런 이야기에 따르면 코로나19 대유행 당시에 정부가 경기를 '지나치게 부양'한 탓에 최근의 인플레이션이 발생했다고 한다. 가장 단순한 형태의 담론은 코로나19 기간에 경제가 멈춰서면서 발생한 손실을 벌충하기 위해 정부가 재정 지출을 감행하자 국민에게 지나치게 많은 돈이 풀렸으며 그 결과 소비가 증가하면서 상품이 부족해졌다는 것이다. 때로는 공급 측면의 요인이 '초과 수요' 주장을 보완하기 위해 등장할 때도 있다. 한 예로 2021년에는 코로나19로 인해 전 세계 공급망이 마비되면서 구매할 수 있는 상품의 물량이 이미 평소보다 부족해져 있는 상태였다. 따라서 초과 수요 담론은 '너무 많은 돈'이 '평소보다 훨씬 더 적은 상품'을 추구함에 따라 더욱더 심화되었으며 그 결과 물가가 급등할 수밖에 없었다는 논리를 따른다.

이러한 분석은 특히 미국에서 강력한 지지를 받았다. 미국에서는 코로나19 당시의 사업장 폐쇄 조치로 발생한 디플레이션 요인을 상쇄하기 위해 정부가 5조 달러어치의 재정 부양책을 시행했기 때문이다. 실제로 로런스 서머스는 인플레이션이 2021년 본격적으로 모습을 드러내기 직전에 위와 같은 논리에 따라 바이든 정부의 부양책이 "한 세대 동안 경험해본 적 없는 수준의 인플레이션 압력을 일으킬 것"이라고 경고했다.[3] 서머스는 민주당 지지자이지만 오히려 그렇기 때문에 민주당 출신의 대통령에게 인플레이션의 책임이 있다는 그의 주장은 미국

공화당 입장에서 매우 솔깃했다.[4] 2021년에 인플레이션이 나타나자 상원의 공화당 원내 대표인 미치 매코널Mitch McConnell은 "물가 안정의 기미가 보이지 않는다. 이는 정부가 온 나라에 돈을 쏟아부은 결과다"라고 주장했다. 그러나 정말로 그랬을까? 상황이 그렇게 단순할 수는 없다.

재정 승수 문제와 '경기 부양' 수표

이러한 인플레이션 담론에 깔린 핵심 경제학 개념은 재정 승수fiscal multiplier이다. 재정 승수란 정부가 지출하는 1달러가 민간 소비에 어느 정도로 영향을 미치는지 측정하는 지표다. 재정 승수가 양(+)이라면 정부가 1달러를 지출할 때 최종 소비는 그보다 더 큰 폭으로 증가한다. 그러므로 논리적으로 재정 승수가 양의 값이고 사람들이 구매하고자 하는 물건이 부족하면 물가가 상승하는 결과가 나타날 수밖에 없다. 그러나 이러한 담론의 문제는 현실에서 재정 승수를 추정하기가 매우 어렵다는 점이다.[5] 경제학자들 사이에서도 정치적 신념에 따라 재정 승수의 크기에 대한 의견이 엇갈리는 편인데, 이러한 의견 차이는 정치와 분배에도 영향을 준다. 예를 들어 2009~2013년의 대침체기Great Recession 당시에 유럽연합 및 미국의 보수주의자와 보수 성향 경제학자는 재정 승수가 오히려 음(-)의 값이라고 줄기차게 주장함으로써 경기 침체를 완화하기 위해 재정 지출이 필요하다는 사실을 인정하지 않으려고 했다. 그런데 오늘날에는 비슷한 사람들이 재정 승수를 양의 값으로 추정한다.[6] 자꾸 정부가 초과 수요를 유도한 결과로 인플레이션이 발생했다고 비난하기 위해서다.

그들의 주장은 일정 부분 사실이다. 실제로 정부는 코로나19로 인한 봉쇄 조치의 충격을 상쇄하고 공급망 마비에 따른 물자 부족을 해소하기 위해 지출을 늘렸다. 그러나 그러한 재정 부양이 인플레이션을 유발했다는 이야기는 여러모로 한계가 있다. 첫째, 정말로 그랬다면 그 시기에 인플레이션이 전 세계적으로 나타난 이유가 무엇인지 알 길이 없다. 재정 부양은 미국 외의 다른 나라에서도 흔히 시행된 코로나19 대응책이기는 했지만 모든 나라가 시행하지도 않았고 획일적이지도 않았다. 독일처럼 재정 부양 규모가 미국보다 더 작았던 나라도 미국과 비슷하거나 더 높은 수준의 인플레이션을 겪었으니, 현지의 코로나19 지원금 이외에 다른 요인이 물가에 작용했을 가능성이 있다.

둘째로 시기와 지속 기간의 문제가 있다. 인플레이션이 재정 부양 때문에 발생한다면 금세 잦아들어야 옳다. 재정 확대의 효과는 일시적인 만큼 갈수록 소멸하기 때문이다. 미국의 재정 부양은 본래부터 한시적인 임시 정책이었으므로 별도의 정책 개입이 필요하지 않았다. 올라간 것은 내려오기 마련이다. 실제로 그토록 맹렬하게 비난받았던 경기 부양 지원 수표가 지급되고 사용된 시점으로부터 시간이 꽤 지난 2023년과 2024년에는 인플레이션이 상당 부분 진정된 것으로 보인다. 한마디로 인플레이션율이 계속해서 높았던 데는 다른 원인이 작용했음이 분명하다.

셋째, 정부 지출의 규모가 어떠하든 간에 그처럼 큰 인플레이션 효과가 정부 지출 하나만의 탓이라고 확신할 수는 없다. 예를 들어 샌프란시스코 연준은행의 연구에 따르면 재정 부양으로 말미암아 미국의 물가는 재정 부양이 없었다고 가정할 때보다 3퍼센트 정도 상승한 것으로 추정된다고 한다. 그러나 연구 저자들조차 그 추정치는 너무 불확실하기 때문에 확정된 사실로 받아들여서는 안 된다는 설명을 덧붙이며 신중한 태도를 보인다.[7] 추정치의 신뢰 구간이 지나치게 넓어 다트판에 다트를 던져 맞히는 식의 결과가 나올 수밖에 없다는 것이다.

넷째, 코로나19 기간에 이루어진 미국의 대략적인 지출 규모는 (GDP의 25퍼센트에 달하는 5조 달러로) 어마어마한 듯 보이지만 우리는 이 수치를 균형 잡힌 시각으로 해석해야 한다. 코로나19 위기로 말미암아 세계 최대 규모인 미국 경제의 상당 부분이(특히 80퍼센트를 차지하는 서비스 부문이) 무기한 정지되었다. 따라서 코로나19 대응 지출은 봉쇄 기간에 발생한 소득과 생산의 손실을 메우기 위한 조치로 보는 편이 타당하지, 이미 완전 고용이 이루어진 경제에 추가된 부양책으로 보아서는 안 된다.

예를 들어 미국의 재정 부양 프로그램 중에서도 각종 분석을 통해 가장 큰 비난의 대상이 된 현금 직접 지급 항목을 조금만 살펴보더라도 5조 달러 지출 가운데 1.8조 달러가 개인과 가계에 지급되었음을 알 수 있다.[8] 1.8조 달러 가운데 6,530억 달러가 실업 급여로 사용되었는데, (모든 경우는 아니지만) 대부분은 원래 받던 임금보다 더 적은 금액이 대상자에게 지급되었다. 당연히도 실업 급여는 그 자체만으로는 경기 부양 효과를 내지 못했으며, 그보다는 평상시라면 이루어졌을 소비의 부족분을 다소 메워주었을 뿐이다.

1.8조 달러 가운데 실업 급여를 제외한 8,170억 달러는 2020년 4월부터 2021년 3월까지 11개월 동안 세 차례에 걸쳐 경기 부양 수표로 지급되었다.[9] 연소득 15만 달러 미만인 다인 가구와 7만 5,000달러 미만인 1인 가구가 세 차례에 걸쳐 각각 1,200달러, 600달러, 1,400달러

씩 총 3,200달러의 소득 대체 수표를 받았다. 2021년 미국의 중위 가구 소득이 8만 달러를 약간 밑돌았다는 사실을 고려할 때 경기 부양 수표 총액이 중위 소득에 기여한 비중은 4퍼센트에 불과했다. 물론 엄밀히 말하자면 소득 수준이 낮을수록 소득 상실분 대비 수표 금액의 비중이 컸다. 그뿐만 아니라 소득 수준이 낮은 사람일수록 돈을 불리기보다 당장 소비할 가능성이 크다는 사실도 감안해야 한다.[10] 그렇다 하더라도 그 금액이 코로나19로 인해 사라진 소득보다 더 적었다면 경기 부양 수표가 그 의미만큼 강력한 부양 효과를 발휘했다고 보기란 어렵다. 물론 공급 부족이 발생하여 물가가 상승한 것은 사실이며, 그러한 공급 부족의 원인은 경기 부양에 의한 소비일 것이다. 그러나 사실과 반대로 경기 부양 수표가 전혀 사용되지 않은 시나리오를 가정해본다면, 경제의 80퍼센트가 봉쇄된 상황에서 과연 경기 침체가 완만한 수준에 그쳤을까?[11]

수표 수령자들이 그 돈을 어디에 썼는지도 중요한 문제다. 뉴욕 연준은행의 소비자 신용 자료에 따르면 경기 부양 수표 가운데 20퍼센트가 신용카드 빚을 상환하는 데 사용되었다고 한다. 뉴욕 연준은행은 2020년 가계 부채 및 신용 동향 분기 보고서에서 1차 경기 부양 수표가 지급된 이후의 소비 행태 변화를 분석한 결과 "2분기에 신용카드 잔액이 760억 달러나 급감하여 해당 데이터 집계 이래로 가장 큰 폭의 감소를 보였다"라고 밝혔다.[12] 마지막 수표가 지급된 이후인 2021년 2분기에는 "신용카드 잔액이 2019년 말 대비 1,570억 달러 감소한 상태"라고 덧붙였다.[13] 다시 말해 경기 부양 수표의 20퍼센트가 신용카드 빚을 줄이는 데 사용되었다는 뜻인데, 당연히 채무 상환은 경기 부양 효과를 내지 못한다.[14] 그 외에도 미국 노동통계국이 2020년 8월에 수표 수령자를 대상으로 진행한 조사에 따르면 "66퍼센트가 그중 일부를 식품 구매에 사용했다고 보고했다"고 한다. 이러한 소비 행태는 비이성적 과열irrational exuberance의 징후와는 거리가 멀다.

뉴욕 연준 은행의 자료에 따르면 수령자 상당수가 신용카드 빚을 갚고 주택담보대출의 연체를 모면하기 위해 수표를 사용했다.[15] 예를 들어 2019년 4분기에는 전체 주택담보대출 가운데 1.07퍼센트가 90일 이상 연체된 상태였다. 그러나 1차 경기 부양 수표가 지급된 이후인 2020년 2분기에는 90일 이상 연체 비율이 0.84퍼센트로 떨어졌으며, 코로나19로 봉쇄 조치가 시행되었음에도 2021년 2분기에 90일 이상 연체 비율은 고점 대비 50퍼센트 이상 하락한 0.47퍼센트에 지나지 않았다.

마지막으로 시기도 일치하지 않는다. 경기 수양 수표는 2022년에 사용된 것처럼 보이지만 2023년 말에 이른바 '초과 저축excess saving(과거의 평균치보다 더 많이 쌓인 저축-옮긴이)' 형태로 나타났다.[16] 이는 고금리 상황에서도 미국의 소비가 탄탄하게 유지된 이유를 설명하는 데 사용된다. 그러나 경기 부양 수표는 슈뢰딩거Schrödinger의 수표가 아니다(오스트리아의 물리학자 슈뢰딩거는 독극물 장치가 50퍼센트 확률로 작동하는 상자 안에 있는 고양이는 상자를 열기 전까지 '살아 있는 동시에 죽어 있는 상태'라는 모순된 말로써 양자역학의 중첩성을 비판했다-옮긴이). 같은 수표가 특정 시기에 경기부양책으로 사용되었다가 그 이후 어느 시기에 사용되지 않은 채 저축되어 있는 것은 불가능하다. 그런 일은 말도 안 된다. 요약하자면 경기 부양 수표가 비트코인이나 도박에 사용되었다는 식의 자극적인 언론 보도와는 달리 미국인 대다수는 소비를 늘리기보다 수표로 빚을 갚거나 식품을 구매하는 등 본질적으로 경기 부양과는 관련이 없는 행위를 통해 경제적 안정감을 얻은 것으로 보인다.[17]

물론 실업 급여와 경기 부양 수표를 제외한 1.7조 달러 정도가 경기 부양 효과를 발휘했다는 주장은 타당하며, 실제로 그 가운데 절반은 급여 보호 프로그램Paycheck Protection Program에 사용되었다. 그러나 우리는 '초과 수요가 문제'라는 주장을 펴는 사람들이 항상 개인에게 지급된 수표에만 초점을 맞추고 기업 지원금은 외면한다는 사실에 주목할 필요가 있다. 기업과 기업 편에 선 이들은 인플레이션의 책임을 지려고 하지 않는다. 따라서 적어도 미국에서는 너무 많은 돈이 문제라고 주장하는 측은 해고된 근로자들과 그들에게 지급되어 경제를 지나칠 정도로 부양한 지원금이 인플레이션의 원인이라고 강조하는 경향이 있다.

유형 2: 지나치게 높은 고용률이 문제다

두 번째 유형의 담론은 노동시장에 초점을 맞춘다. 역시 근로자들이 원인으로 지목되지만 이 경우에는 수표를 소비했다는 이유 때문이 아니다. 이 이야기의 기본 논리를 살펴보자. 구직자에 비해 빈 일자리가 너무 많아지면 근로자들이 실업률이 높을 때보다 더 높은 임금을 요구하며 협상을 벌일 가능성이 크다. 이런 상황에서 근로자는 임금을 얼마만큼 올려달라는 요구를 고용주가 거절하면 직장을 그만두고 다른 일자리를 찾을 수 있는데, 실제로 그 정도로 높은 임금을 지급하는 곳들도 있다. 이 같은 현상이 경제 전반으로 확산되어 일반적인 일이 되면 임금이 상승하여 물가 상승으로 이어진다는 것이다.

'초과 수요' 담론과의 결정적인 차이는 근로자의 '기대치'에 대한 우려가 깔려 있다는 점이다. 이러한 담론을 제시하는 이들은 모든 근로자가 인플레이션을 예상하여 더 높은 임금을 받아내려 한다면서 일부 근로자의 사례를 전체의 일로 일반화한다. 즉 근로자들은 자기를 비롯한 모두가 더 높은 임금을 추구한다는 것을 알기 때문에 물가가 한층 더 오르리라 예상하고는 미래의 물가 상승에 대비할 수 있을 정도의 임금 인상을 요구한다는 것이다. 그러나 문제는 그렇게 함으로써 근로자 스스로가 인플레이션의 원인이 된다는 점이다. 임금 자체도 일종의 가격이기 때문이다.

필립스 곡선

해당 담론의 근간이 되는 경제 모델이 그 유명한 필립스 곡선이다.[18] 뉴질랜드 태생의 경제학자 필립스는 1957년에 영국의 데이터를 검토하던 중 실업률과 인플레이션 사이에 음(-)의 상관관계가 성립된다는 것을 고찰했다. 즉 실업률이 상승하면 인플레이션율은 하락하고 반대로 인플레이션율이 상승하면 실업률은 내려간다는 것이다.[19] 이러한 통계적 관계는 1970년대부터 지금까지 각국 중앙은행들의 금리 결정뿐만 아니라 인플레이션에 대한 전반적인 사고방식에도 영향을 끼쳐왔다. 필립스 곡선은 인플레이션의 완화와 실업률 완화 사이에 중앙은행이 금리 조정을 통해 활용할 수 있는 상충 관계가 존재한다는 통념을 뒷받침해주는 근거다. 중앙은행이 물가와 실업에 관한 데이터가 바람직하지 못하다고 판단하면 한 가지 변수를 희생해서 다른 변수를 개선할 수 있다는 이야기다.

앞서 언급한 로런스 서머스가 유형 1과 유형 2의 이야기를 조합하여 인플레이션율을 낮추려면 실업률을 높이는 수밖에 없다는 결론에 이르게 된 까닭도 필립스 곡선의 영향을 받았기 때문이다. 근로자들의 임금 인상 기대가 인플레이션의 원인으로 지목되는 상황에서는 필립스 곡선이 관련 정책을 시행할 명분을 제공한다. 게다가 오늘날의 인플레이션이 1970년대의 인플레이션과 본질적으로 같다고 가정한다면, 실업을 유도하는 정책만이 사회적·경제적 비용을 감수하더라도 실행할 수 있는 유일한 선택지가 된다. 그 이유를 알아보기 위해 잠시 1970년대 후반과 1980년대 초반으로 되돌아가보자.

다시 살펴보는 70년대

앞서 거론한 대로 1980년대 초 연준의 의장이었던 폴 볼커는 금리를 공격적으로 인상했으며 그 결과 1981년 7월에는 금리가 19퍼센트에 이를 정도였다. 그러자 대출 금리가 낮게 유지되리라 예상했던 기업 수천 곳이 파산하면서 실업률이 급등했다. 1979년에 5퍼센트 정도였던 실업률은 두 배 넘게 상승하여 1982년에 11퍼센트에 달했다.[20] 같은 기간 동안 인플레이션율은 13퍼센트에서 4퍼센트로 떨어졌다. 필립스 곡선의 예측대로 인플레이션과의 전쟁에서 승리하기 위해서는 대규모 경기 침체라는 고통을 유발할 수밖에 없었던 것이다.[21] 그러나 오늘날의 인플레이션이 미국이 1970년대에 겪었던 인플레이션과 동일할까? 더 나아가 '볼커 쇼크Volcker Shock'로 알려진 조치가 인플레이션을 잡는 데 정말로 필요했을까?

어떤 이들은 확고하게 "그렇다"라고 대답할 것이다. 그들의 주장은 다음과 같다. 1970년대와 마찬가지로 오늘날의 인플레이션율은 2009~2013년의 대침체기 이후에 한동안 저금리와 유동성 과잉이 이어지면서 급격히 높아졌는데, 이 두 가지 요인이 에너지 가격 급등이라는 공급 측면 충격과 결합해 다른 가격들도 덩달아 상승했다는 것이다. 이들은 1970년대에나 코로나19 팬데믹 시기에나 연준이 좀 더 일찌감치 금리를 올렸더라면 그처럼 과도한 금리 인상을 단행하지 않고도 인플레이션을 억제할 수 있었을 것이며 결과적으로 실업률도 더 낮게 유지되었으리라 추론한다. 이러한 주장을 요약하자면 연준이 이번에도 너무 오래 지체했으며 그 때문에 인플레이션을 바로잡기 위해서는 고금리를 더 오랫동안 유지하고 더 극심한 경기 침체를 감수해야만 한다는 것이다.

그러나 최근 세계은행World Bank의 경제 분석가들이 발표한 논문에 따르면 1970년대와 오늘날은 여러 가지로 매우 다르다고 한다.[22] 우선 1973~1974년과 1979~1980년의 석유 파동은 오늘날의 경제 문제보다 훨씬 더 극심했으며, 무엇보다도 중요한 점은 그때가 지금보다 석유 의존도가 훨씬 더 높았기에 경제에도 더 큰 영향을 끼쳤다는 사실이다. 예를 들어 1970년대 초에는 미국의 일자리 여섯 개 중 한 개가 자동차 부문에, 세 개 중 한 개가 제조업 부문 전반에 속해 있었다.[23] 이러한 산업 구조 때문에 1970년대의 인플레이션은 오늘날보다 훨씬 광범위하게 확산되었으며, 거의 모든 상품의 가격에 영향을 미쳤다. 반면 2020년대의 인플레이션은 제1장에서 보았듯이 에너지 집약적이고 팬데믹의 영향을 받은 부문에 국한되어 있다. 가스와 석유 부문이 그 대표적인 사례이며, 그 이외에 여행이나 임대를 포함한 주거 부문에서도 인플레이션 추세가 뚜렷하다.

미국의 산업 구조는 1970년대 이후에 완전히 탈바꿈했다. 1970년대 후반에는 제조업의 부가가치 비중이 25퍼센트를 넘어섰지만 오늘날에는 11퍼센트로 줄어들었다. 반면에 서비스업은 전체 경제의 80퍼센트에 달할 정도로 성장했다. 이처럼 경제 구조가 뒤바뀌면 금리 인상의 영향도 매우 다르게 나타날 수밖에 없다. 영향을 받는 부문, 제품, 생산 과정 자체가 완전히 달라졌기 때문이다. 인플레이션은 완화되었지만 실업률이 아니라 고용률이 상승한 것으로 보아 실제로도 구조적 변화가 일어난 것으로 보인다.

게다가 1970년대와는 달리 연준은 2021년부터 2023년 사이에 제로 수준이던 기준 금리를 열한 차례나 인상했지만 그 대부분의 기간에 실질금리real interest rate(명목금리에서 인플레이션율을 뺀 값)는 여전히 마이너스였다. 1970년대에는 그렇지 않았다. 2023년 들어 인플레이션율이 한층 더 하락하면서 실질금리는 플러스로 전환되었고, 기준 금리는 제로에 가까운 수준에서 이미 열여섯 배나 인상된 상태였다. 실제로 지난 25년간의 추세를 보면 현재의 연방기금금리Fed funds rate(미국에서 은행이 다른 은행에서 담보 없이 단기간 돈을 빌릴 때 적용되는 기준 금리-옮긴이) 5.33퍼센트는 2007년 수준과 비슷하며, 이 글을 쓰고 있는 2024년 8월 기준으로는 2001년 6월보다 낮다. 2000년대나 2020년대나 '고금리'로 경기 침체를 유도하려 한 사람은 없었다. 당시 금리 수준은 그 시기 사람들에게 특별히 높다고 여겨지지 않았기 때문이다.

근로자의 인플레이션 예측

실업이 디플레이션이라는 마법의 실현에 '필수적'이라는 논리의 핵심에는 근로자, 구체적으로는 근로자의 인플레이션 기대 심리가 있다. 앞서 알아본 바와 같이 이러한 논리의 바탕은 필립스 곡선이 나타내는 인플레이션과 실업 간의 상충 관계다. 필립스 곡선에 따르면 기존의 물가 상승은 근로자에게 임금 인상을 요구할 유인을 제공하며, 그렇게 해서 근로자가 임금 인상을 얻어내면 임금과 물가의 악순환이 일어나 꼬리에 꼬리를 무는 인플레이션이 발생한다. 따라서 그 악순환을 끊어내기 위해서는 실업률을 끌어올리고 경기 과열을 잠재워야 한다는 것이 필립스 곡선의 결론이다. 중앙은행의 표현법대로 말하자면 '인플레이션 기대 심리를 재정립'할 필요가 있다는 이야기다. 그러나 자세히 들여다보면 이러한 논리에는 적어도 두 가지 측면의 허점이 존재한다.

첫 번째 문제는 80여 년 전 케인스가 지적했듯이 근로자는 실질임금real wage이 아니라 명목임금nominal wage을 놓고 협상한다는 점이다.[24] 즉 근로자가 임금 협상 시에 미래의 물가 상승을 예상해서 인플레이션이 반영된 임금을 요구하는 일도 이론적으로는 가능하겠지만 케인스에 따르면 현실에서는 그런 일이 불가능하다. 현실적으로 근로자가 경제 전반의 다양한 가격이 어떻게 변동하고 있는지를 속속들이 파악할 수는 없기 때문에 임금 협상 시에 그러한 정보를 활용할 수 없다는 것이다. 실제로 근로자들이 유일하게 통제할 수 있는 가격은 노동력의 가격인 명목임금뿐이며, 인플레이션이 반영된 실질임금은 그들이 어떻게 할 수 있는 대상이 아니다. 이처럼 근로자들은 경제 전반의 모든 가격을 파악할 수도, 통제할 수도 없기 때문에 '실질'임금(인플레이션을 보정한 임금)을 올려달라고 협상할 수 없다. 그럼에도 필립스 곡선을 근거로 내세우는 인플레이션 담론은 근로자가 자신의 실질임금을 잘 알고 있으며 이를 기준으로 임금 협상을 벌일 수 있다고 상정한다.

두 번째로 좀 더 근본적인 차원의 문제가 있는데, 전통적인 필립스 곡선이 근로자가 '화폐 환상money illusion'이라는 매우 특이한 오류에 빠져 있다는 것을 전제로 한다는 점이다. 경제학에서 말하는 화폐 환상이란 사람들이 자신의 소득을 실질 가치가 아니라 명목 가치로 인식하는 현상을 뜻한다. 다시 말해 사람들이 급여로 받은 수표의 금액에만 주목하고 그 돈으로 무엇을 살 수 있는지는 생각하지 않는 상태다. 예를 들어 고용주가 근로자에게 2퍼센트의 임금 인상을 제안했다고 가정해보자. 이때 인플레이션율이 3퍼센트라면 실질적으로는 1퍼센트의 임금 삭감을 당한 셈이지만 근로자는 쥐꼬리만큼이나마 임금이 올랐다고 착각하게 된다. 근로자라면 흔히 경험할 법한 현상이다.

그런데 거의 언급되지 않지만, 아이러니하게도 현대적 필립스 곡선(기대증강 필립스 곡선)에서는 정반대의 가정이 필요하다. 구체적으로는 근로자들이 자신의 실질임금을 정확히 파악하고 이를 기준으로 협상을 벌이는 (그렇게 하여 임금과 물가의 악순환을 유발하는) 동시에 다른 근로자들의 임금 협상이나 전체 물가 수준에 대해서는 단기적으로 과소평가하거나 무시해야 한다는 점이다. 그런데 근로자들이 물가 상승이 명목상의 조정일 뿐이라는 점을 알고 있다면 어째서 임금과 가격의 악순환에 휘말리는 것일까? 합리적인 행동은 임금 인상을 요구하기보다 물가 상승에 대응하지 않는 것이며, 필립스 곡선의 논리가 옳다면 임금이 오르지 않으면 물가는 자연히 안정되게 되어 있다.[25] 결국 근로자들이 실질임금을 기준으로 임금 협상을 할 수 있을 정도로 합리적이면서도 물가에 대해서는 그렇지 못한 자아 분열의 상태에 있어야 필립스 곡선이라는 이론이 성립할 수 있다. 생각하면 할수록 모순된 이야기다.

근로자의 임금 인상 요구

'임금이 물가를 끌어올린다'는 주장이 힘을 잃은 데는 또 다른 이유가 있다. 바로 1970년대 이후로 자본과 노동 사이의 힘의 균형이 자본 쪽으로 급격히 기울어졌다는 사실이다.[26] 임금이 인플레이션을 조장한다는 논리에는 암묵적인 전제가 한 가지 더 깔려 있는데, 고용주가 생산성 증가의 이익을 근로자와 자동으로 공유한다는 것이다. 그러나 이 역시 매우 비현실적이며 실증적 근거로 뒷받침되지 않는 가정이다. 자본소득과 임금이 각각 GDP에서 차지하는 비중을 간단히 살펴보면, 지난 40년에 걸쳐 생산성이 지속적으로 개선되었음에도 근로소득에서 자본소득으로 이익이 대폭 전환되었음을 알 수 있다(즉 GDP에서 임금이 차지하는 비중이 줄고 자본이 차지하는 비중이 늘어났으며 그 규모가 GDP의 10퍼센트에 달한다).[27] 결과적으로 소득 분포상 하위 90퍼센트에 해당하는 이들은 이 전환이 일어나지 않았다면 무려 2조 5,000억 달러나 더 부유했을 것이다.[28] 그렇다면 어째서 소득의 전환이 일어난 것일까?

역사적으로 근로자가 생산성 증가에 따른 이익을 고용주와 공유할 수 있었던 것은 노조에 가입하고 법적 구속력이 있는 단체 교섭에 참여한 덕분이었다. 임금 인상은 임금이 생산성에 비례하여 오르는 자동 메커니즘의 결과물이 아니라 근로자가 벌이는 협상의 결과물이었다. 근로자는 파업이라는 효과적인 압박 수단을 행사할 수 있었으며, 고용주는 파업으로 인한 비용 증가를 꺼렸으므로 근로자와 이익을 공유할 수밖에 없었다.

그러다가 1980년대에 들어서 고용주들은 노조의 힘을 약화시키는 데 성공했으며, 이러한 상황에 아웃소싱과 세계화가 차례로 결합되면서 근로자들은 파업을 더 이상 협상 수단으로 활용할 수 없게 되었다. 그 변화의 결과는 노조 조직률labor union density(전체 경제활동 인구 대비 노조에 가입한 사람의 비율)의 급격한 하락(도표 3.1의 두 번째 그래프)과 파업 건수의 현저한 감소를 통해 명확히 드러났다. 노조의 영향력이 약해지자 근로자들은 임금 인상을 요구할 기반과 힘을 잃었다. 임금 인상을 요구했다가는 해고당하거나 다른 지역의 일자리로 이동되는 일이 다반사였다. 그 결과 기업 이익은 증가했지만 임금은 그에 비해 훨씬 덜 상승하거나 심지어 정체되기도 했다. 그러므로 노조의 위축이 임금과 물가 상승 간의 상관관계 감소와 연관되어 있다는 사실은 자연스러운 귀결이다(도표 3.1의 첫 번째 그래프 참조).[29] 그뿐만 아니라 이러한 사실은 필립스 곡선에서 말하는 실업률과 인플레이션 사이의 상충 관계가 알려진 것과는 달리 그리 타당하지 않음을 시사한다.

앞서 소개한 유럽중앙은행의 이사벨 슈나벨도 임금이 아니라 기업 이익이 인플레이션의 주요 원인이라는 비슷한 맥락의 주장을 펼쳤다.[30] 앞으로 좀 더 자세히 알아보겠지만 기업이 이익을 확대하기 위해 비용 상승분을 소비자에게 전가하기만 하고 근로자에게는 더 많은 임금을 지급하지 않는다는 것이다. 이 모든 상황을 감안하면 선진국들이 임금

도표 3.1 노조의 위축

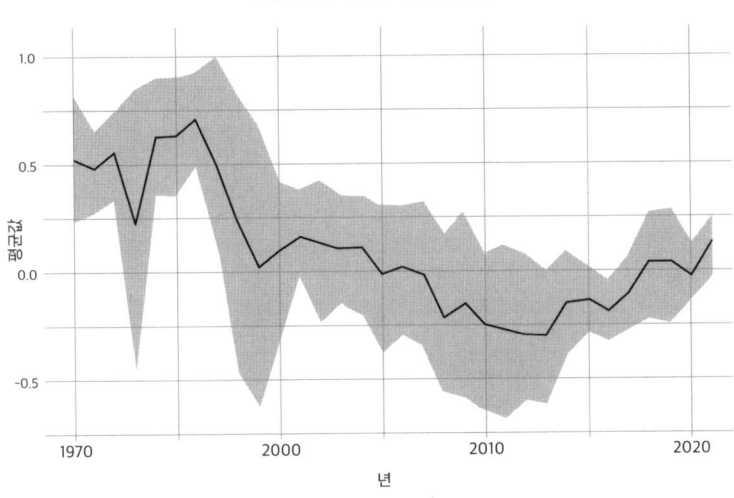

임금과 물가 상승의 상관관계

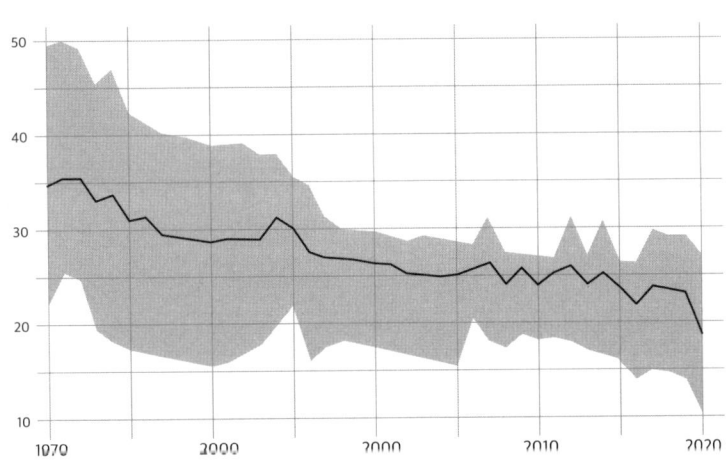

노조 조직률

출처 부아세(Boissay) 등의 그래프를 필자가 보완과 물가의 악순환을 겪고 있다는 주장은 타당하지 않으며 이를 뒷받침할 근거도 찾기 어렵다. 최근 IMF가 1960년대부터 현재까지 선진국들이 경험한 일들을 분석한 결과에 따르면 임금-물가 악순환은 매우 드문 현상으로서 규칙이 아니라 예외적인 사례에 불과하다고 한다.[31] 국제결제은행Bank for International Settlements과[32] 유럽중앙은행의 경제 분석가들이[33] 진행한 연구도 IMF의 결론을 뒷받침한다. 이 모든 내용을 감안하면 임금-물가 악순환이라는 주장의 신빙성뿐 아니라 그 주장의 근거가 되는 필립스 곡선 자체에도 의문을 제기할 필요가 있다.

70년대의 재현

마지막으로 볼커 쇼크는 앞서 소개한 가설대로 인플레이션을 억제하는 데 정말로 필요한 조치였을까? 이에 관해서는 의문의 여지가 있다. 서론에서 알아보았듯이 1980년대에 1970년대의 인플레이션을 분석한 이들 가운데 상당수가 인플레이션의 원인을 앨런 블라인더Alan Blinder의 표현을 빌리자면 '특수 요인'이라고 보았다는 사실을 상기할 필요가 있다.[34] 그러한 특수 요인은 볼커가 금리를 급격히 인상했을 무렵에는 어느 정도 해소된 상태였다. 특히 세금을 올리지 않은 채로 베트남 전쟁의 비용을 조달하기 위해 미국 경제를 과열 상태로 운용한 것은 그 자체로 인플레이션을 유발하는 조치였다.[35] 일단 나약한 데다 닉슨의 재선을 위해 '꼭두각시'가 된 아서 번스가 연준 의장을 맡은 것이 인플레이션을 부추겼다. 생산성 개선을 위한 자본 심화capital deepening(노동력 투입 대비 자본과 생산량이 증가하는 현상 – 옮긴이)가 충분히 이루어지지 않은 상태에서 여성과 소수민족을 미국 노동시장에 대규모로 투입한 정책 역시 인플레이션을 유발했다.[36] 게다가 미국은 소련에 이어 주요 농작물의 흉작에 시달린 데다 10년 사이 두 차례의 석유 파동으로 타격을 겪었으며 금리가 오르기 시작한 뒤에는 CPI에 주택담보대출 비용까지 반영하는 정책을 받아들여야 했다. 이 모든 요인은 인플레이션율을 점점 더 끌어올렸다. 그러나 시간이 지나면서 모든 요인이 사라졌다. 결국 소멸하기까지 비록 10년 가까이 걸리기는 했지만 장기적으로 보면 일시적인 것에 지나지 않았다. 따라서 볼커의 결정은 필연적 처방이 아니라 과도한 사후 약방문이었을 가능성이 크다. 그렇게 본다면 오늘날 우리가 그때와 똑같은 '장기간 고금리higher for longer' 정책을 되풀이하는 것은 최적의 정책을 받아들이는 것이 아니라 과거의 실수를 되풀이하는 것이나 다름없다. 이런 식으로 생각하다 보면 우리는 일시적인 요인을 문제의 근원으로 보는 유형 3에 자연스레 도달하게 된다.

유형 3:
공급이 문제지만 일시적이다

세 번째 유형의 담론은 현재의 인플레이션이 일시적인 현상이며 역시나 곧 지나갈 것이라고 주장한다.[37] 실제로 이 글을 쓰고 있는 2024년 중반에는 그런 해석이 어쩌면 옳을지도 모르겠다는 생각이 든다. 폴 크루그먼을 비롯해 유형 3을 옹호하는 이들은 흔히 '팀 트랜지토리team transitory(일시적 인플레이션을 주장하는 집단-옮긴이)'로 불리며 스스로도 그렇다고 인정하곤 한다.[38] 앞서 언급했듯이 유형 3에 따르면 오늘날의 인플레이션은 1940년대 후반과 1950년대 초반의 급격하고 일시적인 단기 현상에 더 가까우며,[39] 1970년대와 1980년대 초반의 지속적이고 점진적인 인플레이션과는 대조적이다. 최근의 일들을 유형 3에 따라 해석하면 인플레이션의 원인은 코로나19와 우크라이나 전쟁에서 비롯된 공급 측면의 충격이다. 팀 트랜지토리는 경제 전반에 걸쳐 혼란이 잦아들고 공급 측면이 조정되면 인플레이션율은 이전의 낮은 수준을 회복하게 되어 있다고 주장한다. 그들의 관점에서는 근로자도, 근로자의 기대 심리도 급격한 인플레이션의 원인이 아니며, 오히려 그 두 가지 요인 덕분에 인플레이션이 지속되지 않는다.

앞선 두 가지 유형은 인플레이션이 명백히 국내 요인에서 비롯된다고 해석한다는 점에서 유형 3과 가장 뚜렷하고도 흥미로운 차이를 보인다. 예를 들어 국내 요인을 주장하는 측은 "바이든이 지출을 너무 많이 했다"라거나 "(미국의) 노동시장이 너무 과열되어 있다"라고 말한다. 이와 대조적으로 유형 3의 분석에 따르면 인플레이션은 일시적인 것이며 국내보다는 세계적인 요인에서 비롯된다고 한다. 다시 말해 공급 측면의 혼란이 전 세계적으로 원자재나 비료처럼 꼭 필요한 투입물, 완제품 등의 생산에 타격을 입혔다는 것이다. 그러나 문제는 공급 부족만이 아니다. 그보다는 소비자 수요가 팬데믹의 여러 국면에 걸쳐 예기치 않게 변화한 데다 여기에 러시아의 우크라이나 침공이라는 돌발 사태와 그로 인한 에너지 가격 상승까지 더해져 혼란이 가중된 것이 문제다. 전 세계적인 혼란은 특정 생산 부문을 연쇄적으로 강타했다. 예를 들어 선박용 컨테이너 부족이 항만의 수용 능력에 압박을 가하거나 반도체 부족이 자동차 생산에 파급효과를 끼치거나 천연가스 생산 비용이 상승하는 일 등이 발생했다. 팀 트랜지토리에 따르면 이 같은 변화는 큰 불안을 조성하지만 일시적이며 시간이 지나면 저절로 해소되기 마련이다. 그리고 바로 이때 근로자들이 등장한다. 유형 3의 담론에는 근로자들이 이 모든 상황을 잘 알고 있으며[40] 따라서 자신들의 인플레이션 기대 심리를 적절히 억제하고 있다는 전제가 암묵적으로 깔려 있다.

이 관점에 따르면, 1970년대가 1940년대 후반과 1950년대 초반과 달랐던 이유는 사람들이 인플레이션이 지속적이라고 생각하기 시작했기 때문이다. 그 결과 사람들이 미래에 물가가 더 오를 것이라는 우려 때문에 상품을 계속해서 사들이면서 (가정컨대) 자기 실현적self-fulfilling인 인플레이션의 악순환[41]이 이어졌다는 것이 유형 3의 설명이다. 또는 앞서 논의한 바와 같이 사람들이 지속적으로 임금 인상을 요구했으며 이처럼 임금에 대한 기대의 변화가 물가 상승을 불러일으켰던 반면에, 그 이전 시대에는 사람들이 인플레이션을 일시적인 현상으로 간주하여 물건을 사재기하지 않았기에 인플레이션이 오래 지속되지 않았다는 설명도 있다.

이와 같이 팀 트랜지토리의 관점에서 보면 인플레이션은 세계적인 요인에서 비롯되지만 인플레이션의 속도는 국내 요인에 따라 결정된다. 즉 현지인들이 앞으로도 물가가 지속적으로 상승하리라 예상하는지 여부에 따라 인플레이션율이 결정된다는 것이다. 그러나 적어도 지금까지의 상황을 놓고 보면 그렇지 않은 듯하다. 미국의 인플레이션 기대 심리는 현재까지 파악한 바로는 잘 억제된 것으로 보인다(이와 관련해 자세한 내용은 곧이어 다룰 것이다). 헤드라인 인플레이션은 상승하고 있지만 미시간대학과 뉴욕 연준은행이 진행한 조사에 따르면 중

기적인 인플레이션 기대 심리는 상승하기는커녕 오히려 하락했다고 한다.[42]

어쨌든 팀 트랜지토리의 주장에도 '초과 수요'나 노동시장을 원인으로 보는 이야기와 다른 것 같으면서도 여러모로 비슷한 큰 결함 두 가지가 존재한다. 첫 번째 문제는 '초과 수요'와 노동시장 이론이 국내 통화 요인을 지나치게 강조한다면 반대로 팀 트랜지토리의 이론은 전 세계 공급 측면이라는 요인에 치중한다는 점이다. 여기에서 우리가 알아봐야 할 핵심 쟁점은 한 국가가 수입품에 어느 정도로 의존하는지이다. 다시 말해 경제의 '개방도'가 어떠한지를 생각해봐야 한다. 수입품에 대단히 개방적인 태도를 보이고 수입품이 더 비싼 나라에서는 경제학자들이 말하는 '수입 경로$_{import\ channel}$'를 통한 인플레이션이 발생한다. 특히 식품과 같은 생필품을 수입하는 나라에서는 가격 충격이 더욱더 클 수밖에 없으며 그에 따라 자국 통화의 환율이 동시에 하락하여 인플레이션의 효과가 증폭될 가능성이 크다.

예를 들어 식품과 에너지의 자급자족이 상당 부분 가능한 미국은 식량의 3분의 2를 수입에 의존하는 영국과는 상황이 매우 다르다. 영국에서는 기본 식품 가격이 오르면 수입 의존도가 큰 경제 구조상 인플레이션의 충격이 훨씬 더 클 수밖에 없다. 이처럼 수입품에 대한 개방도가 나라마다 다르다는 사실을 감안할 때 전반적인 공급 요인이 인플레이션의 주된 요인이라는 주장은 과장된 면이 있다. 예를 들어 세계은행은 공급 요인이 인플레이션에서 대체로 큰 지분을 차지하고 있기는 하지만 수요나 유가만큼 주된 요인은 아니라고 평가하며 이러한 고찰이 선진국과 신흥국에 두루 적용된다고 말한다.[43]

그 이외에 미국의 인플레이션을 주제로 한두 가지 연구도 비슷한 결론을 제시했다. 샌프란시스코 연준은행의 애덤 샤피로Adam Shapiro는 인플레이션의 원인을 수요 중심과 공급 중심 요인으로 분류했으며 두 요인의 영향력이 비슷하다는 결과를 얻었다.[44] 연준 의장을 역임한 벤 버냉키Ben Bernanke와 IMF의 수석 경제 분석가를 지낸 올리비에 블랑샤르Olivier Blanchard가 공동으로 수행한 연구도 있다. 이들은 미국의 인플레이션을 세부적으로 분석하여 주요 요인을 파악했는데, 2021년의 인플레이션율 급등이 대부분 상품 가격 상승이나 특정 부문의 공급 문제처럼 외부적인 가격 충격에서 비롯되었다는 결론에 이르렀다.[45] 이는 팀 트랜지토리의 주장과도 일맥상통하는 이야기다. 그러나 동시에 버냉키와 블랑샤르는 2021년의 인플레이션이 노동시장 문제 때문에 발생한 것은 아니지만 (명목)임금 상승이 공급 측면의 충격보다는 좀 더 지속적인 인플레이션 요인으로 입증되고 있다는 사실도 제시했다. 공급 측면에 치중한 해석이 설득력이 있는 것은 사실이지만 공급 문제만을 인플레이션의 원인으로 보기는 어렵다는 이야기다.

인플레이션 기대 심리의 작용

유형 3에는 앞서 소개한 것과는 다르지만 좀 더 근본적인 한계가 존재하는데, 인플레이션 기대 심리에 대한 의존도가 지나치다는 점이다. 기대가 어떻게 작용하는지에 대해서는 여러 가지 기술적 해석이 나와 있지만 그 핵심 개념은 매우 단순하다. 소비자나 근로자가 앞으로 물가가 상승하리라 예상하면, 소비를 앞당기거나 임금 인상을 요구함으로써 오히려 물가 상승을 초래한다는 것이다. 개인에게는 합리적인 행동이 전체적으로는 재앙을 초래한다는 점에서 이는 전형적인 '구성의 오류fallacy of composition' 사례다.

예를 들어 타던 차를 새 차로 바꿀 계획을 오래전부터 세워뒀었다고 해보자. 신차 구매에는 큰돈이 들어가기 때문에 좋은 조건으로 살 수 있을 때까지는 어느 정도 계획 실행을 미룰 수 있다. 그러나 내년에 자동차 가격이 대폭 오르리라는 확신이 든다고 가정해보자. 이처럼 자동차 가격이 일제히 상승하리라는 우려가 들 때는 바로 달려나가 아무 신차나 구매하는 것이 합리적인 행동이다. 그런데 나뿐만 아니라 남들도 같은 생각을 한다면 무슨 일이 벌어질까? 모두가 똑같이 합리적인 행동을 하면 자동차 가격은 오르게 되어 있다.[46]

그렇다면 사람들의 인플레이션 기대 심리에 실제 인플레이션이 그 정도로 좌우된다는 게 사실일까? 통념상 인플레이션 기대 심리 억제는 중앙은행이 발표하는 정책의 '신뢰성'에 달려 있다.[47] 이론적으로는 중앙은행이 인플레이션 억제에 전념을 다한다는 믿음을 주면 근로자들은 현재의 인플레이션율을 넘어서는 임금 인상을 요구하려 하지 않는다. 그들도 중앙은행이 금리 인상으로 경기 과열을 잠재우면 자기들이 받아낸 인상분의 실질 가치가 증발해버린다는 사실을 잘 알기 때문이라는 것이다.

이러한 주장은 중앙은행의 권한을 막강한 것으로 설정한다는 점에서는 합리적으로 보인다. 그러나 사람들이 정말로 중앙은행의 정책 발표를 귀 기울여 듣고 나서 이에 대응해 빵, 휘발유, 자동차 같은 각종 상품의 미래 가격을 다르게 예측할까? 경제학자들은 오랫동안 인플레이션율의 변동을 설명하기 위해 인플레이션 기대 심리라는 개념에 의존해왔다.⁴⁸ 그러나 이를테면 사람들이 단기 금리 변동이나 중앙은행의 발표에 맞춰 예측치를 조정하는 식의 행동을 한다는 실제 증거는 찾기 어렵다.

연준의 연구원인 제러미 러드Jeremy Rudd가 2021년에 지적했듯이 "1960~1970년대는 근로자나 기업이 미래의 가격 변화나 비용 변화를 예측하여 임금 인상이나 가격 인상을 시도했다는 실증적 근거가 전혀 존재하지 않는 시기였음에도 그 시대의 인플레이션 경험"이 기대 심리가 중요하다는 관점의 근거로 사용되고 있다.⁴⁹ 우리가 확보한 자료를 보면 실제로는 사람들이 그렇게 행동하지 않았다는 사실을 알 수 있다.⁵⁰ 예를 들어 향후 1년 동안의 인플레이션 기대 심리를 측정하는 설문조사에는 휘발유 가격의 변동이 반영되는데, 휘발유 가격은 대외 요인에 따라 변동하며 사실상 중앙은행이 통제할 수 없다. 사람들은 일주일에 두 번 정도 기름을 넣는 데다 그때마다 주유기에 큼직하게 표시된 가격을 접하기 때문에 휘발유 가격의 변동을 관심 있게 살펴본다. 그 때문에 경제학자들은 이런 단기적인 편향을 제거하기 위해 중기적인 기대 심리에 초점을 맞추는 경향이 있다.⁵¹

그러나 중기적인 시간 범위에 초점을 맞추더라도 문제는 사라지지 않는다. 인플레이션에 대한 질문을 받으면 사람들은 경제학자들의 예상과는 매우 다른 답변을 내놓는다.⁵² 예를 들어 경제학자들은 금리를 올리면 수요가 줄어 물가가 내려간다는 데 동의하지만 일반인들은 그와 반대로 금리 인상이 물가 상승으로 이어진다고 생각한다.⁵³ 이러한 믿음의 근거는 금리 인상으로 차입 비용이 증가하면 기업이 늘어난 부담을 소비자 가격에 전가하고 그 결과 소비자는 물가 상승을 경험하게 된다는 데 있는데,[54] (이어지는 유형 4에서 알아보겠지만) 비합리적인 추측은 아니다. 실제로 전문가들을 보더라도 그들의 예측이 속속들이 '합리적'이지는 않음을 확인할 수 있다. 최근 연구에 따르면 전문가들의 인플레이션 전망 역시 개인적인 경험에 크게 좌우된다고 한다.[55] 예를 들어 중앙은행에서 일한 경험이 있는 전문가는 다른 전문가보다 덜 비관적인 전망을 내놓으며, 디플레이션을 예측할 가능성도 더 낮다.

실제로 사람들의 인플레이션 기대 심리는 (설령 체계적으로 형성된 것이라 해도) 상당히 뒤죽박죽이다.[56] 차입을 해야 하는 기업 경영자처럼 직업상 경제 정책 발표에 관심을 기울일 수밖에 없는 사람들도 예외는 아니다. 각각 뉴질랜드와 미국에서 시행된 설문조사를 기반으로 한 연구에 따르면 기업 경영자들은 인플레이션의 역학에 대해 잘 알지 못하는 데다 인플레이션을 예측하는 방식도 제각각이며 중앙은행 총재의 이름조차 모르는 경우가 허다했다.[57] 심지어 어떤 연구에서는 가격을 책정할 때 관련 정보를 알아보는 경향이 나타나기는커녕 "GDP, 실업률, 인플레이션 같은 거시경제 변수에 대한 온라인 검색 건수가 강아지에 대한 검색 건수에 항상 밀린다"는 결과가 나오기도 했다. 요약하자면 인플레이션이 일시적이라는 유형 3의 주장은 어떤 면에서 다른 유형들과 거울상처럼 다르면서도 닮았다. 예를 들어 '초과 수요' 담론에 따르면 소비자들이 앞으로도 지속적으로 물가가 오르리라고 '예상'하는 이유는 기대 심리가 억제되어 있지 않기 때문이라고 한다. 한마디로 소비자들의 기대 심리가 인플레이션의 원인이라는 주장이다. 그렇다면 그러한 기대 심리가 실제 물가에 영향을 미친다는 것을 어떻게 확인할 수 있을까? 유형 3을 주장하는 이들은 물가가 상승하고 있는 것이 그 증거라고 말한다. 그러나 그러한 주장은 순환 논법circular logic(어떤 주장을 증명하기 위해 그 주장 자체를 근거로 사용하는 오류 – 옮긴이)을 따르고 있어 신뢰를 주지 못한다.

팀 트랜지토리의 주장에서는 기대 심리가 억제되지 않는 것은 문제가 아니다. 오히려 소비자와 근로자가 현재의 물가 상승이 '일시적' 현상임을 어떤 식으로든 잘 알고 있어서 그들의 기대 심리가 변함없이 유지된다는 점이 문제다. 이 경우에는 기대 심리가 변치 않는다는 사실 자체가 그 중요성을 입증하는 근거이며, 기대 심리의 변화가 전적으로 인플레이션을 유발한다는 이야기와는 정반대로 보인다. 다시 말하지만, 이 역시 상당히 순환 논리적이다. 그러나 기대 심리 따위에는 신경 쓰지 않으며 조금도 순환적이지 않고 대부분의 사람이 직관적으로 옳다고 생각하는데도 경제학자들이 이상하리만치 싫어하는 유형의 담론이 남아 있다. 그 이유는 해당 담론이 가격 통제와 연관되어 있는 데다 합리성과 효율성이 아니라 힘의 역할에 초점을 맞추기 때문일 것이다.

유형 4: 기업의 탐욕이 문제다

네 번째 유형은 '바가지 씌우기price gouging'를 다루는 주장으로서 물가가 이미 오르고 있다는 이유만으로 더 높은 가격을 책정하고 그에 따라 전반적인 물가 상승을 유발할 수 있는 기업의 힘에 초점을 맞춘다. 유형 4에 따르면 바가지는 인플레이션의 근본적인 원인이 아닐 수는 있어도 일단 인플레이션이 시작되면 이를 지속적으로 유지시키는 주요 요인이다. 유형 4를 주장하는 이들의 입장에서는 근로자의 기대 심리에 집중하고 금리를 걱정하는 행위가 불빛이 있다는 이유만으로 가로등 밑에서만 열쇠를 찾아 헤매는 술꾼의 행위처럼 보인다. 이해는 되지만 결국은 쓸데없는 짓이라는 것이다. 유형 4에 따르면 그 대신에 우리가 해야 할 일은 기업이 가장 잘하는 일인 이윤 극대화에 초점을 맞춘 다음에 '초과' 이익 또는 '과도한' 이익을, 인플레이션을 유발하는 대표 요인으로 살펴보는 것이다. 바가지 씌우기에 의한 인플레이션은 흔히 탐욕 인플레이션greedflation이라는 자극적인 이름으로 불리며, '판매자 인플레이션sellers' inflation'이라는 꽤 기술적인 용어로 불릴 때도 있다.[58] 유형 4의 주장에 따르면 기업들은 전반적인 물가 상승을 틈타 기존 이익률을 넘어서는 가격 인상을 단행하고 평소보다 더 높은 이익을 얻는다. 근로자가 물가 상승에 대응해 임금 인상을 요구하면 기업이 '마지못해' 임금 인상분을 소비자에게 전가함으로써 임금-물가 악순환이 발생한다는 유형 2의 이야기와는 달리 유형 4에서는 동일한 요소가 다른 방식으로 배치된다. 또한 유형 3에서 우리가 '일시적'인 현상으로 간주했던 전 세계적 공급 충격이 유형 4에서는 시장 집중도가 높은 부문에서 기업이 평소보다 훨씬 더 큰 폭으로 가격을 올리고 그 과정이 횡재를 할 수 있는 은밀한 기회로 작용한다. 공급이 제한되고 대안이 거의 없으면 소비자들은 어쩔 수 없이 상황을 받아들여야 한다. 결국 기업이 모든 이익을 차지하고 소비자가 그 모든 비용을 부담한다. 이러한 담론은 제2장에서 살펴본 대로 기업의 가격 책정이 제반 비용보다는 시장 지배력을 토대로 이루어진다는 경제 이론을 바탕으로 한다.

간단히 정리하면 경제학에서는 일반적으로 기업과 기업의 가격 반응을 세 가지 모델로 설명한다. 첫 번째는 앞서 가격 통제를 소개한 대목에서 잠깐 알아봤는데, 소위 완전 경쟁이라고 불리는 모델이다. 소규모 기업들로만 이루어진 완전 경쟁 세계에서는 기업끼리 서로 경쟁하는 구조라 그 누구도 가격을 마음대로 정할 수 없다. 이곳에서는 가격이 시장에 의해 결정되며, 기업이 시장 가격보다 더 높은 가격을 매기려고 하면 경쟁에 밀려 퇴출당한다. 대학가의 포장 전문 피자 가게를 떠올려보라. 다른 가게보다 두 배 높은 가격을 받는 곳은 순식간에 문을 닫게 되어 있다.[59] 현실에서도 완전 경쟁 시장을 찾을 수는 있지만 흔한 경우는 아니다.

두 번째 모델은 그와 정반대인 독점이다. 러시아는 유럽 대부분의 지역에 가스를 공급함으로써 사실상 독점 공급자가 되었다. 시장을 독점한 러시아는 경쟁자가 없기 때문에 가능한 한 높은 가격을 책정할 유인이 충분하다. 다만 이같이 가격을 올려 받을 유인은 이를테면 구매를 보장해주는 장기 계약 등의 방법으로 완화되기도 한다. 그러나 우크라이나 침공으로 러시아에 반감을 느낀 구매자들이 더 이상 가스를 사지 않겠다고 통보하자 러시아는 공급을 축소함으로써 가격을 인상했다. 그 결과 2022년에는 가스의 현물 가격이 치솟아 과거의 평균 선물 가격보다 약 열 배 수준까지 급등했다. 이것이 바로 독점 기업이 시장 지배력을 휘둘러서 할 수 있는 일이다. 독점 기업은 가격을 스스로 정할 수 있으며, 적어도 단기간 내에는 그 어떤 수단으로도 그러한 행태를 바꿀 수 없다.

세상에는 독점 기업이나 순녹점 기업이 생각보다 매우 많다. 예를 들어 석유처럼 수요 탄력성이 낮은 상품을 공급하는 기업들을 떠올려보

라. 기업 한 곳이 가격 인상을 주도하면 다른 기업들도 따라서 가격을 올린다. 즉 경쟁으로 얻는 것보다 더 많은 공동 이익을 거둬들이기 위해 서로 협력하는 것이다. 앞에서 알아보았듯이 이러한 형태를 카르텔이라 부르며, 석유 시장에는 카르텔이 공식적으로 존재한다. 바로 OPEC이다.

흥미를 자아내는 동시에 유형 4의 주장과 가장 관련성이 큰 것으로 보이는 사례는 세 번째 모델인 '과점oligopoly' 구조의 시장이다. 과점 시장에서는 소수의 기업이 한계 비용을 웃도는 가격을 설정할 수 있지만 이러한 일은 상호 협력을 통해 가격이나 물량을 조정하는 경우에만 가능하다. 앞서 프랑스 대형마트의 사례에서 보았듯이 카르텔은 시장 점유율을 확보하거나 경쟁업체에 타격을 주기 위해 가격을 낮추거나 공급을 늘릴 유인이 항상 존재하기 때문에 안정적이지 못하다. 그러나 토마 필리퐁Thomas Philippon과 브렛 크리스토퍼스Brett Christophers가 각각 미국과 영국을 연구한 결과에 따르면[60, 61] 양국 모두 '실질적'으로 활동하는 기업의 숫자가 여러 산업 부문에 걸쳐 크게 줄어들었고, 그 때문에 과점 기업의 안정성과 수익성이 높아졌다. 그 사례로 미국 항공 산업을 살펴보자. 해당 부문은 코로나19로 큰 타격을 입었고 막대한 부채를 떠안았으며 납세자들에 의해 마지못해 구제되었고 소비자들의 공분을 불러일으키는 산업이 되었다. 미국 항공 산업에서 실질적으로 활동하는 기업은 네 곳으로서 아메리칸항공, 델타항공, 사우스웨스트항공, 유나이티드항공이 시장의 66퍼센트를 공동으로 장악하고 있다. 2023년 기준으로 항공권 가격은 그 어느 때보다 높다. 그렇다면 항공사나 이와 비슷한 다른 부문의 기업들이 '바가지 씌우기'를 감행하고 있는 것일까? 그리고 그러한 행위가 인플레이션을 부추기고 있을까? 아니면 과점 기업들도 다른 요인에 의한 광범위한 인플레이션의 어쩔 수 없는 피해자에 불과한 것일까? 사실 인플레이션이 바가지 가격에 의해 발생한다는 관점은 상당히 많은 증거로 뒷받침되지만 주류 경제학자들은 이에 대해 끊임없이 이의를 제기한다. 이사벨라 베버는 인플레이션의 원인이 기업의 이익이라는 가설을 처음으로 제기한 인물 중 한 명이다. 베버가 에번 와스너와 함께 수행한 연구에 따르면 2020년 3분기 이후 미국의 경우 GDP 디플레이터GDP deflator(명목 GDP를 실질 GDP로 나눈 수치에 100을 곱한 물가지수-옮긴이)로 측정한 인플레이션의 상승분 중 기업 이익이 차지하는 비중은 9.4퍼센트였던 반면에 임금이 차지하는 비중은 4.7퍼센트에 불과했다.[62] 카르스텐 융Carsten Jung과 크리스 헤이스Chris Hayes 역시 브라질, 독일, 남아프리카공화국, 영국, 미국에 대해 비슷한 결과를 도출했다. 두 연구 모두 기업의 시장 지배력 집중이 인플레이션의 증폭기 역할을 했다고 주장한다. 어느 자료에 따르면 2022년에 미국 기업의 이익은 2021년 인플레이션 시작 이후에 평균적으로 49퍼센트 증가했다.[63] 미국경제자유프로젝트American Economic Liberties Project의 연구 책임자인 매트 스톨러Matt Stoller는 기업 이익의 변화를 심층 분석한 결과 흥미로운 사실을 발견했다.[64] 기업 이익이 2012년부터 2019년까지는 비슷하게 유지되었지만 2020년과 2021년에는 놀라운 폭으로 증가했다는 것이다(도표 3.2 참조). 그의 추정에 따르면 기업 이익의 증가로 말미암아 미국 국민은 1인당 2,126달러의 비용을 떠안았다.

한층 더 놀라운 증거는 2021년 11월에 디지털닷컴Digital.com이 진행한 조사에서 발견된다.[65] 해당 조사에 따르면 소매 유통업체 가운데 56퍼센트가 인플레이션 덕분에 생산비 상승분을 상쇄하고도 한참 남는 수준으로 가격을 인상할 수 있었다는 사실을 어닝콜earning call(시장에 실적을 발표하기 전에 최고재무책임자와 최고경영자가 투자자들과 전화로 회의하는 것)에서 인정했다고 한다. 해당 조사를 통해 기업들이 평균적으로 20퍼센트 정도로 가격을 인상했다는 결과가 나왔다. 기본적인 경제 이론을 통해 짐작할 수 있듯이 그러한 현상은 시장 집중도가 높은 부문의 대기업에서 나타났으며 그중에서도 자동차와 전자상거래 부문에서 가장 두드러졌다. 독특한 상황이라고만은 할 수 없다. 유럽중앙은행과 IMF 자체 연구 역시 기업 이익의 증가가 유럽의 인플레이션을 부

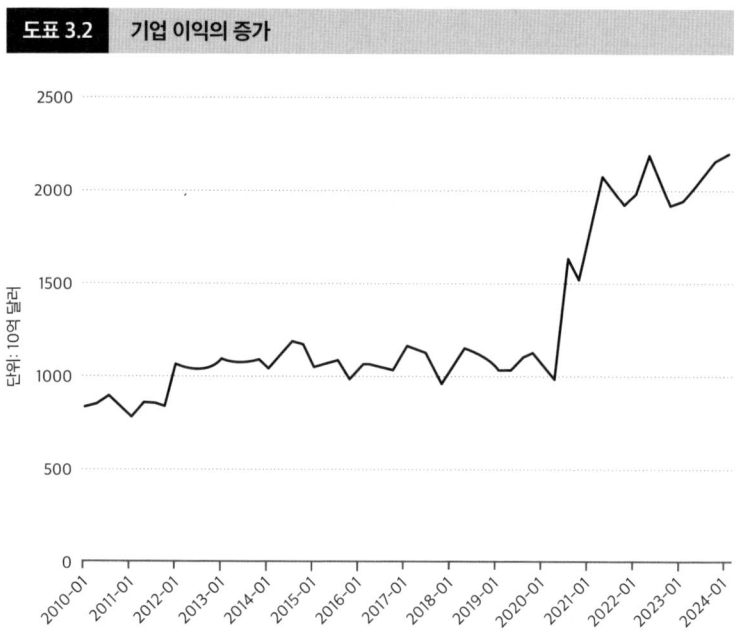

도표 3.2 기업 이익의 증가

출처 세인트루이스 연준은행의 FRED에서 조회한 BEA 자료
주 그래프의 선은 비금융기업 부문의 세후 이익(재고 평가 조정과 자본 소비 조정을 제외한 이익) 추이를 보여준다. 단위는 10억 달러이며 계절 조정된 연율 기준으로 표시된다.

추겼다는 명확한 증거를 밝혀냈기 때문이다.[66]

물론 규모가 전부는 아니다. 다시 미국 항공 산업의 사례를 살펴보면 시장 집중도가 극심하고 요금이 터무니없이 높았음에도 항공 산업 전반은 2023년까지 적자를 면치 못했다. 그러나 기업의 바가지 씌우기가 인플레이션 유발에 얼마만큼 기여하는지를 추정한 연구에 따르면 2022년 미국의 인플레이션율(측정 당시 6.8퍼센트) 가운데 기업 이익의 증가가 차지하는 비중이 3.8퍼센트에 달했다. 즉 기업의 이윤 추구가 최근의 물가 급등 가운데 절반 가까이(44.7퍼센트)를 유발했다는 이야기다.[67]

이러한 관점에 따르면 미국의 인플레이션율이 유럽보다 더 높은 이유는 (유형 1의 주장처럼) 재정 부양 규모가 더 컸기 때문도, (유형 2의 주장처럼) 노동시장의 특수성 때문도, (유형 3의 주장처럼) 전 세계적인 공급 충격 때문도 아니다. 그보다는 그저 미국 경제의 집중도가 더 높을 뿐 아니라 이렇다 할 경쟁을 받지 않는 핵심 부문의 소수 기업이 가격을 마음대로 정할 수 있기 때문이다.[68] 미국 정부가 반독점법을 제대로 집행하지 않는 것도 이러한 관행을 부추긴다. 어째서 반독점법이 집행되지 않는 걸까? 그러한 회사들이 독점 규제 기관의 책임자들을 선출하며 막대한 비용이 드는 선거의 주요 자금줄이라는 사실을 알고 나면 법 집행에 이해충돌이 작용하리라는 사실을 어렵지 않게 짐작할 수 있다.

'과도한 지출'을 이유로 정부를 탓하는 유형 1의 이야기가 우파의 입맛에 잘 맞는다면 반대로 바가지 씌우기를 탓하는 관점은 인플레이션이 발생한 까닭이 바이든 행정부의 잘못된 경제 운영이나 탐욕스러운 근로자들의 계략 때문이 아니라 대기업 때문이라며 책임 전가를 하는 데 도움이 되므로 특히 미국 민주당과 진보 진영에 호소력을 발휘한다.[69] 그러나 무엇보다도 중요한 점은 이러한 관점이 일반인들의 실제 경험과 맞닿아 있어 널리 공감을 산다는 사실일 것이다.

컨설팅 기업 딜로이트Deloitte가 진행한 조사에 따르면 미국인 열 명 중 여섯 명은 자국 기업의 부당한 가격 인상 때문에 자신의 구매력이 감소한다고 믿는 것으로 나타났다.[70] 최근의 다른 조사에서도 비슷한 결과가 나왔다. 즉 경제 전문가들의 견해와는 달리 소비자들은 기업이 늘어난 차입 비용을 자기들에게 전가한다고 보기 때문에 금리 인상이 인플레이션율의 상승으로 이어진다고 생각한다는 것이다.[71] 실제로도 기업들은 그렇게 하는 것으로 보인다.

바가지 씌우기에 의한 인플레이션을 억제하는 방법은 여러 가지가 있으나 모두 논란의 여지가 있다. 그 가운데 한 가지 방법은 앞서 알아본 가격 통제다. 정해진 상한선 위로는 가격을 올리지 못하도록 기업에 강제하는 것이다. 최근에 인플레이션이 급격히 심화되기 시작했을 때 이사벨라 베버는 가격 통제가 제2차 세계대전 당시와 그 직후에 루스벨트 대통령이 도입한 해결책의 일환이었다는 주장을 설득력 있게 제시했다.[72] 그러나 제5장에서 자세히 알아보겠지만 베버는 그러한 주장을 펼쳤다가 트위터에서 분노한 경제학자들의 공격을 받았다. 그들은 가격 통제가 공산주의를 유발하는 것 외에는 아무 효과도 발휘하지 못한다며 반박했다.

좀 더 장기적인 해결책은 반독점 정책을 통해 기업의 시장 집중도를 완화하는 것이다. 다시 말해 기업을 작은 단위로 쪼개어 서로 경쟁하도록 만드는 방법인데, 이는 미국 연방거래위원회Federal Trade Commission의 전임 위원장이었던 리나 칸Lina Kahn이 도입하려고 했던 해결책이기도 하다. 세 번째 해결책은 초과 이익세를 도입해 가격 인상분을 세금으로 환수하는 것이다.[73] 이렇게 하면 기업이 바가지 씌우기를 단념하도록 유도할 수 있을 뿐 아니라 인플레이션으로 발생한 이익을 인플레이션의 수혜자로부터 피해자에게로 재분배할 수 있다. 앞 장에서 언급했듯이 영국을 비롯한 일부 국가들은 최근 석유 회사들에 대해 초과 이익세를 부과하고 있다. 2022년 2분기에 사우디 아람코Saudi Aramco의 순이익이 484억 달러로 90퍼센트 증가하며 세계에서 가장 수익성이 높은 기업이 되었다는 사실을 생각하면[74] 초과 이익세 도입은 지극히 합당한 조치로 보인다. 금리 인상이 기업 이익으로 인한 인플레이션을 억제하는 데 거의 효과를 발휘하지 않는다는 점은 명확하다.[75] 최근 입증된 바에 따르면 기업의 시장 지배력이 클수록 통화정책의 효과가 떨어진다고 한다.

탐욕의 한계

그러나 앞서 언급한 담론들과 마찬가지로 바가지 씌우기 담론 역시 인플레이션의 원인을 전반적으로 설명하지는 못한다. 그 한계 중 하나는 인플레이션이 지속되는 이유만 설명할 뿐 애당초 인플레이션이 왜 발생하는지는 설명하지 못한다는 점이다. 다만 바가지 씌우기 담론을 지지하는 이들은 그러한 한계를 약점이 아니라 강점으로 본다. 그들은 기업들이 코로나19 기간에 물가가 오르자 가격을 인상함으로써 물가 상승 국면을 이용했다고 주장하는 경향이 있다. 한편 소비자들은 '코로나19 때문에' 어느 상품이든 가격이 올라도 이상할 것이 없다고 생각하게 되었고 그 결과 적정 가격이 얼마인지 가늠할 기준을 잃어버렸다. 이러한 상황 속에서 바가지 씌우기 담론의 지지자들은 기업의 폭리가 '물가 상승의 가속 요인'이지만 '인플레이션의 주된 원인'은 아니었다고 본다.[76] 이런 이유로 백악관 경제자문위원회 위원장을 지낸 제이슨 퍼먼Jason Furman 등의 경제학자는 바가지 씌우기 담론이 인플레이션에 대한 가장 적절한 해석은 아닐지 모르지만, 지금 일어나고 있는 현상의 일부 요인을 포착하는 데는 유용하다고 평가한다.[77] 간단히 말해 바가지 씌우기가 실제 원인인지는 확실치 않지만 코로나19로 인한 공급망 차질이나 러시아의 우크라이나 침공으로 인한 에너지 가격 상승이나 경기부양책의 시행 등이 일어나지 않았다면 과도한 가격 인상이 일어나지 않았으리라는 것이다. 그렇다면 최근의 인플레이션에서 바가지 씌우기의 비중은 어느 정도일까 하는 의문이 든다.

앞서 언급했듯이 이 담론을 지지하는 이들은 미국의 인플레이션 가운데 무려 절반 정도가 기업의 가격 인상 때문에 발생한다고 본다. 그러나 「뉴욕 타임스」의 저먼 로페스German Lopez 기자 같은 사람들은 해당 담론의 핵심인 이익과 인플레이션 간의 연관성이 지지자들의 주장만큼 강력하지도, 저절로 발생하지도 않는다고 지적한다.[78] 예를 들어 2021~2022년에 인플레이션율이 급격히 상승했지만 같은 기간 동안 주식시장은 50년 만에 최악의 상반기 실적을 기록하며 폭락했다.[79] 이 대목에서 매우 중요한 질문을 던져볼 수 있다. 기업 전반에 걸쳐 이익이 균일하게 증가했으며 주가가 적어도 어느 정도는 현금흐름 할인discounted cash flow을 반영한다고 가정하면, 저 시기에 주가가 하락한 이유는 무엇일까? 둘째로 일부 산업 부문은 시장 집중도가 높음에도 인플레이션율이 올랐을 때 가격을 인상하지 않았다. 미국 GDP의 20퍼센트 정도를 차지하는 의료 부문이 그 대표적인 사례인데, 같은 기간 해당 부문의 가격 상승률은 전체 인플레이션율보다 더 낮았다.[80]

그럼에도 시장 집중도가 높은 부문의 기업들이 경쟁사들도 같은 조치를 취할 것이라는 전제하에 가격 인상을 통해 이익률의 압박에 대항한다는 견해는 어느 정도 설득력이 있으며 직관적으로 와닿는 편이다. 베버와 바스너가 요약한 설명에 따르면 이러한 판매자 인플레이션은 "비용 상승이 개별 기업뿐만 아니라 모든 경쟁자가 경험하는 문제인데다 기업들이 모든 시장 참여자가 똑같이 행동하리라는 공통된 예측에 따라 안심하고 가격을 올릴 수 있을" 때에 발생한다고 한다.[81] 실제로 최근 몇 년간 미국 기업들의 이익률은 사상 최고치를 기록했다. 게다가 올라간 가격이 항상 내려가지도 않는다.

그러나 바가지 씌우기 담론을 좀 더 깊이 파고들어 보면 동등성 문제 equivalence problem가 관찰된다. 똑같은 현상을 두 가지의 다른 방식으로 해석할 수 있다는 뜻이다. 예를 들어 미국의 자동차 가격은 팬데믹 기간에 상승했으며 공급망 병목 현상이 완화된 이후에도 높은 수준을 유지하고 있다. 그렇다면 이러한 현상은 자동차 산업이 높은 시장 집중도에 힘입어 '공급량은 줄이고 가격은 올리는' 지속적인 비즈니스 모델을 개발하면서 구현된 탐욕 인플레이션일까? 아니면 업계 전반에 걸친 투입비용이 상승에 가격 인상으로 인한 수요 파괴가 결합되어 나타난 결과일까? 어쨌든 매출은 상당히 감소한 반면에 이익은 증가하는 추세다.[82] 요약하자면 바가지 씌우기 담론은 설득력을 발휘하기는 하지만 가격 측정이 이익 측정보다 훨씬 더 쉽다는 사실을 감안하면 가장 입증하기 어려운 주장일 것이다. 우리는 제6장에서 같은 주제로 되돌아가 그 중요성을 좀 더 자세히 살펴볼 것이다.

구조적 요인으로 인한 인플레이션

자주 거론되지는 않지만 논의해볼 가치가 있는 비주류 담론 한 가지를 알아보자. 인구 구조와 세계화의 상호작용에 초점을 맞춘 이론으로, 잉글랜드은행의 경제 분석가를 역임한 찰스 굿하트Charles Goodhart가 그 주창자 중 한 명이다.[83] 굿하트는 로런스 서머스와 더불어 한참 전에 '인플레이션을 예측한 현인들' 가운데 한 사람으로 칭송을 받아왔다. 실제로 굿하트는 마노즈 프라단Manoj Pradhan과 2020년에 펴낸 책에서 인플레이션의 귀환을 예측했다. 그러나 그들은 앞선 네 가지 유형의 담론이 꼽은 경기 요인 때문이 아니라 장기간에 걸친 구조적 요인의 변화 때문에 인플레이션이 귀환한다고 보았다.

굿하트와 프라단에 따르면 중국의 부상과 동유럽의 복귀로 말미암아 1991년부터 2018년까지 선진국들의 잠재적·실질적 노동 공급이 두 배로 늘어났다고 한다. 공급이 대폭 늘어나면 가격은 떨어지기 마련이다. 그러한 상황에서 주요 국가들의 임금이 하락하거나 정체되고 제조 상품의 가격까지 떨어지는 건 당연한 일이었다. 인플레이션이 아니라 디플레이션이 표준이 된 것이다. 그러나 굿하트가 보기에 그러한 추세는 이제 장기적인 반전을 맞이하고 있다. 첫 번째 원인은 부유한 국가들과 중국 전역에서 일어나고 있는 인구 구조의 변화다. 실제로 이들 국가에서는 대부분 만성 질환이 있는 고령 인구의 숫자가 고령 인구의 부양비용을 부담해야 하는 젊은 노동 인구보다 많아질 전망이다. 설상가상으로 비용 상승과 다시 고개를 드는 지정학적 갈등으로 말미암아 세계 공급망의 탈동조화decoupling가 나타나면서 탈세계화 현상까지 가세할 것으로 보인다. 세상이 이렇게 바뀌면 임금이 오르고 성장률이 떨어지며 금리가 상승하면서 결과적으로 디플레이션 대신에 장기적인 인플레이션 시대가 나타날 것이다.

그런데 이러한 현상이 쓰디쓴 결실을 보려면 오랜 시간이 걸린다는 굿하트와 프라단의 주장과 달리 우리가 오늘날 경험하고 있는 인플레이션은 한꺼번에 닥쳐왔으며 인구 구조가 아니라 주로 다른 원인 때문에 발생했다는 사실에 주목할 필요가 있다. 게다가 현재 인플레이션율은 하락 추세에 있거나, 최소한 과거의 정상적인 수준을 다소 웃도는 정도로 유지되고 있는 것으로 보인다. 그러나 굿하트와 프라단의 견해가 옳다면, 유형 3에서 다룬 '일시적인 인플레이션론'과 장기적이고 구조적인 변화 요인이 서로 충돌한다. 이 경우 1970년대처럼 인플레이션이 계속 가속화되지는 않더라도, 과거보다 높은 물가 수준이 새로운 일상이 될 가능성이 있다. 그렇다면 굿하트와 프라단은 '팀 스트럭처럴team structural(구조적 인플레이션을 주장하는 집단 – 옮긴이)'이라 부를 만한 진영의 첫 구성원일지도 모른다. 이 중요한 사안과 관련해서는 결론 부분에서 다시 다루고자 한다.

인플레이션 담론과 정치학

지금까지 우리는 인플레이션의 원인과 결과, 책임 소재, 대응 방안에 대해 저마다 그럴듯한 설명을 담고 있는 주류 담론 네 가지와 비주류 담론 세 가지를 살펴보았다. 그러나 각각의 이야기는 뚜렷한 결함을 지닌 데다 여러 면에서 서로 모순되기도 한다. 예를 들어 '초과 수요' 이야기를 받아들이면서 '탐욕 인플레이션' 이야기에 수긍하기란 어렵다. 실제로 다수의 경제학자가 '탐욕 인플레이션' 이야기를 거부하는 까닭은 '초과 수요' 이야기에 동의하고 있기 때문일 것이다. 마찬가지로 인플레이션이 일시적이라고 보는 사람은 인구 구조와 관련된 설명을 선뜻 받아들이지 못한다. 그러나 이 모든 담론의 목적이 실제로는 원인을 진단하는 것이 아니라 인플레이션의 비용을 다른 누군가에게 전가하기 위한 것은 아닐까? 이렇게 본다면 인플레이션 담론은 과학적 이론이라기보다는 정치적 레토릭에 더 가깝다고 할 수 있다.

1992년에 경제학자 앨버트 허시먼Albert Hirschman은 『보수의 레토릭The Rhetoric of Reaction』이라는 탁월한 저서를 출간했다. 이 책은 프랑스 혁명에 대한 보수파의 반응, 한 세기 뒤의 참정권 확대에 대한 반대 주장, 그 이후 복지국가 건설에 대한 반대 주장을 비롯해 지난 200년 동안 기존 상황의 다양한 변화에 반대하여 일어난 주장을 다룬 다음에 그 모든 주장이 세 가지의 레토릭 또는 (허시먼 자신의 표현에 따르면) 명제thesis로 압축될 수 있다고 제시했다.

첫 번째는 '역효과 명제perversity thesis'로서 어떤 정책을 특정 방향으로 밀어붙이려는 시도는 정반대 결과를 낳기 마련이라는 주장이다. 혁명이 기존 질서를 한층 더 굳건히 하는 결과로 끝난다든가, 세금을 인상하려는 시도가 세금 수입 감소로 이어지기 마련이라는 주장이 역효과 명제의 대표적인 사례다.

허시먼이 제시한 두 번째 명제는 '무용 명제futility thesis'이다. 이는 인류의 운명을 개선하려는 시도가 실제로는 해결하고자 하는 상황에 눈에 띄는 변화를 불러오지 못한다는 주장이다. 예를 들어 빈곤과의 전쟁 War on Poverty(1964년 미국의 린든 존슨Lyndon Johnson 대통령이 시행한 빈곤 퇴치 정책 - 옮긴이)은 오히려 남에게 의존하는 문화만 고착시켰을 뿐 빈곤 문제를 해결하는 데는 실패했다거나 누진세제가 불평등 완화에 기여하지 못했다는 주장이 여기에 해당한다.

세 번째는 '위험 명제jeopardy thesis'로서 이를테면 무산계급에까지 참정권을 확대하면 사유재산 제도가 반드시 끝장날 것이라거나 최근 영국의 쿼지 콰텡Kwasi Kwarteng 재무장관의 말처럼 석유 기업의 불로소득에 세금을 부과하면 미래 투자가 위협을 받을 것이라는 주장이 그 대표적인 사례다.[84] 다시 말해 새로운 목표를 추구하면 기존에 세운(본질적으로 더 중요할 수도 있는) 일련의 목표가 위태로워진다는 주장이다.

이러한 세 가지 명제는 앞서 알아본 네 가지 유형의 담론에도 적용할 수 있다. '초과 수요가 문제다'라는 유형 1은 사실상 위험 명제에 해당한다. 경제를 '부양'하여 불황을 막는 것이 좋아 보일지는 몰라도 실제로는 그렇지 않다는 주장이기 때문이다. 그렇게 하면 피하고자 했던 경기 침체보다 한층 더 위험한 인플레이션의 폭주가 찾아올 수 있으니 조심해야 한다.

'문제는 노동시장에 있다'라는 유형 2는 사실상 역효과 명제다. 물가가 오를 때는 임금을 인상하고 임금 비중을 늘리는 것이 바람직할 듯싶지만 반드시 인플레이션을 불러일으키는 행위이므로 절대 금물이다.

'일시적 요인 때문이다'라는 유형 3에는 무용 명제와 위험 명제가 결합되어 있다. 인플레이션이 일시적인 현상이라면 금리 인상은 이미 타격을 받은 경제에 더 큰 손상을 가하는 위험한 행위일 뿐이다. 특히 인플레이션 기대 심리가 (존재한다고 가정할 때) 잘 억제되어 있다면 금리를 올려도 인플레이션의 역학은 바뀌지 않는다는 점에서 금리 인상은 무용지물이다. 인구 구조의 변화가 인플레이션의 요인이라는 비주류 담론은 무용 명제에 해당한다. 인구 구조는 피할 수 없는 운명이기 때문에 정책을 통해 인플레이션과 맞서 싸우는 것은 불가능하다는 주장이다. 한편 '바가지 씌우기가 문제'라는 유형 4는 세 가지 명제를 모두 포함하고 있다. 기업이 폭리를 취하여 인플레이션이 발생할 때 금리를 인상하는 것은 무용지물일 뿐 아니라 역효과를 낳을 수도 있으며 과도한 경기 위축을 유발하여 경제 전체를 위험에 빠뜨릴 수 있다.

이처럼 허시먼의 이론을 적용해보면 인플레이션 담론이 정치적이고 분배와 연결되는 이야기라는 사실을 알 수 있다. 인플레이션 담론은 힘을 지니고 있으며, 그 힘은 레토릭을 통해 작동한다. 이것이 바로 레토릭의 유용성이다. 우리는 반대되는 증거를 접해도 그럴듯하게 꾸며낸 말에 휘둘려 이런저런 주장을 받아들이고 만다. 그뿐만 아니라 레토릭은 어떤 담론의 지지자들이 반대되는 증거를 무시하고 스스로 선호하는 이야기를 옹호하는 데 이용된다. 그렇기 때문에 우리는 각각의 인플레이션 담론이 전달하고자 하는 바가 무엇인지, 그리고 누가 우리에게 그러한 담론을 제시하는지에 세심한 주의를 기울여야 할 필요가 있다. 남들에게 인플레이션의 책임을 전가할 수 있는 위치에 있는 사람들은 인플레이션의 피해를 입지 않는 법이다.

제4장

하이퍼인플레이션의 실체

Inflation

하이퍼인플레이션의 파괴적 성격을 인정하는 것과 인플레이션율이 낮을수록 좋다고 주장하는 것 사이에는 크나큰 논리적 비약이 있다.[1]

―장하준

하이퍼인플레이션, 과장된 공포의 신화

우리는 앞서 인플레이션에 좋은 인플레이션, 나쁜 인플레이션, 추악한 인플레이션 등의 세 가지 유형이 있다는 주장을 알아봤다.[2] 중요한 내용이니만큼 좀 더 자세히 파고 들어가보자. 간단히 말해 물가가 적당히 상승하고 임금이 근로자의 생산성에 비례하여 상승하는 경우에는 좋은 인플레이션이라고 할 수 있다. 비록 (흔히 그러하듯이) 근로자가 자기 몫을 온전히 받지 못한다고 하더라도 말이다. 나쁜 인플레이션은 공급 측면의 충격에서 비롯되는데 물가 상승과 경기 침체로 이어진다. 코로나19 이후의 공급망 붕괴와 에너지 가격 급등으로 발생한 최근의 인플레이션이 여기에 해당한다. 그러나 추악한 인플레이션이야말로 인플레이션이라는 말을 들을 때 대부분이 가장 먼저 떠올리는 유형이다. 추악한 인플레이션은 매우 끔찍한 결과를 초래할 수 있으며, 인플레이션이 통제 불능의 상태에 이르고 국가가 하이퍼인플레이션hyperinflation 상태에 돌입할 때 발생한다. 제4장에서 우리는 하이퍼인플레이션을 탐구하고자 한다. 하이퍼인플레이션이 실제로는 매우 드문 현상이며, 상황이 어떠하든 대부분의 나라에서는 하이퍼인플레이션의 조건이 형성될 수 없다는 사실을 알아보기 위해서다.

경제학자들은 하이퍼인플레이션을 극도로 혐오하지만 하이퍼인플레이션의 정의에 대해서는 각기 다른 의견을 제시한다. 가장 일반적인 관점에 따르면 월별 물가 상승률이 50퍼센트를 초과할 때를 하이퍼인플레이션이라고 한다.[3] 예를 들어 갤런당 우유 가격이 한 달 만에 5달러에서 7.50달러로 오르고 그다음 달에는 7.50달러에서 11.25달러로 오르는 식이다.[4] IMF는 이러한 정의를 바탕으로 하이퍼인플레이션이 양차 대전 사이(1920~1946년)에 여덟 건, 1947년부터 1984년 사이에 0건, 1984년부터 2007년 사이에는 열다섯 건 발생했다고 추정한다.[5] 이러한 정의는 매우 정확해 보이지만 허점도 지니고 있다.

50퍼센트라는 기준을 처음 제시한 경제학자 필립 케이건 Phillip Cagan 은 자신이 제시한 정의가 자의적이었다는 점을 인정하면서도 당시의 연구 목적에는 부합하는 것이었다고 밝힌 바 있다. 그는 후속 연구를 통해 하이퍼인플레이션을 규정할 수 있는 "명확한 기준선은 존재하지 않는다"라고 밝혔다.[6] 실제로 기준선을 정하는 것만으로는 인플레이션 때문에 경제에 무슨 일이 발생하고 있는지도, 그처럼 높은 인플레이션이 어디서 비롯되는지도 알아내기가 어렵다. 이는 환자의 체온이 38.3도 이상일 때를 고열로 정의할 뿐, 정작 무슨 이유로 고열이 발생했는지는 따져보지 않는 것이나 마찬가지다.

경제학자 미하우 칼레츠키 Michał Kalecki 는 그 대안으로 "매우 빠른 물가 상승과 화폐를 재화로 전환하려는 일반적 경향"이라는 정의를 제안했다.[7] 칼레츠키의 정의는 물가가 얼마만큼 오르는지에 초점을 맞추기보다는 그러한 상황이 사람들의 행동에 어떠한 영향을 미치는지에 초점을 맞춘다. 이러한 관점에는 하이퍼인플레이션의 가장 큰 문제가 물가가 상승하는 것보다는 물가가 계속해서 오르리라는 사람들의 믿음이라는 전제가 깔려 있다. 앞서 알아본 '기대 심리' 담론에 따르면 물가가 계속 오르리라는 심리가 작동할 때 사람들은 내일이면 같은 물건이 더 비싸질 것을 우려하여 오늘 당장 그 물건을 사버린다고 한다. 문제는 그러한 행동이 화폐 유통 속도(경제에서 돈이 사용되는 속도)에 박차를 가하고 결과적으로 더 극심한 인플레이션을 불러온다는 점이다.

칼레츠키의 정의는 개방경제 국가(수출입을 경제 성장 동력으로 삼는 나라) 가운데서도 취약한 통화(다른 통화 대비 가치가 하락 추세에 있거나 변동성이 큰 통화)를 보유한 국가에서 하이퍼인플레이션이 일어나는 이유를 이해하는 데 도움을 준다. 이 경우에는 칼레츠키의 하이퍼인플레이션 정의를 '매우 빠른 물가 상승과 자국 통화를 외국 통화로 전환하려는 일반적 경향'으로 변형할 수 있을 것이다.[8] '개방 무역과 취약한 통화'라는 조건이 중요한 까닭은 무엇일까? 자금이 자유롭게 유입되고 유출될 수 있는 개방경제 국가에서 물가가 크게 오르면 사람들은 더 이상 자국 통화로 같은 양의 재화를 살 수 없으리라고 생각하게 된다. 이때 구매력을 유지하기 위해 택할 수 있는 방법 중 하나가 필요한 물건을 서둘러 사들이는 '패닉 바잉 panic buying'이다. 그러나 자국 통화를 미국 달러처럼 더 강력하고 변동성이 덜한 통화로 환전하는 방법으로도 구매력을 유지할 수 있다. 이러한 사실을 알고 나면 왜 대부분의 하이퍼인플레이션이 취약한 통화를 보유한 개방경제 국가에서 발생했는지를 이해할 수 있다.

인플레이션은 언제 폭주하는가

그렇다면 하이퍼인플레이션은 어떻게 발생할까? 여기에 관해서는 크게 두 가지 관점이 존재하는데, 무엇이 잘못인지 그리고 누가 책임을 져야 하는지를 놓고 극명하게 대비되는 해석을 제시한다. 첫 번째는 '국가 재정' 중심의 관점으로 앞서 알아본 '너무 많은 돈이 문제'라는 담론의 파생형이다. 페터 베른홀츠Peter Bernholz의 말을 인용하자면 이러하다. "하이퍼인플레이션은 항상 재정 적자로 인해 야기되며, 이때는 주로 통화 창조로 자금을 조달한다."[9] 다시 말해, 이 관점에 따르면 과도한 통화 창조가 빚어낸 초과 수요가 하이퍼인플레이션의 원인이다. 따라서 첫 번째 관점대로라면 하이퍼인플레이션은 통상적이거나 평범한 인플레이션이 정부가 핵심 지지층을 매수하거나 막대한 비용이 드는 사업에 착수하기 위해 돈을 찍어내는 등의 무책임한 정책을 펼친 탓에 통제 불능 상태가 된 것에 불과하다.

이와 대조적인 두 번째 관점은 '국제 수지' 중심의 관점이다.[10] 이러한 해석에 따르면 하이퍼인플레이션은 국가가 환율 위기를 겪을 때 발생한다. 환율 위기를 이해하기 위해서는 어느 정도의 지식이 필요하다. 통화의 환율이란 어느 나라의 통화 가치를 다른 나라의 통화 가치와 비교한 값이다. 예를 들어 1유로를 사기 위해 몇 달러가 필요할까(반대로 1달러를 사기 위해 몇 유로가 필요할까)? 그리고 그 비율은 시간이 지나면서 어떻게 변화할까? 어떤 나라의 통화 가치가 하락하면 그 나라의 국내 물가는 상승하는 경향이 있다. 수입품의 가격이 올라가기 때문이다. 이러한 상황은 한 나라로 유입되는 돈(수출 수익)과 그 나라에서 유출되는 돈(수입 대금)의 차이인 국제 수지에 영향을 준다. 통화 가치가 떨어지면 외국산 상품이 비싸지므로 국가가 같은 상품을 수입하기 위해서는 더 많은 돈을 찍어내야 한다. 단기적으로는 화폐 발행이 수입 대금을 치르는 데 도움을 주지만 장기적으로는 통화 가치를 한층 더 떨어뜨려 문제를 악화시킨다. 그 결과 '너무 적은 재화'를 구매하기 위해 '너무 많은 돈'을 찍어내는 상황이 나타나며 전반적인 물가 수준이 상승한다. 궁극적으로는 외국산 상품뿐 아니라 국내산 상품까지도 비싸진다. '초과 수요' 담론이 제시하는 것과는 전혀 다른 이유에서지만 똑같은 상황이 펼쳐지는 것이다.

그러나 보유자들이 해당 통화에 대한 신뢰를 잃어 통화를 재빨리 매도해버린 결과로 '폭락'이 발생하면 문제가 정말로 심각해지다 못해 '극단적인$_{hyper}$' 상태에 이른다. 이러한 상황에서는 '기대 심리' 담론에서 알아본 패닉 바잉과는 반대로 사람들이 앞다퉈 패닉 셀$_{panic\ sell}$을 하면서 통화 가치는 더욱더 떨어지고 그 통화로 살 수 있는 것이 줄어든다. 단 여기에서는 '기대 심리' 담론과 달리 무책임한 정치인이 아니라 신뢰 붕괴와 패닉 셀이 하이퍼인플레이션을 유발하는 주요 원인이다.

이번 제4장에서 우리는 하이퍼인플레이션에 대한 위의 두 가지 관점에서 시작하여 역사적으로 가장 유명한 네 가지 사례를 알아보기로 한다. 그중 세 가지는 비교적 최근에 베네수엘라, 짐바브웨, 아르헨티나에서 일어난 하이퍼인플레이션이다. 그에 이어 나치 정권 이전의 독일 바이마르 공화국에서 일어난 역사적 사례를 알아볼 것이다. 우리는 이 모든 경우를 통틀어 하이퍼인플레이션에 앞서 비정상적인 통화 팽창이 있었음을 관찰할 수 있다. 이러한 사실 때문에 수많은 경제 전문가들은 '인플레이션은 언제 어디에서나 통화적인 현상'이라는 밀턴 프리드먼의 주장을 받아들이게 되었다. 그러나 앞서 일어난 일이 반드시 뒤에 일어난 일의 원인이 되는 것은 아니다. 역사적인 하이퍼인플레이션을 구체적으로 들여다보면 통화 팽창을 유발한 요인이 제각기 판이할 뿐 아니라 각각의 사례가 독특하고 흔치 않은 요인에 의해 발생했음을 확인할 수 있다. 간단히 말해 하이퍼인플레이션은 통화 발행이나 재정 부양책 같은 단일 거시경제 정책의 실패만으로는 발생하지 않는다. 단순히 무분별한 통화 팽창이라는 한 가지 원인만으로 설명할 수 있는 현상도 아니다. 진실은 훨씬 더 흥미롭다. 그리고 실상을 알고 나면 하이퍼인플레이션이 실제로 발생할 가능성은 지극히 희박하다는 것을 알게 된다. 이러한 관점을 타당한 것으로 받아들인다면 다음과 같은 두 가지 사실을 알아볼 차례다.

통화주의 관점은 왜 사실을 왜곡하는가

첫째, 통화주의적 인플레이션 이론은 지나치게 단순하다. 막대한 양의 화폐를 금융 시스템에 쏟아 넣는 것은 분명히 인플레이션의 선행 조건이기는 하지만 선행 조건이 원인과 동일한 것은 아니다. 실제로 미국을 비롯한 여러 선진국은 2008년 세계 금융위기 이후에 대규모 통화 팽창에 나섰지만 인플레이션은 나타나지 않았다. 오히려 유럽연합은 통화 팽창 정책에도 아랑곳없이 2014년까지 디플레이션에 빠졌다. 둘째로 인플레이션을 억제하기 위해 통화주의 이론만을 바탕으로 설계된 정책은 원인을 잘못짚은 바람에 실제로는 성공하지 못할 가능성이 있다.

물가 안정 목표제inflation targeting 와 중앙은행의 독립성이라는 두 가지 사례를 살펴보자. 물가 안정 목표제란 중앙은행이 이를테면 CPI의 연간 변동률을 2퍼센트로 설정하는 식으로 인플레이션의 목표치를 정한 다음에 그 목표를 달성하기 위해 다양한 정책 수단을 구사하는 것을 말한다. 물가 안정 목표제는 '기대 심리를 억제'하기 때문에 인플레이션 완화에 효과적인 방식으로 간주된다. 다시 말해 중앙은행이 특정 인플레이션율을 달성하겠다고 '약속'해서 국민은 미래 물가가 어느 정도일지를 예측할 수 있으며, 그러한 (신뢰할 만한) '기대' 덕분에 물가 변동률이 목표치에 수렴하게 된다는 것이다. 인플레이션 목표치를 달성한 일부 국가에서는 물가 안정 목표제가 실제로 효과를 발휘하는 것처럼 보였다. 그러나 인과관계의 문제는 여전히 남았다. 낮은 인플레이션을 달성한 이유가 물가 안정 목표제 덕분이었을까? 아웃소싱과 세계화를 비롯해 새로 나타난 요인의 물가 영향 덕분은 아니었을까? 그렇다면 어차피 목표제 없이도 낮은 인플레이션을 달성하지 않았을까?

그 이외의 요인이 중요하다는 후자의 관점을 뒷받침하는 증거는 물가 안정 목표제가 가장 큰 효과를 발휘하는 때가 인플레이션이 이미 매우 완만한 상태에 접어들어 하락하기 시작할 때라는 사실에서 찾을 수 있다. 반면에 인플레이션율이 높은 상황에서는 목표치를 달성하기가 한층 더 어려워지는 것으로 보인다. 예를 들어 아르헨티나는 인플레이션율이 40퍼센트대를 맴돌던 2016년에 물가 안정 목표제를 도입했다. 처음에는 새로운 정책을 도입하자 인플레이션이 하락하는 시기가 이어지는 듯했지만 2018년에는 다시 물가가 오르기 시작하여 목표치는 그대로였음에도 인플레이션율이 50퍼센트에 달했다. 결국 아르헨티나 중앙은행은 불과 25개월 만에 물가 안정 목표제를 폐지했다.[11]

그 외에도 중앙은행의 독립성을 인플레이션율 하락의 원인으로 보는 관점도 하이퍼인플레이션의 주요 원인을 통화 팽창으로 보는 관점에 이의를 제기한다. 다시 말해 목표치에 대한 믿음(기대 심리)보다는 제도적 독립성에 대한 믿음(신뢰성)이 인플레이션 억제에 더 중요한 역할을 한다는 주장이다. 제5장에서 자세히 알아보겠지만 1980~1990년대에는 낮은 인플레이션율을 달성하기 위해서는 중앙은행이 정치인들로부터 독립성을 유지해야 한다는 합의가 이루어졌다. 정치인들의 선호도에는 '시간 비일관성time inconsistency(특정 시점에 최적으로 여겨졌던 선택이나 행동이 시간이 지나면서 적절하지 않은 것으로 변하는 현상-옮긴이)'이 있는지라 그들이 인플레이션 완화 공약을 지킬지 신뢰할 수 없다는 것이다.[12] 쉽게 말해 선거를 앞둔 정치인의 공약은 신뢰할 수 없다는 뜻으로 정치인들은 지출을 늘리지 않겠다고 말하지만 결국에는 지출을 늘리고 그로 말미암아 인플레이션이 발생한다는 주장이다.

이러한 주장에는 정치인들을 상당히 냉소적으로 바라보면서도 중앙은행 사람들은 성인군자인 듯이 추켜세우는 관점이 깔려 있다. 어쨌든 현재까지 취합된 1990년대의 실제 자료를 보면 중앙은행의 독립성이 높을수록 평균 인플레이션율이 낮은 것 같기는 하다. 그러나 중앙은행이 독립성을 유지한다고 해서 반드시 인플레이션 완화 효과를 내는 것은 아니다. 예를 들어 짐바브웨가 중앙은행인 짐바브웨 준비은행에 어느 정도의 독립성을 부여하는 개혁 정책을 펼쳤을 때는 상황이 다르게 흘러갔다. 도표 4.1에서 볼 수 있듯이 개혁 이후에도 짐바브웨의 인플레이션율은 둔화하지 않았고 오히려 폭등했다.

짐바브웨의 경우만큼 극단적이지는 않은 사례(사실상 대부분의 다

도표 4.1 짐바브웨 중앙은행의 독립성 강화와 짐바브웨의 인플레이션[13]

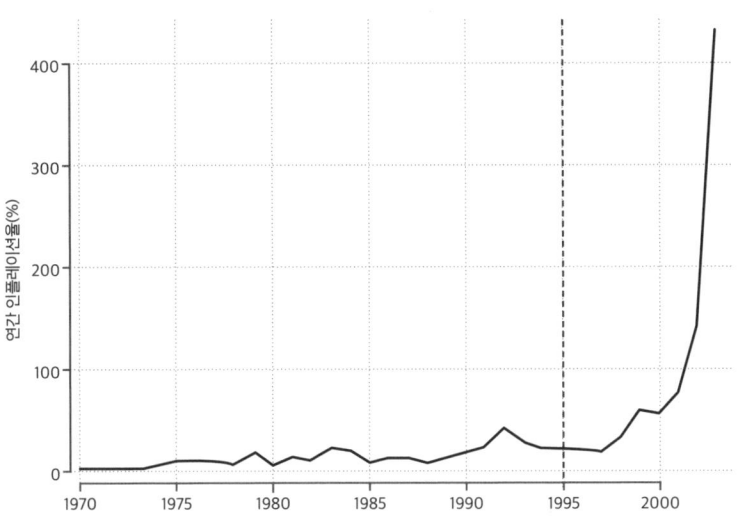

출처 애스모글루(Acemoglu) 등의 2008년 연구

른 사례)에서는 '방관자 가설bystander hypothesis'이라 부를 수 있는 문제가 나타난다. 사실 1980년부터 1999년 사이에 선진국 가운데서도 중앙은행이 독립적인 나라가 그렇지 않은 나라보다 1970년대의 인플레이션을 더 빠른 속도로 탈피하고 신속하게 디스인플레이션disinflation(물가는 여전히 높지만 물가상승률 자체는 둔화하는 현상 - 옮긴이)을 이루었다는 주장에는 무리가 없다. 그러나 중앙은행이 독립되지 못했거나 덜 독립적이었던 나라들 역시 속도는 좀 더뎠지만 디스인플레이션을 달성했다. 더욱이 2010년 이후에는 두 집단 사이에 디스인플레이션의 속도 차이도 사라졌다.[14] 그렇다면 어떠한 요인이 작용한 것일까? 중앙은행 개혁이 1980년부터 1999년 사이에는 인플레이션 기대 심리를 제어하는 데 도

움을 주었지만 2010년 이후에는 그렇게 하지 못했던 것일까? 그렇다면 그 이유는 무엇일까? 아니면 통화량이나 미래의 물가 변동에 대한 사람들의 기대 심리 같은 요인 외에도 물가를 움직이는 다른 요인들이 2010년 이후에 작용했을까? 이러한 상황을 돌이켜보면 우리는 중앙은행이 인플레이션 완화를 이끌어낸 주체가 아니라 사고 현장에 있었던 방관자에 가까웠다는 결론에 이른다. 일어난 일을 기록하고 약간의 도움을 제공했을 수는 있지만 사고 자체를 일으킨 당사자는 아니라는 뜻이다.

요약하자면 겉으로 드러나는 증상은 비슷해서 모든 경우에 보편적으로 적용되는 경제 법칙이 존재하는 것처럼 보이지만, 인플레이션, 특히 하이퍼인플레이션의 발생 원인은 실제로 천차만별이며 각 시대의 구체적인 상황에 따라 결정적으로 달라진다. 우리는 '극단적인' 네 가지 사례를 심층적으로 살펴봄으로써 이러한 사실을 입증하고자 한다.

1. 베네수엘라: 석유의 축복이 저주가 되다

수많은 경제학자와 정책 결정자들에게 베네수엘라는 아르헨티나와 더불어 21세기 하이퍼인플레이션의 전형적인 사례로 꼽힌다. 베네수엘라의 연간 인플레이션율은 1999년에 우고 차베스Hugo Chavez 정부를 탄생시킨 볼리바르 혁명Bolivar Revolution이 시작되었을 때도 이미 높아서 중남미 평균인 9.28퍼센트를 크게 웃도는 23.57퍼센트에 달했다.

2014년 말에 이르기까지 중남미 평균 인플레이션율은 9.30퍼센트에 머물렀던 반면에 베네수엘라는 63.4퍼센트의 평균 인플레이션율을 기록했다.[15] 그러다 2017년에는 2,585.8퍼센트라는 경악할 만한 수준에 도달했다.[16]

이 정도의 인플레이션율이 어떤 것인지는 상상하기조차 어렵다. 감을 잡기 위해 해마다 1월경에 베네수엘라의 수도 카라카스를 방문한다고 가정해보자. 2021년 1월 어느 날 아침에 밖에 나가 스페인식 카페라테(카페 콘 레체)를 주문한다고 해보자. 2021년 1월의 가격은 2볼리바르bolivar 정도였다. 그런데 1년 뒤 같은 카페에서 같은 커피를 주문하니 가격이 8.74볼리바르로 뛰어 있었다. 그리고 시간을 빨리 돌려 2023년 1월에 다시 그 카페를 찾았을 때 같은 커피 값이 53볼리바르라는 계산서를 받는다면 카페 주인이 바가지를 씌우는 것이라고 생각하기 쉽다. 그러나 같은 해 10월에는 카페라테 한 잔 값이 1월의 두 배 가까운 값인 90볼리바르로 올라 있었다.[17] 이것이 연간 인플레이션율 224퍼센트의 현실이다.[18] 이제 그러한 변화가 더 광범위한 소비 바구니에 적용된다고 생각해보자. 그러면 어째서 그 정도의 인플레이션이 어느 나라에나 파괴적인 영향을 끼칠 수밖에 없는지를 이해할 수 있을 것이다.

베네수엘라는 어쩌다 그 지경에 이르렀을까? 통설에 따르면 '과도한 지출' 때문이라고 한다. 사실 역사적 기준으로 보아도 차베스 집권기에는 지출 규모가 상당했다. 차베스는 1999년에 집권한 순간부터 2013년에 사망할 때까지 '볼리바르 계획Bolivarian Missions'이라고 불리는 광범위하고 비용이 많이 드는 사회정책을 추진했다.[19] 볼리바르 계획은 베네수엘라의 극빈층을 지원하는 정책이었는데, 그들이 차베스의 주요 지지층이었음은 쉽게 짐작할 수 있는 사실이다. 정책의 주요 내용은 저소득 가정에 수당을 나눠 주고 도시 빈민가의 판잣집 거주자들에게 주택을 공급하며 실업자들에게는 정부가 자금을 대는 직업훈련 프로그램을 통해 일자리를 제공하는 것이었다. 저소득층을 대상으로 한 정책 외에도 국민연금에 개별적으로 기여했는지 여부와 상관없이 연금 수급 권리를 모든 국민 대상으로 확대했다.[20]

그럼에도 그 모든 지출에 사용되어야 할 세금은 인상되지 않았으니 정부의 재정 적자가 불어난 것은 당연한 일이었다. 2010년부터 2012년까지 베네수엘라의 GDP 대비 재정 적자는 9퍼센트에서 12퍼센트로 늘어났고, 같은 기간 동안 총통화 증가율도 28.6퍼센트에서 43.6퍼센트로 뛰었다. 이러한 수치만 보면 과도한 통화량 증가가 극심한 물가 상승의 주요 원인인 것처럼 보인다.[21] 그러나 이러한 생각에는 한 가지 허점이 있다. 그처럼 고전적인 인플레이션 가속 요인들이 골고루 존재했음에도 당시 베네수엘라의 인플레이션율은 상당히 안정적으로 유지되었으며, 심지어 2010년부터 2012년까지는 27퍼센트에서 20퍼센트로 줄어들기까지 했다. 실제로 물가가 급등하고 인플레이션율이 56.1퍼센트까지 치솟은 것은 통화량이 증가하고 나서 1년이 넘게 지난 뒤였다. 원인과 결과 사이에 어느 정도 시차가 존재한다고 하더라도 '너무 많은 돈이 풀려서'라는 주장은 다소 무리가 있다.

더 나아가 그러한 주장은 베네수엘라의 하이퍼인플레이션 이야기에서 결코 빼놓을 수 없을 뿐 아니라 국가 재정 중심의 관점을 강력하게 반박하는 요인으로 이어진다. 바로 석유다. 차베스는 베네수엘라에 풍부하게 매장된 석유의 수출을 통해 볼리바르 계획의 재원을 마련했다.[22] 실제로 전체 수출품의 90퍼센트 이상이 석유나 석유 가공 제품이며 이러한 석유 관련 수출이 GDP의 16퍼센트를 차지했다는 추정이 있을 정도로 베네수엘라의 석유 매장량은 풍부하다. 이러한 상황 때문에 베네수엘라의 국제 수지는 (정부가 통제할 수 없는) 전 세계 유가의 변동에 따라 극과 극으로 갈릴 수밖에 없었다. 게다가 국제 수지가 유가 변동에 휘둘린다는 것은 유가가 하락하여 베네수엘라 통화가 폭락하면 베네수엘라가 수입하는 물품들의 가격이 천정부지로 치솟을 수밖에 없다는 뜻이기도 했다.

바로 여기에서 국제 수지가 원인이라는 관점이 힘을 얻는다. 2010년에서 2012년 사이에 통화 공급량이 확대되었을 뿐 아니라 자금의 유입과 유출의 차이가 좁혀져서 베네수엘라로 들어오는 돈이 나가는 돈에 비해 점점 더 줄어들었기 때문이다. 이러한 상황에서 통화 가치는 급속도로 떨어질 수밖에 없었으며, 이러한 환율 폭락은 수입 경로를 통한 인플레이션을 유발했다. 베네수엘라가 석유 소득에 과도하게 의존하는 구조는 흔히 '네덜란드병Dutch disease'으로 불리는 현상의 전형적인 사례다.[23] 네덜란드병은 풍부한 천연자원이 국가의 경제 발전을 촉진하기는커녕 저해하는 현상을 뜻한다.

네덜란드병에 의한 하이퍼인플레이션

국제 유가가 오르면 석유 1배럴을 팔 때마다 베네수엘라는 더 많은 돈을 벌게 되고 그 돈은 국고로 들어간다. 그런데 베네수엘라가 석유를 자국 통화인 볼리바르로 판매하기 때문에 외국의 구매자들은 달러를 볼리바르로 환전해야 한다. 그런데 이들은 볼리바르가 강세로 전환되더라도 손실을 입지 않기 위해 미리 환전을 해두는 경향이 있다. 그에 따라 볼리바르의 수요가 증가하면 그 통화 가치도 올라간다. 결과적으로 석유뿐만 아니라 베네수엘라가 수출하는 모든 상품이 한층 더 비싸진다. 그러면 외국의 구매자들은 석유 외의 상품만큼은 다른 나라에서 더 저렴하게 수입할 수 있으므로 굳이 베네수엘라에서 수입하려 하지 않을 것이다. 그러나 석유는 일부 지역에서만 생산되는 희소 자원이다. 이러한 이유에서 석유는 베네수엘라의 총수출과 GDP에서 크나큰 비중을 차지하게 되었고, 그처럼 과도한 석유 의존도 때문에 그 이외 부문의 베네수엘라 생산자들은 다른 나라 수출 기업들과의 경쟁에서 어려움을 겪는다. 이 같은 상황은 장기적인 파장을 낳았는데, 바로 수입에 대한 과도한 의존이다. 네덜란드병으로 말미암아 베네수엘라의 산업이 낮은 가격 경쟁력 때문에 시장에서 밀려나고 국내산 상품이 수입품으로 대체되면서 일어난 일이다.

지금까지는 석유에 대한 과도한 의존이 어떻게 형성되었는지를 알아봤다. 그렇다면 이것이 어떻게 해서 하이퍼인플레이션으로 이어진 것일까? 앞서 살펴봤듯이 국가 재정 중심의 관점을 내세우는 사람들은 베네수엘라 인플레이션의 기원을 2010~2012년의 공공 지출 확대에서 찾는다. 그러나 당시 베네수엘라는 이미 유가 위기 때문에 고통을 겪고 있었다.[24] 2008년에 시작된 유가 위기는 불과 6개월 만에 유가가 배럴당 129달러에서 31달러로 폭락한 사건이다. 공공 재정 수입이 급감하자 베네수엘라 정부는 국제 수지(와 더불어 볼리바르화의 가치)가 통제 불능 상태에 빠지는 것을 막기 위해 지출을 바짝 조였다.[25]

그러나 정부는 다른 통화에 대한 볼리바르의 가치가 떨어질 것을 우려하여 (미국 달러에 자국 통화 가치를 고정하는) 고정 환율제를 유지하기로 결정했다.[26] 변동 환율제를 시행했더라면 볼리바르의 평가 절하가 일어나 수출품은 더 저렴해지고 수입품은 더 비싸져 국산품 소비가 늘었을 것이다. 환율을 방어하기 위해 베네수엘라 정부는 자국민이 수입품을 구매하려고 볼리바르를 일정 금액 이상 달러로 환전하는 것을 금지했다. 그 결과 수입이 20퍼센트 감소하여 국제 수지에는 도움이 되었지만, 자체 상품 생산에 필요한 중간재를 수입해야만 했던 베네수엘라 생산자들은 비용 증가 때문에 평소의 생산량을 유지할 수 없었다.

처음에는 환율 방어 전략이 인플레이션 억제에 효과를 발휘했다. 앞서 언급했듯이 인플레이션율은 20~27퍼센트 범위 내에서 움직였다. 그러나 그 정도의 인플레이션율을 유지하기 위해 정부가 귀중한 외환보유고를 계속해서 소모해야 했기 때문에 상황이 오래 지속될 수는 없었다. 무엇보다도 높은 유가 덕분에 불어났던 외환보유고가 그때는 유가 폭락 때문에 바닥나다시피 한 상태였다. 결국 2010년에 베네수엘라 정부는 고정 환율제를 포기했고 볼리바르는 급속도로 평가 절하되었다.[27]

통화 가치가 떨어지자 수출이 회복되었고 베네수엘라 정부는 예전보다 훨씬 더 많은 돈을 해외 수출로 벌어들일 수 있었다. 그 덕분에 정부는 공공 지출을 늘릴 수 있었고 실제로 2010년부터 2012년 사이에 공공 지출이 증가했다. 이 시기의 지출 프로그램 확대와 총통화 증가가 그 결과물이었다. 그러나 수입품은 훨씬 더 비싸졌다. 베네수엘라는 극심한 네덜린드병의 환자답게 수입에 지나치게 의존히고 있었기에 수입품 가격이 급등하자마자 인플레이션이 눈에 띄게 심화되었다. 여기에서 얻을 수 있는 교훈은 무엇일까? 우리는 통화량 확대가 석유 수익의 급감 이후에 환율을 방어하려는 시도 속에서 나타났다는 사실에 주목해야 한다. 인플레이션을 불러온 최우선 요인은 수입 물가 상승과 수출 붕괴였다. 통화량 증가는 인플레이션을 일으킨 정치적 결정이라기보다는 인플레이션에 대한 경제적 대응에 가까웠다.

2012년에 들어서 볼리바르의 평가 절하는 가속화되었다. 통화 가치가 계속해서 떨어지자 근로자들은 이미 가격이 올라가 있던 수입품을 구매하기가 더욱더 어려워졌고, 여기에 앞서 언급한 외화 환전 제한 조치까지 더해져 수입품 가격은 한층 더 상승했다. 이런 상황에서 근로자들의 고용주이자 해외에서 중간재를 수입하기 위해 더 높은 비용을 치러야 했던 기업들은 어떻게 대응했을까? 그들은 늘어난 비용을 소비자에게 전가함으로써 판매자 인플레이션을 유발했으며, 이는 근로자의 구매력 감소와 인플레이션율의 상승으로 이어졌다.

그러나 높은 유가와 정부의 재분배 개혁 덕분에 위기 초기에는 실업률이 낮고 실업 급여는 높았다. 이 때문에 근로자들은 임금 인상 협상에서 다른 때보다 더 유리한 위치에 있었다. 인플레이션이 가속화되자 노동 분쟁이 늘어났다. 근로자들은 보상적 임금 인상을 요구하기 위해 파업 등 여러 가지 수단을 활용함으로써 평가 절하로 인한 손실을 일부나마 만회할 수 있었다.[28] 실제로 GDP 대비 임금의 비중은 2010년부터 2014년까지 32.4퍼센트에서 39.1퍼센트로 증가했다. 그러나 임금을 올려달라는 근로자의 압력과 이익을 수호하려는 기업의 욕구가 결합하면서 물가는 끊임없이 상승했다. 결국 베네수엘라는 전형적인 임금-물가 악순환에 빠져들었다.

2015년에는 유가가 또다시 50퍼센트나 하락하면서 상황이 더욱 나빠졌다. 차베스의 후계자 마두로Nicholas Maduro 대통령은 인플레이션을 억제하기 위해 가격 통제를 시행했는데,[29] 가격 통제가 국내 기업과 외국 기업의 생산과 투자가 급격히 위축되는 결과로 이어진다는 경제학자들의 주장이 실현된 사례였다. 사실 투입 비용이 상승하는 와중에 가격이 제한되면 기업의 이익이 줄어들 수밖에 없으니, 기업으로서는 생산을 줄이거나 완전히 중단할 수밖에 없다. 결과적으로 베네수엘라 국민은 볼리바르와 더 나아가 국가 자체에 대한 신뢰를 잃었다. 사람들은 볼리바르 보유보다는 달러 보유를 선호하기 시작했다.

국민의 달러 선호는 가뜩이나 안 좋은 경제 상황에 비非석유 부문의 달러 부족과 맞물려 아직도 고질적인 문제로 남아 있다. 앞서 우리가 칼레츠키의 정의를 변형하여 하이퍼인플레이션을 '자국 통화를 외국 통화로 전환하려는 일반적 경향'으로 정의해야 한다고 한 것을 기억하는가? 볼리바르의 가치가 통제 불능 상태로 요동치자 베네수엘라 국민은 외국 상품을 사기 위해 한층 더 안정적인 대안 통화인 미국 달러를 찾게 되었다. 마두로 대통령이 볼리바르의 달러 환전을 제한하고자 한 조치는 또 다른 형태의 가격 통제였다. 베네수엘라인들은 대규모 달러 암시장을 만들어냈다.[30] 결국 700만 명 정도의 국민이 나라를 떠났다는 추산이 있을 정도로 베네수엘라의 경제 상황은 극도로 악화되었다.[31]

베네수엘라의 사례를 살펴보면 인플레이션은 물론 인플레이션의 원인을 규명하려는 담론에 대해 많은 것을 알 수 있다. 일단 우리가 앞에서 정리한 네 가지 인플레이션 담론 모두가 베네수엘라의 사례에도 적용된다. 첫째, 차베스의 사회 지출 프로그램은 지나치게 많은 돈이 시중에 풀리는 결과로 이어졌는데, 이는 국가 재정 중심의 담론으로 설명된다. 다만 환율 중심 관점까지 감안하면 그러한 해석은 다소 설득력이 떨어진다. 둘째, 사회 보장이 개선된 덕분에 협상력이 강화되자 근로자들은 더 높은 임금을 요구할 수 있었다. 근로자의 임금 인상 요구는 앞서 노동시장 이야기에서 알아본 대로 물가 상승으로 이어졌다. 셋째, 공급 측면의 충격은 유가에 이어 볼리바르의 가치와 수입품 가격에도 영향을 주었고 베네수엘라가 하이퍼인플레이션 상황으로 추락하는 데 결정적인 역할을 했다. 이러한 과정은 오늘날 '팀 트랜지토리'가 제시하는 공급 측면이 중요하다는 담론과 맞닿아 있다. 마지막으로 볼리바르 가치가 떨어지고 수입품 가격이 오르자 현지 기업들은 이를 구실로 자사 제품의 가격을 올렸는데, 이는 바가지 씌우기 담론의 설득력 있는 해석과도 일치한다. 그러나 이러한 담론 가운데 어느 하나만으로는, 또는 몇 가지를 단순히 조합하는 것만으로는 베네수엘라가 어떻게 해서 하이퍼인플레이션에 빠지게 되었는지를 온전히 규명할 수 없다. 베네수엘라의 하이퍼인플레이션은 당시 상황을 빼놓고는 이해하기 어렵다. 정치 혁명, 석유라는 단일 부문에 대한 의존도 심화, 베네수엘라의 통화 가치와 물가에 지대한 영향을 끼친 국제 유가의 급격한 변동 등이 결합되어 빚어진 결과였다. 통화 요인이 작용한 것은 분명하지만 그것만이 혼란의 유일하거나 주된 원인이라고 주장하기에는 무리가 있다.

2. 짐바브웨: 개혁의 실패, 화폐의 붕괴

1조 달러를 손에 쥐는 것이 불가능하다고 생각하는 사람은 아마도 짐바브웨에 가본 적이 없는 사람일 것이다. 2009년에는 이 나라의 통화 가치가 어찌나 떨어졌는지 중앙은행이 100조 짐바브웨 달러짜리 지폐를 발행해야 했는데 그 실제 가치는 미화 30달러에 불과했다.[32] 베네수엘라의 네 자릿수 인플레이션도 무시무시했지만 짐바브웨의 인플레이션율은 2008년 11월 중순에 796억 퍼센트에 달한 것으로 추산된다.[33] '추산'이라고 표현한 이유는 인플레이션이 너무도 극심해 그해 7월에 짐바브웨 정부가 인플레이션 통계의 공식 발표 자체를 중단했기 때문이다. 이처럼 놀라운 수치로 인해 짐바브웨는 1946년 헝가리의 하이퍼인플레이션에 이어 인플레이션율 집계 역사상 두 번째로 높은 월별 인플레이션율을 기록한 나라가 되었다.[34] 짐바브웨는 어떻게 해서 그 지경에 이르렀을까? 이 나라 또한 인플레이션의 원인을 과도한 통화 발행 같은 정책적 실패 한 가지로만 축소해서는 안 된다는 것을 보여주는 사례다. 오히려 짐바브웨의 하이퍼인플레이션은 서로 다르고도 때로는 관련 없어 보이는 여러 정책이 뒤섞여 환율을 끌어내리고 인플레이션율을 끌어올리면서 나타난 결과물이다.

짐바브웨는 1980년에 영국으로부터 독립하기 이전까지 매우 편협하며 폭력적이고 억압적인 소수 백인 정권에 의해 통치되었다. 소수 백인의 이익 위주로 운영된 나라였음에도 국제 사회는 짐바브웨를 비교적 잘 돌아가는 저소득 국가이자 사하라 이남 아프리카의 주요 농업 수출국으로 평가했다. 그러나 사실 짐바브웨는 백인과 흑인 공동체 간의 극심한 소득·자산 불평등처럼 크나큰 사회경제적 문제를 안은 채로 식민지 독립 이후의 시대를 시작했다. 특히 농민 사이에서 불평등 문제가 심각했다.

식민지 시대와 독립 이후의 아파르트헤이트_apartheid(과거 남아프리카공화국의 흑백 인종 격리 정책-옮긴이)식 체제가 이어지면서 독립 당시 흑인 근로자의 소득은 백인의 10분의 1 수준에 불과했으며, 농업 부문에서는 그 격차가 한층 더 두드러져 백인의 소득이 흑인의 24배에 달했다.[35] 부 창출 자산의 측면에서도 토지의 대다수는 약 4,000명의 백인 농민에게 집중되어 있었던 반면에 그보다 훨씬 더 많은 흑인 인구는 자급자족을 위한 농업에 종사했다.[36] 따라서 1980년에 새로 선출된 로버트 무가베_Robert Mugabe 정부가 첫 번째 정책 조치로 소수 백인의 토지를 흑인 농민들에게 재분배하는 취지의 토지 개혁에 집중한 것은 그리 놀라운 일이 아니었다. 그리고 역사적 정의의 문제 이외의 이유로 그러한 개혁을 시행한 선례가 존재했다.

취약한 상태에서의 토지 개혁

토지 개혁은 오랜 세월 동안 재분배 개혁의 근간으로서 경제 성장을 이끌어왔다. 20세기 초반과 중반에 일본, 한국, 타이완에서는 전통적인 엘리트 계층으로부터 소작농에게로 대규모 토지 재분배가 이루어짐에 따라 불평등이 대폭 완화되고 생산이 크게 증가했으며 이로써 이후에 일어난 산업 전환의 토대가 마련되었다.[37] 이른바 동아시아 '발전 국가_developmental state'에서는 구 식민지 지배국의 영향력이 훨씬 약했고,[38] 이들 국가의 정부는 이전 수십 년에 걸쳐 민간 부문에 대한 정책적 자율성과 역량을 모두 발전시켜왔기 때문에 개혁을 바탕으로 생산성을 높일 수 있었다.

그러나 짐바브웨의 토지 개혁은 힘없는 신생 독립국이 분열되고 극도로 불평등한 경제 환경 속에서 충분한 협의나 보상 없이 성급하게 추진되었다. 어떤 농민들은 단 하루 만에 농장을 비우라는 최후통첩을 받았다. 몰수된 토지가 현지 농민뿐 아니라 정치적 연줄이 있는 그 지역 관리들에게 분배되기도 했다. 이와 같이 짐바브웨 정부는 국가가 대규모 개혁을 효과적으로 시행할 만한 역량이 부족했던 데다 소유권 전환 과정에서 백인 지주들에게서 일말의 협조조차 구하지 않았다. 이에 분노한 백인 농민들이 독립 이후에 나라를 떠나자 대규모 영농에 필요한 지식과 기술이 사라져버렸다.[39] 그뿐만 아니라 토지가 여러 사람에게로 흩어지고 조각난 형태로 분배되면서 규모의 경제가 존재했다면 억제되었을 농업 비용이 증가했다.

그러나 가장 큰 문제는 토지 개혁으로 토지가 잘게 분할됨에 따라 농민들이 토지를 담보로 은행 대출을 받아 새 농장을 개간할 수가 없었다는 점일 것이다. 은행의 전통적인 고객이던 백인 농민들은 이미 나라를 떠나버렸으며, 잠재적 신규 고객은 농장을 조성할 자본이 거의 없거나 전무한 상태에서 자투리땅만을 보유하고 있었다. 결국 은행은 농민 대상의 대출을 중단했고, 정부는 신용 대출과 장비를 공급하기 위해 공적 지출을 투입하는 방식으로 개입할 수밖에 없었다. 물론 정부로서도 그 모든 상황은 전에 경험한 적 없는 일이었다. 결과적으로 짐바브웨의 주요 수출 품목인 농산물의 생산량이 급격히 감소한 데다 1980년대와 1990년대에 걸쳐 혹심한 가뭄이 연달아 발생함에 따라 농업 생산과 수출은 한층 더 위축되었다. 농업은 식민지 독립 이후의 짐바브웨가 수입 대금 결제를 위한 외화를 벌어들여야 할 핵심 부문이었지만 독립 직후에 사실상 벼랑 끝에 내몰리게 되었다.

수출 신용, 미적립 연금, 증세 없는 전쟁

1990년대 중반에 이르러 짐바브웨는 불만 붙이면 폭발할 칵테일과도 같았다. 논란이 된 토지 개혁, 농업 생산성의 하락, 외환 수입의 감소, 자국 통화보다 외화를 보유하려는 국민 등의 다양한 문제가 뒤섞인 상태였던 것이다. 자산 가격까지 붕괴하면 당장이라도 위기가 닥칠 상황이었는데, 실제로 1997년에 주식시장이 폭락하여 자산 가격이 무너졌다. 그 일로 외국 자본이 대규모로 짐바브웨에서 빠져나갔다.

주식시장 폭락은 여느 때와 마찬가지로 여러 원인에서 비롯되었다. 부분적으로는 국내 요인에서 비롯되었는데, 특히 정부가 추가적인 토지 개혁 비용을 마련하기 위해 예산 편성 없이 재정 지출을 확대한 것과 참전용사들에 대한 연금 지급을 추진한 것이 투자자들의 우려를 샀다. 투자자들은 그 두 가지 조치 모두 인플레이션을 유발하여 금융 자산의 가치를 한층 더 떨어뜨릴 것으로 판단했다. 그러나 참전용사들은 짐바브웨의 독립 과정에서 중요한 역할을 했던 만큼 영향력이 각별한 시위 집단이었다.[40] 처음에 정부는 참전용사 지원을 위한 특별세를 부과하여 연금 비용을 마련하려고 했으나 그 이외 근로자들의 반발을 샀다. 그러다 대안을 찾지 못하자 1997년에 GDP의 3퍼센트 정도에 해당하는 자금을 차입하여 연금 지출을 충당했다.[41] 주식시장 폭락에는 대외 요인도 작용했는데, 바로 같은 해에 일어난 아시아 외환위기의 파급 효과였다.[42] 그뿐만 아니라 200여 건의 노동 파업으로 인한 사회 불안도 폭락 요인이었다.

이 모든 사태에 종지부를 찍으려는 듯이 바로 이듬해에 짐바브웨의 지도자 로버트 무가베는 콩고민주공화국에 전쟁을 선포했다. 전쟁을 치르기 위해 막대한 경제 자원이 동원되어야 했고, 그 때문에 대략 60억 짐바브웨 달러의 부채가 추가되면서 짐바브웨의 재정 적자는 눈덩이처럼 불어났다.[43] 해외의 채권자들이 적자가 그 정도로 불어난 것을 순순히 받아들일 리가 없었다. 그렇기에 짐바브웨는 전쟁 비용을 공식 회계 장부에서 누락했다. 채권자들은 나중에 이 사실을 알아낸 후 즉시 짐바브웨에 대한 대출을 중단했다.[44]

이처럼 불길한 상황 속에서 짐바브웨 중앙은행은 수출을 촉진하기 위해 국내 은행들이 지급 준비금의 일부를 사용하여 전략적 수출을 지원하는 것을 허용했다. 간단히 말해 은행이 수출업체에 저금리로 대출을 내주도록 함으로써 중앙은행이 은행을 통해 수출업체의 차입 비용을 줄여준 것이다. 그러한 조치의 결과로 중앙은행의 자금은 수출 신용의 형태로 방출되었는데, 그 금리는 같은 시기의 은행 금리인 56퍼센트나 인플레이션율인 54퍼센트보다 훨씬 더 낮은 30퍼센트였다.[45] 그러자 돈을 빌리려는 이들이 '수출' 촉진을 구실로 삼아 그 값싼 신용 자금을 이용했고 대출 증가율은 1999년에서 2000년까지 30퍼센트에서 60퍼센트로 치솟았다.

수출 촉진을 위한 추가 조치로 중앙은행은 짐바브웨 달러를 24퍼센트나 평가 절하했다.[46] 그럼에도 비공식적인 '길거리' 환율이 평가 절하 후의 공식 환율보다도 25퍼센트나 더 낮았기 때문에 통화 가치는 여전히 고평가된 상태에 머물러 있었다. 이러한 현상은 짐바브웨 사람들이 중앙은행이 제시하는 것보다 더 불리한 환율로라도 자국 통화를 미국 달러 같은 외화로 환전하고 싶어 한다는 것을 보여주는 신호였기에 주목할 만한 일이었다. 여기에서도 칼레츠키가 말한 '통화 교환' 문제가 나타난다. 정부의 평가 절하 조치는 짐바브웨 국민에게 앞으로 공식 환율과 길거리 환율 사이의 격차가 좀 더 줄어들 것이라는 인식을 심어주었는데, 이러한 인식은 돈을 더 빨리 써버려야겠다는 유인을 만들어내는 법이다. 실제로도 사람들이 빠른 속도로 보유한 돈을 소비하자 인플레이션은 한층 더 가속화했다.

이 모든 요인이 결합하면서 정부는 은행 부문으로부터 반복적으로 돈을 빌리는 방식으로 공공 부채를 쌓아갔다. 짐바브웨 중앙은행은 상업은행의 지급 준비금에 상한선을 둠으로써 추가적인 신용 팽창을 제한하고 인플레이션을 억제하려 했지만 정부 지출이 목표치를 계속해서 초과했기 때문에 인플레이션을 억누르지 못했다. 2000년대 초반, 경제 붕괴가 눈앞에 다가온 상황에서 중앙은행인 짐바브웨 준비은행Reserve Bank of Zimbabwe이 정부의 편애를 받지만 채무를 상환할 가능성은 극히 희박한 산업 부문에 매우 낮은 금리로 자금을 대출해주기 시작하자 상황은 한층 더 나빠졌다.

복합적인 붕괴의 메커니즘

요약하자면 짐바브웨의 인플레이션에는 분명히 통화 공급이 일정 부분 역할을 했지만 '너무 많은 돈이 풀려 하이퍼인플레이션이 발생했다'라는 주장처럼 문제가 단순하지는 않았다. 상황은 30년에 걸쳐 전개되었고 결국에는 기하급수적으로 악화되었다. 인플레이션율은 2003년에도 386퍼센트라는 매우 높은 수준에 도달해 있었으며 2008년에는 2억 3,100만 퍼센트로 치솟아 충격을 안겼다. 짐바브웨 정부는 2년 동안 세 차례에 걸쳐 자국 통화의 '리디노미네이션redenomination(기존 화폐 단위를 가치 변동 없이 10분의 1이나 100분의 1 등의 일정한 비율로 하향 조정하는 것-옮긴이)'을 시행했는데, 화폐를 물리적으로 관리하기 위해 말 그대로 짐바브웨 달러에서 2006년에는 0을 세 개, 2008년에는 0을 열 개 떼어낸 것이다. 그러나 그때쯤에는 짐바브웨 국민도 자국 통화가 휴지 조각이나 다름없다는 사실을 명확히 깨달은 상태였고 외화를 사용하여 대부분의 거래를 처리하기 시작했다.

경제학자들의 예측과 베네수엘라의 사례에서도 알 수 있듯이 위와 같은 상황은 '비공식 부문'의 발달로 이어졌다. 짐바브웨 사람들은 국경을 넘어가 싼값에 상품을 사들인 뒤에 자국 내에서 더 높은 가격에 팔되 대금은 달러로만 받았다. 이에 대응해 정부는 다양한 방식으로 인플레이션을 억누르려 했다. 2007년에는 기본 생필품에 가격 통제를 도입했다. 그러나 통제된 가격으로는 기업들이 생산성을 유지할 수 없다는 사실을 고려하지 않은 정책이었기에 생산량이 줄어들고 품귀 현상이 발생했다. 이는 비공식 부문이 발달하고 국민이 외화 사용을 지속하는 또 다른 유인이 되었다. 국민이 자국 통화 대신에 미국 달러, 남아공 랜드rand, 보츠와나 풀라pula를 주로 사용함에 따라 2009년에는 중앙은행이 통제력을 거의 상실하기에 이르렀다.

그러나 다른 나라의 통화를 발행하기란 불가능한 데다 경제가 난장판이었기 때문에 2016년에 이르러 짐바브웨는 고질적이고 지속적인 외화 부족에 시달리는 상태가 되었다. 한마디로 수입 대금을 치를 돈이 부족해졌다. 이 문제를 해결하기 위해 짐바브웨 정부는 이론적으로 미국 달러에 연동되어 있다는 여러 형태의 화폐 사용을 장려했다. 심지어 공무원들에게 짐바브웨에 널리 보급된 모바일 머니 형태의 디지털 화폐 에코캐시EcoCash로 급여를 지급하기까지 했다. 그러나 국민은 에코캐시와 미국 달러 사이의 고정 환율을 신뢰하지 않았기에 그때까지도 유통되고 있던 미국 달러를 실물로 보유하려 했다.

결국 정부는 선택의 여지가 없는 상황에서 2019년에 짐바브웨 내에서 외화의 사용을 전면 금지하고 짐달러Zim dollar라고도 하는 RTGS 달러를 유일한 결제 수단으로 도입했다. 환율은 미화 1달러당 25RTGS 달러로 고정되었다. 그러나 경제가 엉망인 상황에서 RTGS 달러의 비공식 환율은 폭락했다.[47] 공식적으로는 미화 1달러가 25RTGS 달러의 가치로 정해졌지만, 비공식적으로 거래하는 사람들에게 미화 1달러는 100RTGS 달러였다. 현재 하이퍼인플레이션은 2000년대 초반에 비하면 다소 완화되었으나 오늘날에도 여전히 짐바브웨의 문제로 남아 있다.[48] 코로나19 팬데믹 이전에도 인플레이션율이 약 300퍼센트로 추산될 정도였다.

짐바브웨의 하이퍼인플레이션은 어느 한 가지 원인으로 일어난 것이 아니다. 물론 돈이 개입되어 있었고, 특정 순간에는 돈이 원인이 되기도 했다. 그러나 농업 수출의 붕괴도 원인이었다. 세금 인상 없이 전쟁을 치른 것도, 정치 권력을 유지하기 위해 수급자 집단과 핵심 지지층을 매수한 것도, 통화 가치가 붕괴하면서 자산 가격이 폭락하고 수입 물가가 급등한 것도 원인이었다. 더욱이 이 모든 과정은 30년에 걸쳐 진행되었다. 중앙은행의 책임도 그냥 넘길 수 없다. 짐바브웨 중앙은행도 부채를 화폐화하고 신용 대출을 확대했다는 점에서 하이퍼인플레이션의 발생에 결정적인 역할을 했다. 정부의 무절제한 재정 지출 역시 무시할 수 없다. 그러나 다시 한번 말하지만 그처럼 극심한 하이퍼인플레이션이 발생했을 때 중앙은행이 자제력을 잃고 돈을 마구 찍어내는 것은 위기의 원인일 뿐 아니라 징후이기도 하다. 이 모든 복합적 원인은 제 기능을 잃은 데다 달리 뚜렷한 대안도 없는 경제 모델 안에 고착되어 있다. 짐바브웨의 사례를 보면 이 같은 현상이 단기간의 공급 충격 이후에 사라지는 일시적 인플레이션이 아님을 확인할 수 있다. 그리고 이러한 통찰은 유익한 교훈을 전달한다. 그 정도로 극심한 인플레이션은 지극히 드물고 빈번하지 않으며 발생하기 어려운 데다 국내 요인뿐 아니라 대외 요인의 영향도 받는다는 것을 알려주기 때문이다. 하이퍼인플레이션의 원인을 좀 더 명확하게 이해하기 위해 이제 우리는 아르헨티나의 사례를 알아볼 것이다. 아르헨티나는 하이퍼인플레이션으로 치닫곤 하는 만성 인플레이션을 앓는 대표적 사례다.

3. 아르헨티나: 포퓰리즘과 환율 위기의 굴레

아르헨티나는 지금까지 살펴본 사례들과는 다르다. 석유를 생산한다는 점에서는 베네수엘라와 비슷하지만 베네수엘라보다 경제 구조가 훨씬 더 다각화되어 있다. 짐바브웨와는 거의 모든 면에서 상당히 다르다.

사실 19세기 후반만 해도 아르헨티나는 차세대 미국으로 간주될 정도로 눈부신 성장률을 기록했다. 그러나 1930년대에 대공황이 중남미를 휩쓸었을 때 내리막길을 걷기 시작한 이후로 아르헨티나는 예전의 영광을 회복하지 못하고 있다.[49] 실제로 아르헨티나는 제2차 세계대전 이후로 국가 채무에 대해 아홉 차례나 불이행을 선언했고 네 자릿수에 달하는 하이퍼인플레이션을 여러 차례 겪었다는 점에서 매우 특이한 사례다.

아르헨티나는 1950년대부터 지금까지 매우 다양한 정책을 동원하면서 인플레이션과의 전쟁을 치르고 있다. 그러나 대개 그러한 정책들은 오히려 경제 수장들이 진압하려고 했던 바로 그 인플레이션을 만들어 냈다. 오늘날에도 대통령 관저인 카사 로사다Casa Rosada 입성을 노리는 아르헨티나 정치인들은 인플레이션 억제 대책을 핵심 공약으로 내세우고 있다. 현직 대통령인 하비에르 밀레이Javier Milei 역시 중앙은행 폐지, 아르헨티나 경제의 달러화, 공공 지출 대폭 삭감을 골자로 하는 급진적 계획을 공약으로 내걸어 당선된 인물이다. 아르헨티나는 물가와의 끊임없는 전쟁 때문에 매우 흥미로운 동시에 불운한 사례로 간주되며 인플레이션 연구의 실험실 취급을 받는다.

2016년 기준으로 아르헨티나보다 인플레이션율이 더 높은 나라는 짐바브웨와 베네수엘라 두 나라뿐이었다. 그런데 정말 중요한 사실은 2016년이 베네수엘라 이외의 모든 중남미 국가가 이미 과거의 인플레이션에서 탈출하는 데 성공하여 비교적 안정된 물가를 달성하고 있었던 때였다는 점이다. 그러나 아르헨티나는 달랐다. 1945년부터 2019년까지 아르헨티나의 평균 인플레이션율은 143퍼센트에 달했다.[50] 2022년

10월에는 연간 인플레이션율이 90퍼센트에 이르렀고,[51] 우리가 이 글을 쓰는 시점에는 254퍼센트 수준에 이르고 있다. 2023년에 아르헨티나 국민이 인플레이션을 완전히 뿌리 뽑겠다고 나선 극도로 자유 지상주의적인 인물을 대통령으로 선출한 까닭도 지칠 대로 지쳤기 때문인 것으로 보인다. 하비에르 밀레이가 성공할 수 있을까? 그 답은 "아르헨티나는 어째서 끊임없는 '인플레이션 상태'에 있는가?"라는 또 다른 질문의 답에 달려 있다.

밀레이의 성공 여부는 분명하지 않다. 노벨 경제학상의 초창기 수상자이자 가장 이름난 성장경제학자 중 하나인 사이먼 쿠즈네츠Simon Kuznets는 "세계에는 네 가지 유형의 국가가 있다. 선진국, 후진국, 일본, 아르헨티나다"라는 말을 남겼다고 전해진다.[52] 실제로 부유하고 안정적이어야 마땅함에도 그렇지 못한 특수성 때문에 다수의 경제학자는 아르헨티나의 인플레이션 원인을 놓고 엇갈린 주장을 펼쳐왔다.[53] 이 경우에도 논쟁은 그 원인이 국내 요인(통화)인지, 아니면 대외 요인(국제 수지)인지에 초점이 맞춰져 있다. 우리는 그 두 가지 요인이 모두 작용했다고 생각하지만 그와 동시에 아르헨티나의 경우에는 두 요인 모두를 발생시키고 실제 원인으로 작용하게 만든 선행 요인들이 존재한다고 본다.

(포퓰리즘 성격의) 돈이 너무 많이 풀린 것이 문제다

국내 재정에 초점을 맞춘 관점은 인플레이션의 뿌리를 1950년대 이후로 아르헨티나 정부가 연달아 시행해온 포퓰리즘 성격의 거시경제 정책에서 찾는다. 이러한 해석에 따르면 인플레이션의 원인은 순전히 정치적인 것으로 인플레이션이 대외 요인보다는 포퓰리즘적인 정책에서 비롯되었다고 한다. 아르헨티나의 경제사학자이며 최근 밀레이 대통령에게 발탁되어 정부에 합류한 에밀리오 오캄포Emilio Ocampo는 "아르헨티나 하이퍼인플레이션의 강력함은 포퓰리즘 정책이 유발한 극심한 구조적 불균형과 밀접히 연관되어 있었다"라고 주장하면서 국내 요인이 문제라는 관점을 직접적으로 드러냈다.[54] 통화주의 경제학자들은 그러한 국내 재정 중심의 관점에 힘입어 인플레이션을 이해하기에 가장 적절한 사례로 아르헨티나를 꼽는다. 그들은 아르헨티나 인플레이션의 원인을 환율 같은 요인보다는 과도한 통화량 증가에서 찾을 수 있다고 결론짓는다.[55] 통화주의 경제학자들은 더 나아가 아르헨티나의 특수한 역사에서 원인을 찾는다. 통화 팽창을 유발한 포퓰리즘 정책과 지속적인 인플레이션 사이에 명확한 인과관계가 형성된다면서 아르헨티나의 인플레이션이 통화 팽창의 필연적인 결과물이라고 주장한다.

이러한 해석에 따르면 아르헨티나의 만성 인플레이션은 그 근원이 1945년으로 거슬러 올라간다.[56] 당시에 선출된 후안 페론Juan Peron 대통령은 대규모 정책 세 가지를 시행했는데, 그 가운데 하나는 공공 지출을 확대한 것이다. 두 번째 정책은 수입품에 대한 실질적 보호 장치를 강화한 것으로 국내 가격과 국제 가격의 연결 고리를 끊어냈다. 마지막으로 노조와의 집단 교섭을 통해 정책을 결정하는 협동조합주의corporatism를 도입함으로써 임금과 생산성의 연계를 어느 정도 약화했다. 그러나 본질적으로 불안정했던 페론 정권은 1976년에 위기를 만났다. 군부가 개입하여 기업 이익 회복과 규율 강화를 위해 노조를 탄압한 것이다.

불행한 일은 군사 정권이 종식된 뒤에 민주적으로 선출된 정부가 무분별한 재정 지출을 확대했다는 사실이다. 게다가 그 이전의 군사 정권은 노조를 탄압했으면서도 경제 전반의 재정 불균형을 바로잡는 조치는 거의 취하지 않았고 그 여파로 1984년에는 인플레이션율이 600퍼센트를 넘어섰다. 1985년에는 재정 긴축, 임금 및 가격의 통제, 신규 통화인 아우스트랄Austral의 도입 등을 골자로 하는 '아우스트랄 계획Austral plan'의 도입으로 인플레이션이 일시적으로 주춤해졌다. 그러나 1988년에 이르면 그러한 안정화 조치가 실패했다는 것이 분명해진다.

해당 정부가 물러나면서 1989년에는 페론주의Peronism(후안 페론이 시작했으며 포퓰리즘과 전체주의가 결합된 정치 사상 – 옮긴이)를 따르는 카를로스 메넴Carlos Menem 휘하의 정부가 들어섰다. 때마침 인플레이션율이 사상 최고치인 3,046퍼센트에 이른 상태였기에 메넴 신정부는 경제 자유화와 더불어 재정 긴축과 통화 긴축을 추진하는 데 전념할 수밖에 없었다.[57] 메넴 정부의 재무장관인 도밍고 카바요Domingo Cavallo는 1991년에 태환 정책Convertibility Plan을 통해 경제 정책을 주도했다.[58] 태환 정책은 아르헨티나 페소peso와 미 달러의 교환 비율을 1대 1로 고정하는 것으로서 그에 따라 아르헨티나 중앙은행은 무조건 발행한 통화만큼의 외환 보유고를 쌓아두어야 했다.[59]

결국 공공 지출은 수출로 벌어들인 수입의 범위 내로 제한될 수밖에 없었고 아르헨티나는 새로운 형태의 외국인 투자를 유치하기 위해 경제를 민영화하고 자유화해야 했다. 태환 정책은 엄청난 성공을 거두어서 시행 1년 만에 인플레이션율이 20퍼센트 아래로 떨어졌다. 그러자 상황을 관망하던 사람들은 그처럼 구속력 있는 정책만이 아르헨티나의 만성 인플레이션을 퇴치할 수 있는 방법이라고 단언했다.

이는 실제로도 설득력 있는 주장이다. 그러나 베네수엘라의 사례에서 보았듯이 순전히 통화주의적인 관점만으로는 사태를 온전히 파악할 수 없다. 그 대안이자 보완이 되는 관점은 아르헨티나의 인플레이션 문제가 이 나라를 주기적으로 국제 수지 위기로 밀어넣은 대외 요인에서 비롯되었다고 본다.

(여전히) 국제 수지가 문제다

해당 관점에 따르면 아르헨티나 인플레이션의 주된 원인은 국내 정책이 아니라 환율 위기다. 그 논리적 근거는 단순하다. 가뭄 같은 외부 충격 때문에 농업 수출이 줄어들고 그에 따라 농업 부문에서 발생하는 세금 수입도 줄어들어 외채 상환 비용이 증가한다고 해보자(아르헨티나의 막대한 외채에 대해서는 이어지는 내용을 참조하라). 이러한 상황에서는 중앙은행이 환율 목표치를 낮출 수밖에 없다. 줄어든 수출 수익으로도 외채를 갚을 만큼의 흑자를 창출하기 위해서다. 예를 들어 환율이 낮으면 1달러로 구매할 수 있는 아르헨티나의 밀과 페소의 양이 늘어나기 때문에 외국 입장에서는 아르헨티나산 상품이 더 싸게 느껴질 것이다. 그러나 자국 통화의 평가 절하는 수출 증가로 이어지는 동시에 수입품의 가격을 끌어올린다.[60]

베네수엘라의 사례에서 보듯이 아르헨티나의 수입품에는 항공기나 컴퓨터처럼 자국에서 생산하지 못하는 최종재final goods뿐 아니라 아르헨티나 기업들이 최종재를 만들기 위해 들여오는 중간재도 있다. 그 때문에 중간재와 최종재에 수입 경로를 통한 인플레이션이 발생하게 된다. 몇 가지 핵심 원자재 수출에 크게 의존하는 개방 경제에서 이 같은 현상이 나타나면 경제 전반이 다각화되어 있다 하더라도 인플레이션에 취약한 경제 구조가 만들어진다.

이 같은 설명은 1970~1980년대부터 조금씩 개방되어 외부 충격에 취약해진 아르헨티나 경제에 딱 들어맞는다. 애덤 투즈는 다음과 같이 설명한다. 2001년에는 아르헨티나의 부채 가운데 약 80퍼센트가 미국 달러로 표시되어 있었고 그에 따라 부채의 실질적 상환 비용은 페소와 달러의 환율에 좌우되었다.[61] 이러한 의존도는 민간 부문으로도 확대되어 아르헨티나의 예금자들은 달러 표시 예금에 돈을 맡겼고 은행들은 페소 환율의 변동성을 헤지hedge하기 위해 달러 표시 대출을 발행했다.[62] 이러한 맥락에서 페소의 가치를 정해진 환율로 달러에 고정하는 태환 정책은 투자자들을 안심시키려는 조치였다.[63] 고정 환율제를 시행하면 정부는 인플레이션으로 통화 가치를 조작하여 부채 상환 비용을 낮출 수 없게 된다.

그러나 고정 환율제에는 장점뿐만 아니라 단점도 따랐다. 아르헨티나 경제가 하버드대학 경제학과 교수인 대니 로드릭Dani Rodrik이 '황금 구속복golden straitjacket'이라 말한 상황에 갇힌 것이다. 통화정책이 전적으로 국경을 자유로이 넘나드는 자본의 금액에 좌우되기 때문에 자동 조종 상태에 놓였다는 뜻이다. 자본이 유입되면 중앙은행은 외환 보유고를 축적하고 자동으로 통화 공급량을 늘리게 된다. 이는 신용 확대로도 이어지는데 이러한 상황을 잘 활용하면 성장을 촉진할 수 있다. 반대로 자본이 유출되면 외환 보유고가 고갈되고 본원 통화monetary base와 신용이 축소되어 경기 침체로 이어진다. 자본 유입은 대체로 환영받는다.

문제는 자본 유출이 대규모 자금 이탈을 유발할 때 발생하며, 이때 경제는 심장마비와도 같은 '서든 스톱sudden stop(자본 유입이 급감하고 뒤이어 대규모 자본 유출까지 일어나 경제 위기로 이어지는 현상 - 옮긴이)'에 직면한다. 서든 스톱은 바로 아르헨티나가 2001년에 경험한 현상으로서 미국 달러와의 고정 환율제에 종지부를 찍고 나라를 역사상 가장 혹독한 경제 위기로 몰아넣었다.

이와 같은 관점에 따르면 인플레이션율 상승의 실제 원인은 자국 통화의 평가 절하이며 재정 적자는 반드시 평가 절하에 뒤이어 발생하기 때문에 통화는 역시나 구경꾼에 불과하다. 예를 들어 IMF는 1980년대 후반에 아르헨티나, 브라질, 이스라엘의 높은 인플레이션에 대한 연구를 통해 국내 요인을 내세운 관점과 대외 요인을 내세운 관점을 비교했는데, 전자와 후자를 각각 '재정적' 관점과 '국제 수지' 중심의 관점으로 칭했다.[64] 그렇게 해서 도출한 실증적인 결과는 대외 요인을 내세운 관점을 뒷받침했다. 그러나 IMF의 연구진은 아르헨티나(와 브라질)의 경우에는 본원 통화의 증가와 명목 환율의 변동 둘 다 인플레이션율을 지속적으로 끌어올린 요인이었다고 인정했다.

수입과 통화 이외의 정치경제적 요인

이제 와서 보면 어느 관점이 옳을까? 두 관점 모두 그 나름대로 강점이 있으며 실제로는 두 가지 모두 작용하는 듯 보인다. 또한 둘 다 한계를 지닌다. 국내적 관점의 분명한 한계는 아르헨티나가 여러 시기에 걸쳐 시행한 반反인플레이션 계획을 면밀히 분석해보면 드러난다. 국내 경제 정책이 문제의 근원이라면 강력한 반인플레이션 정책이 시행되자

마자 곧바로 물가 상승세가 잡힐 것이다. 아르헨티나는 아우스트랄 계획을 비롯해 반인플레이션 정책을 여러 차례 시행했는데, 그러한 정책이 통화량의 증가를 억제하는 데는 성공했을지 몰라도 인플레이션을 잡은 적은 없는 것으로 보인다. 이러한 사례를 통해서도 현실은 단순한 국내적/재정적 관점이 제시하는 것보다 훨씬 더 복잡하다는 사실을 알 수 있다.

예를 들자면 에밀리오 오캄포Emilio Ocampo는 1952년부터 2015년까지 아르헨티나가 시행한 열 가지 반인플레이션 계획의 효과를 분석했다.[65] 그는 계획이 인플레이션율을 15퍼센트로 낮추고 일정 기간 유지하는 데 성공했을 때를 성공 사례로 간주했다. 오캄포의 연구에 따라 열 가지 계획 가운데 절반만이 성공 사례로 분류되었다. 그러나 가장 눈길을 끄는 결과는 실제로 각 계획의 어떠한 요소가 효과를 냈는지, 아니면 애당초 그 계획 자체가 효과를 냈는지를 판별하기가 어렵다는 점이다. 예를 들어 태환 계획은 열 가지 계획 가운데 가장 성공적인 계획으로 꼽혔지만, 그러한 성공은 국내 요인과 대외 요인이 뒤섞여 일으킨 2001년 금융위기와 더불어 끝나고 말았다. 오캄포의 연구는 평균적으로 통화·재정 긴축을 바탕으로 한 계획이 가격·임금 통제에 주안점을 둔 '이단적heterodox' 계획보다 더 성공적이었다는 점을 보여줄 뿐 아니라 "[후자의] 실패는 항상 교역조건의 악화와 연관이 있다"라는 것도 알려준다. 즉 수출품 가격이 수입품 가격에 비해 하락한 것과 같은 대외 요인이 계획의 성공 여부를 판가름하는 데 중요한 역할을 했다는 이야기다.[66]

그러나 대외 요인을 중시하는 관점에도 한계는 있다. 예를 들어 아르헨티나가 다른 나라에 비해 유독 외부 충격에 취약하다고는 볼 수 없다. 실증적 근거 자료에 따르면 아르헨티나의 '환율 전이 효과exchange-rate pass-through'는 다른 중남미 국가에 비해 딱히 높은 편이 아니다.[67] 여기서 환율 전이 효과란 환율 변동이 국내 물가에 반영되는 정도를 말한다. 따라서 아르헨티나가 극심한 '인플레이션 상태'에 머물러 있는 이유를 단순히 환율과 상대 가격relative price(어느 상품의 가격을 다른 상품과 비교하여 나타낸 값-옮긴이)의 급격한 변동 탓으로만 돌릴 수는 없다. 마찬가지로 위기가 닥쳐 인플레이션 억제를 위한 고정 환율제가 무너진 2001년에 아르헨티나 경제에서 수출 중심 부문이 차지하는 비중은 25퍼센트에 불과했다. 그 정도 비중은 대규모 무역적자를 유발한다고 보기에는 충분하지만 장기간의 지속적이고 높은 인플레이션의 원인이라기에는 역부족이다.

이 같은 배경에서 아르헨티나의 하이퍼인플레이션에 관한 진실을 찾기 위해서는 단순히 통화나 환율 요인에 그치지 말고 그 이외 요인을 찾아볼 필요가 있다. 특정 위기는 특정 요인의 탓으로 돌릴 수 있지만, 특정 요인들로만은 사실상 끊임이 없으며 한결같이 높은 아르헨티나 인플레이션에 대한 일반 이론을 도출해낼 수 없다. 아르헨티나의 인플레이션을 제대로 이해하려면 정치적·경제적으로 한층 더 포괄적인 해석이 필요하다. 다행히도 정치경제학자인 하스민 시에라Jazmin Sierra가 우리에게 그러한 해석을 제시해주었다.

세계적 요인과 지역의 인플레이션

시에라에 따르면 아르헨티나의 인플레이션을 논의할 때 반드시 알아뒤야 할 중요한 사실 두 가지가 있다. 첫째는 특정 국가가 언제, 어떠한 조건으로 세계 경제에 편입되었느냐다. 둘째는 세계 경제 편입을 둘러싼 정치적 상황이다. 첫 번째 사실을 살펴보자면 아르헨티나는 중남미의 일부이며, 다른 중남미 국가와 마찬가지로 300년 전에 북반구 국가들을 위한 원자재 생산국으로서 세계 경제에 편입되었고, 오늘날까지도 그러한 조건에는 변함이 없다.[68] 실제로 중남미의 일자리 가운데 약 70퍼센트가 원자재 생산이나 수출과 어떤 식으로든 연관되어 있다.[69] 원자재 산업에 대한 의존도는 중남미 경제에 크나큰 영향을 끼친다. 소수의 원자재 생산 가문과 기업이 지배하는 경제 구조가 만들어질 뿐만 아니라 중남미 국가가 걸핏하면 지속적인 환율 위기와 '원자재 사이클'에 휘둘리는 것도 그 때문이다.

원자재 사이클은 특정 원자재에 대한 수요가 증가하고 공급자가 그에 맞춰 공급을 늘릴 때 발생한다. 그러면 가격이 떨어져 수요가 더욱 증가한다. 이는 다시 공급 증가로 이어진다. 이 같은 선순환은 수요가 정점에 이르렀음에도 공급이 계속 늘어날 때 악순환으로 바뀐다. 결과적으로는 가격이 폭락하는 원자재 시장 특유의 '붕괴'가 일어난다. 이렇게 되면 환율이 하락하여 수입품 가격이 올라가다가 결국 환율이 폭락한다. 이는 아르헨티나만의 기이한 현상이 아니라 중남미 전반의 수출·원자재 주도 성장 모델에 내재된 특징이다. 그러나 이것이 일반적인 특징이라면 아르헨티나가 이웃 국가들에 비해 그처럼 자주 (하이퍼)인플레이션에 빠지는 까닭은 무엇일까? 이제 이러한 의문을 품은 채로 시에라가 제시한 두 번째 사항을 알아볼 차례다. 바로 세계 경제에의 편입 시점뿐 아니라 편입을 둘러싼 정치적 상황 역시 중요하다는 점이다.

동아시아가 성장하는 동안
왜 아르헨티나는 인플레이션을 겪었을까

동아시아 신흥 공업국의 성공은 아르헨티나의 문제를 이해하는 데 있어 적절한 비교 사례를 제시한다. 일본은 19세기 후반에 산업화를 추진하는 과정에서 독일을 본보기로 삼았다.[70] 국가 차원의 투자를 빠른 속도로 감행할 재원을 마련하기 위해 노동 인구를 억압하고 소비를 억누른 것이다. 일제 강점기인 1920년대에 그러한 모델을 전수받은 한국은 식민 지배에서 벗어나자 일본이 구사했던 '저소비/고투자' 전략을 그대로 활용했고 급속도로 성장했다.[71] 타이완도 거의 같은 방법을 택했다.[72] 간단히 말해 근로자와 소작농을 착취하여 산업화에 필요한 투자 재원을 마련한 것이다. 이들 나라가 추진한 산업화의 배경에는 대규모 토지 개혁이 자리 잡고 있었다. 이러한 토지 개혁은 강력한 국가 정부의 주도로 일어난 만큼 토지를 소유한 엘리트 계층이 국가에 저항할 힘을 잃고 농업 생산성은 증가하는 결과를 낳았다.

아르헨티나에서는 그 길이 열리기도 전에 막혀 있었다. 제2차 세계대전 이전부터 노조가 강력했고 민주주의가 탄탄했기에 전후에도 노조는 당연히 성장 연합의 일원이 되었고 이러한 분위기에 힘입어 1946년에 포퓰리즘 성향의 페론 정권이 권력을 잡았다. 노조가 승승장구 중인 성장 연합의 핵심 구성원이었기에 국가는 근로자를 쥐어짜는 방식으로는 투자 계획의 재원을 마련할 수 없었다. 게다가 소작농도 존재하지 않았고 원자재 수출로 부를 쌓고 권력을 장악한 지주 계층을 몰아낼 힘도 없었기 때문에 아르헨티나는 투자를 위해 다른 방법을 찾아 나서야 했다. 1950~1960년대의 혼란을 감안할 때 1970~1980년대에 아르헨티나가 찾은 '다른 방법'은 해외 차입이 될 수밖에 없었다.

1980년대 초반에 금리를 급격히 끌어올린 볼커 쇼크를 기억하는가? 볼커 쇼크의 배경에는 미국의 은행들이 1973년에 유가를 네 배나 끌어올린 OPEC 국가들로부터 받은 달러를 재활용하고자 한 시도가 있었다. 이른바 페트로달러가 넘쳐나자 씨티은행의 최고경영자 월터 리스턴Walter Wriston이 "정부는 절대 망하는 법이 없다"라면서 페트로달러를 각국 정부에 빌려줘야 한다고 한 것은 유명하다. 그리고 실제로 1946년부터 1974년까지 어느 정도 위상이 있는 나라 가운데 파산한 곳은 단 한 곳도 없었다. 엄밀히 말해 자국 통화로 돈을 빌린 나라는 파산할 수 없다. 그러나 달러 같은 외화로 빌린다면 어떻게 될까? 특히 1970년대 중반의 중남미처럼 인플레이션율이 대출 금리보다 더 높은 상황에서 마이너스 실질금리로 차입을 한다면? 그런 상황에서는 공짜로 돈을 받는 것이나 다름없으니 빚을 잔뜩 지지 않는 것이 오히려 정신 나간 짓이다. 물론 그런 상황이 언제까지고 지속될 수는 없다.

1980년대에 볼커 쇼크가 일어나자 공짜 돈은 순식간에 값비싼 돈으로 바뀌었고 1982년경에는 중남미 국가들이 경우에 따라서는 수출 수익의 거의 전부를 외채 이자의 상환에 써야 하는 상황에 내몰렸다. 그 결과가 '잃어버린 10년'으로 불린 저성장 시대였다. 더욱이 변동성이 극심한 외국 자본에 대한 구조적인 의존도가 고착되면서 이미 원자재 중심 경세의 고질적인 문제였던 환율 변동성이 심화되었다.

바로 이러한 메커니즘 때문에 아르헨티나의 인플레이션이 끊임없이 이어지고 해소되지 않는 것이다. 인플레이션이 지속되는 이유는 위에서 알아본 수출 요인과 불안정한 환율 구조 때문만이 아니라 외국 자본 의존으로 인한 불안정성이 인플레이션의 지속성을 강화하기 때문이기도 하다. 인플레이션이 해소되지 않는 이유는 아르헨티나 정부가 동아시아 국가들과 달리 투자에 쏠 잉여 자원을 마련하기 위해 근로자들을 쥐어짤 수도 없었던 데다 수십 년에 걸쳐 아르헨티나 정계를 지배한 페론주의 연합 내의 노동 세력이 디플레이션의 비용을 지지층에게 떠넘길 수 없었고 지금도 그러하기 때문이다.

그 결과는 지속적이고 높은 인플레이션이었는데, 인플레이션은 원자재 호황기에 얻은 수익으로 가끔씩만 완화되었을 뿐이다. 아르헨티나의 경제 모델은 성장 연합 내부자들에게는 문제될 것이 없다. 이들은 달러 예금을 이용해 자국 통화의 인플레이션 충격을 막아낼 수 있기 때문이다. 그러나 그 집단 밖에 있는 이들, 특히 아르헨티나 인구의 40퍼센트에 달하는 빈곤선 이하의 사람들은 그 같은 보호 장치가 없다. 그래서 아르헨티나 국민의 약 53퍼센트가 급진적 자유 지상주의자인 밀레이 대통령에게 표를 던진 것이다. 다만 비주류 자유 지상주의 경제학자이자 순전히 통화주의 이론만을 고집하는 밀레이가 일련의 복잡한 문제들을 해결할 수 있을지는 지켜봐야 할 일이다.

아르헨티나의 인플레이션에 대한 주요 담론은 앞서 살펴본 사례들과 유사하다. '너무 많은 돈/국내 요인' 진영과 '경상 수지/환율/대외 요인' 진영이 서로 반대되는 주장을 펼치는 상황이다. 탐욕스러운 자본가와 일시적 요인 때문이라는 담론은 거의 눈에 띄지 않는다. 그러나 이 경우에도 위의 담론 중 그 어느 것 하나만으로는 인플레이션의 원인을 살

살이 규명할 수 없다. 아르헨티나의 사례는 우리에게 어떤 나라가 세계 경제와 그 가치 사슬에 언제 편입되었는지 등의 대외 요인과 무엇을 생산하는지, 정부가 투자 재원을 마련하기 위해 사회 내부의 어떤 집단을 쥐어짤 수 있는지 등의 국내 요인이 모두 중요하다는 사실을 일깨워준다. 이러한 이야기를 하지 않은 채로 아르헨티나의 인플레이션을 논의하는 것은 불충분하며 오해를 불러일으키기 쉽다. 더욱이 아르헨티나의 사례는 왜 하이퍼인플레이션이 희귀한 현상인지를 다시 한번 알려준다. 이제 우리의 논의는 마지막 사례이자 가장 유명하고도 가장 많은 오해를 받고 있는 1920년대 독일의 하이퍼인플레이션으로 이어진다.

4. 독일: 인플레이션을 무기로 삼다

1920년대 독일의 하이퍼인플레이션에 관한 '사실 정보'는 널리 알려져 있으며[73] 오늘날까지도 큰 놀라움을 안긴다. 1914년 독일 마르크와 미국 달러의 환율은 1달러당 4.2마르크였다. 그러나 독일이 제1차 세계대전에서 패한 뒤인 1919년에는 환율이 1달러당 48마르크로 떨어졌다. 1923년 11월에는 1달러의 가치가 4조 2,105억 마르크와 같아졌다. 이러한 내용은 널리 알려졌지만 그 원인이 무엇인지는 별도의 논의가 필요하다. 흔히 독일의 사례는 과도한 정부 지출로 '너무 많은 돈'이 풀려 발생한 인플레이션의 전형적인 사례로 꼽힌다.[74] 이는 틀린 이야기는 아니지만 지극히 미흡한 설명이다. 이런 식의 담론은 하이퍼인플레이션으로의 전환이 우연한 일이 아니라 정부 정책 때문에 일어났다는 사실을 간과하는 경향이 있다. 정부가 어째서 하이퍼인플레이션을 원했는지 이해하기 위해서는 우선 달러 대비 독일 마르크의 환율이 1919년까지 열 배나 하락한 이유부터 알아봐야 한다. 간단히 말하면 그 답은 전쟁에서 패배했기 때문이다.

독일은 제1차 세계대전 동안 인플레이션과 수요를 억제하기 위한 조치를 거의 취하지 않았다. 영국과 프랑스가 소득세와 소비세를 부과했을 뿐 아니라 배급제와 다양한 통제 정책을 시행했던 것과는 대조적이었다. 독일인들은 자국이 전쟁에서 승리하면 이번에도 1871년에 그랬듯이 전쟁 비용을 충당할 현금이나 물자를 프랑스에 배상금으로 요구할 수 있으리라 기대했다. 그러나 독일은 전쟁에서 패배하여 그러한 전략을 실행할 수 없었을 뿐 아니라 종전 협정인 베르사유 조약의 체결로 경제가 이미 잔뜩 위축되고 부채가 쌓여 있는 상태에서 1,320억 마르크(330억 달러)에 달하는 배상금까지 떠안게 되었다.

당시는 1918년 이후로 마르크의 가치가 대폭 하락함에 따라 국제수지 경로를 통한 인플레이션이 진행 중인 때였다. 그러한 상황에서 1921년에 배상금 납부 시한이 다가왔을 때 배상금을 요구한 측은 종전 후에 바이마르 공화국이 신규 통화로 찍어낸 파피어마르크Papiermark를 받으려고 하지 않았다. 그들은 독일 제국 화폐였던 골트마르크Goldmark를 1914년의 고정 환율로 지급받거나 그에 상당하는 미국 달러 등의 경화hard currency(언제든 금이나 다른 화폐로 바꿀 수 있는 화폐-옮긴이)를 받으려고 했다. 독일이 경화를 확보할 수 있는 방법은 두 가지뿐이었다. 하나는 국채를 새로 발행하는 방법이었는데 그랬다가는 투자자들이 매우 높은 금리를 요구할 것이 분명했으므로 독일이 더 많은 빚을 지게 될 터였다. 다른 하나는 단순히 돈을 찍어 부채를 메우는 방법으로, 독일이 택한 길이기도 했다. 수입 대금을 결제하기 위해 돈을 찍어내고 환율이 하락하면 다시 더 많은 돈을 찍어내다가 환율이 더 떨어지면 또다시 돈을 찍어내는 과정을 반복해보라. 하이퍼인플레이션에 도달하게 되어 있다는 것이 독일 하이퍼인플레이션에 대한 통화주의적 해석이다. 그러나 과연 돈을 찍어낸 것만이 문제였을까? 애당초 왜 그렇게 했을까? 독일이 배상금 지급을 거부하고 채무 불이행을 선언해버리지 않은 이유는 무엇일까?

(다시 한번) 통화주의적인 해석을 넘어서

이 사건을 통화주의적인 시각으로 해석하면 경기 침체를 피하기 위해 정부 지출을 확대하는 것이 얼마나 어리석은 일인지 알 수 있다. 그러나 실제로 정책을 움직였던 요인은 그것이 아니었다. 우선 1920년대의 인플레이션은 독일에만 일어난 일이 아니었다. 비슷한 시기에 오스트리아, 헝가리, 폴란드 등 다른 나라도 하이퍼인플레이션을 겪었다. 앞서 언급했듯이 제1차 세계대전의 비용을 세금이 아니라 국채 발행을 통해 조달한 것이 그 근원이라는 공통점이 있다. 이로 인해 종전 후에는 환율이 떨어지고 수입품이 더 비싸지면서 수입 경로를 통한 인플레이션이 발생했다. 이는 우리가 이미 여러 차례 살펴본 환율 중심 담론의 전형적인 사례로서 단순히 '너무 많은 돈이 너무 적은 재화를 쫓아가서' 생긴 결과인 동시에 경상 수지가 유발한 현상이었다.

그러나 기존의 통설이 놓친 점은 독일의 하이피인플레이션이 독일 정부가 품었던 야심과 밀접한 관련이 있었다는 사실이다. 프랑스에 대한 배상금 지급 부담은 독일 경제를 내리누르고 있었고 독일 정부는 그 족쇄를 끊어내고자 했다. 간단히 말해 날마다 일을 해서 1마르크를 벌 때마다 그중 40페니히pfennig(마르크의 100분의 1인 독일 화폐 단위-옮긴이)가 곧장 프랑스 재무부로 들어간다고 하면 누구라도 그러한 딜레마에서 벗어날 길을 찾으려 할 것이다. 프랑스가 독일에 파피어마르크 대신에 금이나 외화로 배상금을 지급하라고 요구한 까닭도 독일이 자국의 미래 성장을 저해할 것이 뻔한 '세금'에는 저항할 가능성이 컸기 때문이다. 그러나 자국 통화의 가치가 떨어지는 상황에서 독일이 외화를 확보하는 길은 두 가지뿐이었다. 그중 하나는 수출 확대였지만 경제가 전쟁으로 황폐해지고 불안정한 상황에서는 생산량을 늘리기가 어려웠다. 다른 하나는 마르크를 더 많이 찍어내어 외화를 사는 방법이었는데 독일은 이 방법을 택했다가 환율이 한층 더 하락하는 결과를 맞이했다.

정책적인 하이퍼인플레이션

1920년대 초반에 독일이 배상금 지급을 거부한 데다 독일 경제가 곤란한 상황에 처하자 프랑스는 독일의 산업 중심지인 루르 지역을 점령했다. 이에 대응해 독일 정부는 루르 지역 노동자들에게 점령군에게 협조하지 말고 파업을 하라고 지시했고, 전쟁 배상금을 내는 대신 근로자들의 임금을 계속해서 국가가 지급하기로 결정했다. 그런데 임금을 지급할 방법은 돈을 찍어내는 것뿐이었기에 인플레이션은 통제 불능 상태로 치달았다. 그렇다면 독일이 하이퍼인플레이션을 자초했다고 하는 까닭은 무엇일까? 그 이유는 전쟁 배상금을 꼬박꼬박 내는 와중에 재정 건전성을 유지해봤자 프랑스에 계속해서 돈을 퍼주는 꼴밖에 되지 않는다는 것을 깨닫고는 차라리 국가 재정을 무너뜨려야겠다고 판단했기 때문일지도 모른다.

역사학자 알브레히트 리츨Albrecht Ritschl은 "인플레이션은 배상금을 질서정연하고 체계적으로 송금하는 데 필요한 금융 시스템을 마비시켰기 때문에 배상금 채권자들에게 맞설 강력한 무기가 되었다"라고 주장한다.[75] 구체적으로 말해 독일이 하이퍼인플레이션을 정책으로 택하자 독일 통화의 가치가 그 어느 때보다도 더 가파르게 폭락하면서 생산자들이 갈수록 경화로만 대금을 받으려는 결과가 나타났다.[76] 보유자들이 파피어마르크를 팔아버리면서 그 가치가 급락했고 그로 인해 재정 적자가 폭발적으로 증가했다. 그러한 상황에서 중앙은행은 자본을 끌어들이기 위해 금리를 인상하거나 문제를 통화 발행으로 해결하려 할 수밖에 없었다. 한마디로 독일은 배상금 지급을 회피하기 위해 인플레이션이라는 요정을 의도적으로 호리병 속에서 꺼낸 것이었다.

요약하자면 정책적 '금기 사항'을 단적으로 보여주는 독일의 하이퍼인플레이션은 단순히 통화 남발만으로 일어난 일은 아니었다. 그보다는 잘못된 전쟁 자금 조달에서 비롯된 사건이자 프랑스의 루르 점령 이후에 독일 정부가 배상금 지급을 사실상 무효화하려는 의도에서 시행한 정책의 결과물이었다. 실제로 하이퍼인플레이션은 정부의 대규모 부채를 없애버리는 효과를 냈고 그에 따라 프랑스에 지급할 배상금 액수도 크게 줄어들었다. 게다가 하이퍼인플레이션은 1923년 말의 화폐 개혁과 더불어 갑작스럽게 종식되었다. 정부가 신규 화폐로 부동산 자산에 연동된 렌텐마르크Rentenmark를 발행하자 거의 즉각적으로 인플레이션이 멈춰 섰다.[77] 어째서 이때의 화폐 개혁은 성공한 반면에 그 이전의 화폐 개혁이 실패했는지는 아직도 명확히 밝혀지지 않았다.[78] 어쨌든 1923년의 화폐 개혁은 효과를 발휘했고 그에 힘입어 1년 만에 한층 더 안정적인 화폐인 라이히스마르크Reichsmark가 뒤이어 등장했다.

독일은 인플레이션을 통해 프랑스에 대한 채무를 불이행함으로써 배상금 감축(사실상 지급 중단)에 성공했을 뿐만 아니라 1924년에 도스계획Dawes Plan으로 불리는 채무 재협상 과정에서 '채권자 우선순위 전환seniority swap'도 이루어냈다. 이는 독일 파산 시에 (프랑스에 대한) 전쟁 배상금보다 (미국으로부터 유입되는 자본인) 상업 신용commercial credit에 우선권을 주는 조치였다. 그 덕분에 독일 경제가 빠르게 동력을 얻어 위기와 인플레이션을 벗어날 수 있었다.[79] 그 후 4년 동안 미국의 자본이 지속적으로 유입됨에 따라 독일 경제는 꽤 좋은 성과를 냈다. 그러나 불행히도 1929년에 자본 유입이 중단되었다. 연준이 미국 주식시장의 과열을 가라앉히기 위해 금리를 인상했을 때 과거 독일의 중앙은행인 라이히스방크Reichsbank도 자본 유입을 유지하기 위해 덩달아 금리를 올렸지만 자금 유입은 재개되지 않았다. 그 결과 전형적인 '서든 스톱'이 발생하여 자금이 끊겼고 하이퍼인플레이션 이후에 찾아온 안정세는 장기간의 디플레이션으로 바뀌고 말았다.

디플레이션이 낳은 비극

이런 관점에서 보면 독일에서 그다음으로 벌어진 일들도 다시 살펴볼 필요가 있다. 통상적인 해석은 독일의 하이퍼인플레이션이 '통화 남발과 잘못된 정책'에서 비롯되었으며 나치 시대를 불러왔다고 보는 경향이 있다. 흔히 나오는 주장에 따르면 인플레이션이 중산층의 저축을 휴지 조각으로 만들어버렸고 그로 말미암아 나치가 정치적 세력을 키울 비옥한 토양이 마련되었다고 한다. 그러나 이러한 주장에는 세 가지 결함이 있다. 첫째, 중산층의 저축은 하이퍼인플레이션이 일어나기 이전 2년 동안의 대규모 통화 평가 절하로 이미 파괴된 상태였다. 둘째로 시기적으로도 맞지 않는다. 하이퍼인플레이션은 1923년에 끝났고 앞서 알아봤듯이 독일 경제는 1924년부터 1929년까지 안정되어 있었을 뿐 아니라 대규모 단기 자본 덕분에 호황을 누렸다.

셋째, 1929년에 대규모 자본 유입이 끝나고 독일 정부가 재정 균형을 달성하고자 금리를 올리고 지출을 대폭 삭감하자 수요가 붕괴하고 실업률이 급등하면서 경제가 곤두박질쳤다. 나치가 지지 세력을 확보하고 1930년 선거에서 18.3퍼센트의 표를 얻어 제2당으로 떠오르게 된 배경에는 인플레이션이 아니라 디플레이션 국면이 있었다. 디플레이션과 긴축 정책에 적극적으로 반대하는 정당은 나치뿐이었다. 나치는 이러한 성과를 바탕으로 1932년 7월의 선거에서 다수당이던 사민당SPD의 득표율이 무너진 가운데 37.3퍼센트의 득표율을 기록했다. 1933년에는 전체 표 가운데 43.9퍼센트를 얻었다. 나치에 권력을 가져다준 것은 하이퍼인플레이션이 아니라 그로부터 10년 후의 과도한 디스인플레이션이었다.[80]

하이퍼인플레이션의 사례 가운데서도 독일은 다른 나라들과 달리 독특한 측면이 있다. 분명 독일의 하이퍼인플레이션은 통화주의자들의 말대로 '돈이 너무 많이 풀려서' 생긴 하이퍼인플레이션의 대표적 사례다. 바이마르 공화국이 종전 이후에 독일 경제의 균열을 메우기 위한 미봉책으로 엄청난 양의 돈을 찍어낸 것은 부인할 수 없는 사실이다.

그러나 동시에 독일의 하이퍼인플레이션은 제1차 세계대전과 관련하여 잘못된 전쟁 정책의 장기적인 후유증이자 경상수지 문제로 수입 경로를 통해 발생한 인플레이션의 사례이기도 했다.

독일의 사례는 우리에게 새로운 교훈도 남겼다. 그것은 하이퍼인플레이션 자체가 정책이 될 수도 있다는 사실이다. 하이퍼인플레이션은 막대한 비용을 초래하며 특히 실물 자산이나 경화를 보유함으로써 위험을 헤지할 능력이 없는 사람들에게는 치명적이다. 베네수엘라는 의도적으로 하이퍼인플레이션을 추구하지는 않았지만 네덜란드병과 미국의 제재가 결합되면서 하이퍼인플레이션으로 내몰렸다. 짐바브웨는 하이퍼인플레이션의 전형적인 사례로, 식민지 독립 이후에 구조적으로 인플레이션의 함정에 빠지는 것이 불가피했다. 아르헨티나는 수십 년에 걸쳐 극심해진 인플레이션이 1980년대에 더욱 악화되는 것도 방관했다. 그러다 1990년대에는 인플레이션을 간신히 억제했지만 2010년대 들어서 인플레이션이 다시 한번 일어나는 것을 지켜봐야 했다.

독일 역시 통화 남발, 수입 의존도, 취약한 통화 등의 전형적인 문제를 모두 겪었지만 하이퍼인플레이션을 정책적으로 무기화한 유일한 사례다. 하이퍼인플레이션은 정점에서 9개월 동안 유지되었고 그 이후에는 안정되었으며 다시는 나타나지 않았다. 그 후 독일은 채무 경감을 협상했고 미국으로부터 막대한 외국 자본을 끌어들였다. 그러나 디플레이션 자체를 정책적 목표로 삼기 시작하면서 나치에 무릎을 꿇었고 궁극적으로는 국가의 파멸을 불러왔다.

하이퍼인플레이션은
극도로 예외적인 현상이다

우리가 살펴본 하이퍼인플레이션 사례는 몇 가지 이유에서 일반적인 인플레이션과는 구별된다. 첫째, 1950년대, 1970년대, 2020년대의 인플레이션과 달리 하이퍼인플레이션은 공급 충격 때문에 일어난 것이 아니었으며 저절로 소멸하지도 않았다. 오히려 수십 년 동안 축적된 요인 때문이었으며 극도로 특수한 여건이 갖춰져야만 현실로 나타났다. 석유 수출이라는 단일 분야에 대한 의존(베네수엘라), 실패한 토지 개혁(짐바브웨), 인플레이션 비용을 특정 집단에 전가하지 않은 정치 연합(아르헨티나), 배상금 지급을 중단하려는 야심(독일) 등과 같이 하이퍼인플레이션의 원인은 제각각이며 일반화할 수 없다. 하이퍼인플레이션은 극심한 위기의 순간에 나타나며 그 배경에는 몇 년에 걸쳐 인플레이션 압력이 누적된, 사실상 제 기능을 하지 못하는 경제가 자리 잡고 있다. 무엇보다도 하이퍼인플레이션은 놀랄 만큼 드물게 발생한다. 이 같은 사실을 알고 나면 인플레이션 강경파들이 '우리나라도 아르헨티나 꼴이 날 수 있다'라는 경고나 '인플레이션이 나치의 집권으로 이어졌다'라는 주장을 내세우더라도 우리에게는 아르헨티나식의 구조적 취약성이나 정치 상황이 존재하지 않는다는 사실과 나치에 권력을 안겨준 것은 인플레이션이 아니라 디플레이션이라는 사실을 떠올릴 수 있을 것이다.

하이퍼인플레이션은 장기간에 걸쳐 구조적 문제가 누적된 결과물이다. 그러한 면에서 놀라운 현상이 아니다. 하이퍼인플레이션은 우리가 최근에 겪은 인플레이션과는 다르다. 우리는 전 세계 곳곳에 분산되어 있는 독립적인 중앙은행이 인플레이션 억제라는 임무로 무장한 채 인플레이션을 감시하는 상황이었음에도 2021년에 인플레이션이 다시 찾아온 것에 깜짝 놀랐다. 사실 그 이전 10년 동안의 인플레이션을 다룬 학술 연구는 대부분 인플레이션이 아니라 디플레이션이 뉴노멀 현상이 된 이유에 초점을 맞추었다.[81] 그렇다면 우리는 어째서 급습을 당한 것일까? 이 질문의 답을 구하기 위해서는 2009년으로 거슬러 올라가 영국의 엘리자베스 2세Queen Elizabeth II 여왕이 런던정경대학의 경제학과 교수들에게 던진 질문의 답을 찾아볼 필요가 있다. 그 질문은 "왜 이런 일이 닥칠 것을 미리 알지 못했나요?"였다.

제5장

왜 인플레이션을 예측하지 못했는가

Inflation

역사학자의 임무는 과거의 사람들을 그들 자신보다 더 제대로 이해하는 것이다.[1]

―허버트 버터필드 Herbert Butterfield

경제학이라는 권력의 언어

2008년부터 2012년까지 이어진 세계 금융위기를 상징적으로 보여주는 장면 중 하나는 2008년 11월에 영국 여왕 엘리자베스 2세가 LSE를 방문했을 때 등장했다. 여왕은 그곳에 모여 있던 런던정경대학의 경제학자들에게 "왜 이런 일이 닥칠 것을 미리 알지 못했나요?"라고 질문했다. 그로부터 1년 뒤에 영국 학술원British Academy에서 열린 한 회의에서 여왕은 마침내 그 답변을 들었다. 그때 나온 답변은 온전히 인용할 만한 가치가 있다.

> **여왕 폐하, 요약하여 말씀드리자면 위기의 시점, 정도, 심각성을 사전에 예측하고 막아내지 못한 데는 여러 원인이 있었지만 근본적으로는 국내외적으로 다수의 총명한 사람들이 시스템에 내재한 위험을 전반적으로 파악하는 데 필요한 집단적 상상력**collective imagination**을 갖추지 못했기 때문입니다.**[2]

누군가는 지난 몇 년간의 인플레이션에 대해서도 같은 비판을 제기할 수 있지 않겠느냐고 생각할 법도 하다. 2008년에 다수의 '총명한 사람들'이 대형 금융위기가 태동하고 있었음에도 알아차리지 못했듯이 현세대의 '총명한 사람들'도 인플레이션의 세상이 되돌아올 가능성을 보고도 무시했다. 그 이유는 무엇일까?

물론 앞서 언급했듯이 로런스 서머스나 찰스 굿하트 같은 몇몇 사람은 인플레이션이 다가오리라는 것을 예견했지만 대체로 그들이 내세운 원인은 인플레이션을 일으킨 실제 원인과는 상당히 달랐다. 게다가 바로 그 같은 돌발 상황으로부터 우리를 지켜줘야 할 중앙은행은 전혀 그러지 못했다. 따라서 여왕의 질문은 여전히 타당하되, 이번에는 또 다른 위기와 관련이 있다. "왜 이런 일이 닥칠 것을 미리 알지 못했나요?"라는 질문에 대한 답을 찾다 보면 우리는 앞서 나온 젊은 경제학자 이사벨라 베버의 이야기로 되돌아가게 된다.

인플레이션율 상승을 둘러싼 논쟁이 한창 가열되던 2022년 봄에 이사벨라 베버가 「가디언」에 기고한 글은 곧바로 트위터에서 거센 논란을 불러일으켰다.[3] 베버는 저명한 경제학자들부터 평범한 트위터 트롤troll(인터넷에서 관심을 끌기 위해 남을 약 올리는 사람 – 옮긴이)에 이르기까지 온갖 종류의 사람들로부터 공격을 받았다. 베버가 그토록 맹비난을 받은 이유는 무엇일까? 대담하게도 가격 통제가 인플레이션을 어느 정도 해결할 수도 있다고 주장했기 때문이다. 그녀는 짧은 기고문을 통해 과거 제2차 세계대전 당시, 종전 직후, 1970년대 미국의 경험을 사례로 들면서 가격 통제가 최종 해결책은 아닐지라도 최소한 검토해볼 가치는 있는 방안이라는 주장을 펼쳤다. 이에 경제학계 전체가 만장일치로 베버의 제안에 반대했는데, 이는 경제학계에서 좀처럼 찾아보기 어려운 일이었다. 이 사건을 자세히 들여다보면 왜 우리가 최근의 인플레이션을 예측하지 못했는지 이해하는 데 필요한 실마리를 얻을 수 있다.

우선 경제학은 세계가 어떻게 돌아가는지를 설명하는 이론일 뿐 아니라 권력의 언어이기도 하다는 사실을 주지할 필요가 있다. 선거에 출마하여 공개 토론에 나선 두 명의 정치인을 생각해보면 된다. 상대 정치인을 '경제 문맹'이라 비난하는가 하면 '비용, 시장, 효율성' 등의 경제학 용어를 사용하여 상대방을 무지하고 권위가 없는 인물처럼 보이게 하는 상황 말이다. 그런데 그런 정치 토론에서 '경제 문맹' 대신 '인류학 문맹'이라는 표현을 쓴다고 상상해보라. 그 발언자는 이상한 사람처럼 보일 뿐 아니라 상대로부터 곧바로 반박당할 가능성이 크다. 최근에 사회학자 엘리자베스 버먼Elizabeth Berman이 경제학이 어떻게 해서 미국 공공정책학의 언어가 되었는지 분석한 연구를 통해 입증했듯이 경제학은 다른 사회과학과 달리 권력의 언어로 작동한다.[4] 누구든 간에 무엇이 '효율적'이고 무엇이 '비용'인지 규정하는 쪽이 나머지 사람들이 움직일 판을 짠다는 이야기다. 경제학의 언어는 정치적 개입에 이용될 뿐 아니라 분석의 도구가 되기도 하며, 이러한 속성은 두 번째의 흥미로운 주제로 이어진다.

경제학이 그 정도 힘을 지니려면 다른 학문에 비해 특별한 지렛대가 있어야 한다. 경제학은 예측 능력을 지렛대로 내세운다. 그러나 최근의 사례를 보면 경제학의 예측 능력에 의문이 들 수밖에 없다. 경제학은 2008년의 세계 금융위기를 예측하지 못했으며 위기 이후에는 긴축정책을 지지했다. 최근의 인플레이션 논쟁에서는 주류 경제학자들이 1970년대의 케케묵은 해법을 끄집어내어 다시 적용하려 했던 일도 있었다. 그렇다면 경제학의 그 확고한 자신감은 어디에서 비롯된 것일까? 우리는 경제학자들의 자신감이 특정한 시기의 '공식적 역사 서사official history'에서 비롯되었다고 본다. 공식적 역사 서사는 여러 경제학파 간의 차이를 무릅쓰고 경제학계 전체가 만장일치로 동의하며 주요 이론과 권위의 근거로 삼아온 것이다. 베버가 의도치 않게 들쑤셔놨으며 (오늘날에도 적용되는) 여왕의 질문에 실마리를 제공하는 것이 바로 공식적 역사 서사다.

공식적 역사 서사는 가격 통제를 (단순한 가격 상한제든, 좀 더 정교한 가격·소득 정책이든, 중국의 완충 재고 정책이든 할 것 없이) 다시 취해서는 안 될 조치로 간주한다. 연준의 경제 분석가인 크리스토퍼 닐리Christopher Neely는 "가격 통제의 역사는 길지만 성공적이지 못하다"라고 말했다.[5] 베버는 이에 반대되는 주장을 내놓았다가 의도치 않게 1970년대에 무슨 일이 일어났는지, 인플레이션이 본질적으로 무엇이며 어떻게 해결해야 하는지를 둘러싼 경제학의 자기 확신에 의문을 제기하기에 이르렀다. 그녀는 공식적 역사 서사를 뒤흔드는 방식으로 경제학이라는 학문과 그 구성원들이 행사해온 권위에 도전을 제기했다. 베버의 기고문에 반응한 사람들이 트위터상에서 거센 논쟁을 펼치면서 경제학이라는 학문 분야가 의존하고 자랑해온 권위의 실체가 드러났다. 그뿐만 아니라 우리는 이 일을 통해 특정한 역사 해석이 다른 역사 해석을 짓누르고 지배력을 떨칠 때 미래를 예측하기가 어려워지는 이유가 무엇인지 단서를 얻을 수 있다.

1970년대의 '공식적' 역사 구축

역사는 승자가 쓴다는 말이 있다. 여기서 승자는 1940년대부터 1970년대까지 서구권 경제 정책의 근간이 된 '케인스학파의 합의'에 도전하여 승리한 경제학자들을 뜻한다. 종전 후에 케인스학파가 이룬 경제학적 합의는 일련의 시장 이론을 토대로 삼았다.[6] 시장은 본질적으로 불안정하여 호황과 불황에 빠지기 쉬울 뿐만 아니라 자연적으로는 완전 고용에 도달하려는 경향이 없다는 것이었다. 또한 고용 수준은 소득이 아니라 생산 수준으로 결정된다고 보았다. 따라서 케인스학파는 재정 정책을 통해 생산을 완전 고용 수준으로 끌어올리고 충분한 총수요를 보장함으로써 완전 고용을 유지하는 것이 정부의 임무라고 생각했다. 1960년대에 이르러서는 그러한 임무가 상당 부분 달성된 것처럼 보였다. 서구권 전역에서 완전 고용이 자생적으로 유지되는 상태에 이르렀기 때문이다.

그러나 그 같은 성과에는 대가가 따랐으니 바로 인플레이션이었다. 예를 들어 영국은 1960년대 이후로 약 4퍼센트의 연평균 인플레이션율을 기록했다. 미국의 인플레이션율은 3퍼센트 정도를 유지했다. 경제 성장률이 3퍼센트이고 인플레이션율이 4퍼센트라면 실질적으로는 국민의 구매력이 점차 줄어든다고 할 수 있다. 인플레이션의 함정에서 벗어나는 동시에 완전 고용을 유지하는 것이 정책의 핵심 과제가 되었다. 정책 대응은 두 가지 형태를 띠었다. 첫째는 인플레이션을 추월할 정도로 생산성을 개선하겠다는 정책이었는데, 이는 경제학적으로 달성하기가 어려운 과제였다. 둘째는 가격(실세로는 이익)과 임금을 통제하여 인플레이션을 직접적으로 억제하려는 정책이었다. 이는 좀 더 용이한 방법처럼 보였지만 실제로는 정치적인 문제 때문에 훨씬 더 달성하기 어려운 것으로 드러났다.

금리를 올리지 못한 이유

당시의 정책 결정자들이 인플레이션을 완화하기 위해 오늘날에는 상식적인 해결책으로 통하는 금리 인상을 시행하지 않은 이유는 인플레이션이라는 문제에 대한 사고방식이 전혀 달랐기 때문이다. 인플레이션을 '언제 어디서나 통화적인 현상'으로 보았던 프리드먼과 달리 케인스학파 경제학자들은 인플레이션을 '수요 견인demand-pull(통화)' 요인보다는 '비용 상승cost-push(노동시장과 상품시장의 영향력)' 요인의 결과물로 보는 경향이 있었다. 이러한 경향은 케인스학파의 중심에 자리 잡고 있었던 정치적 문제와도 연관이 있었는데,[7] 이는 앞서 하이퍼인플레이션을 알아보았을 때 만난 경제학자 미하우 칼레츠키가 이미 1944년에 진단한 문제였다.

이론적으로 정부가 완전 고용의 유지에 전념하고 실제로도 그러한 목표를 달성하면 근로자들이 임금 인상을 요구하고 파업할 수 있는 길이 열린다.[8] 동시에 고용주들은 경쟁자들과 동일한 조건의 노동시장에 직면하게 되므로 소비자들에게 가격 인상의 형태로 임금 상승분을 전가하는 구실을 마련할 수 있다. 이러한 이론적 틀에서는 금리를 올려 경제를 '식히는' 조치가 정부의 완전 고용 목표와 정면으로 충돌하기 때문에 금리를 인플레이션 억제의 주요 수단으로 활용하는 것이 사실상 배제되었다. 그 대신에 정부가 완전 고용과 낮은 인플레이션을 동시에 달성하기 위해서는 근로자와 기업 모두에 임금과 가격을 생산성에 맞춰 유지하도록 요구해야 했다. 달리 표현하자면 정부는 물가 상승을 '적당히' 억제하는 동시에 경제의 공급 측면이 확대되어 물가가 다시 내려오기를 기대했다. 따라서 이 같은 사고방식에 따르면 인플레이션은 당시 '소득 정책incomes policy'으로 불린 가격·임금 통제 정책으로 다스려야 할 현상이었다.

문제는 소득 정책의 시행이 가격 왜곡이라는 미시경제적 문제를 낳는 데 그치지 않는다는 점이다. 소득 정책을 시행하면 정부가 민간 부문의 자본주의적 의사결정에 훨씬 더 깊숙이 관여하게 되므로 정치적인 문제도 발생하기 마련이다. 이 같은 상황이 나타나자 국가의 시장 침범으로부터 민간 시장을 지켜내기 위해 경제학이 나서야 했다.[9] 비非 케인스학파 경제학자들은 자본주의 자유 경제의 핵심축이 되는 가격 결정 권한에 정부가 '간섭'하는 것을 저지하기 위해 당시 경제학계를 지배했던 케인스학파의 경제 이론에 공격을 가하기 시작했다. 정부를 가격 결정 과정에서 배제하려면 정부가 그 과정에 개입할 명분을 없애야 했다. 그러기 위해서는 경제 정책의 기본 목표인 완전 고용을 공격해야 했다. 케인스학파에 반기를 든 학자들은 가격·임금 통제를 통해 목표를 달성하기가 불가능하다는 것을 입증하여 완전 고용 자체의 정당성을 무너뜨린다면 그 수단인 가격·임금 통제 역시 정당성을 잃게 되리라 본 것이다.

가격·임금 통제를 공격하여 케인스학파를 몰아내다

첫 공격은 1968년에 있었던 전미경제학회AEA 회장 연설에서 시작되었다. 이때 연설을 한 밀턴 프리드먼은 인플레이션과 실업 간의 상충 관계가 안정적으로 유지된다고 가정한 필립스 곡선에 의문을 제기했다.[10] 이날 그는 나중에 '기대 보강expectations-augmented' 필립스 곡선으로 알려지는 모델을 시연하면서 새로운 거시경제 모델을 제안했다. 정부가 '자연 실업률' 이상으로 고용을 유지하려고 시도하면 그 결과는 인플레이션이라는 것이다. 여기에서 프리드먼이 말한 자연 실업률은 경제가 안정적으로 유지할 수 있는 고용률을 뜻한다. 케인스는 실업이 수요 붕괴 때문에 '비자발적'으로 발생한다고 보았다. 이와 대조적으로 프리드먼은 실업이 순전히 자발적인 선택이며 (우리가 제2장에서 살펴보았듯이) 근로자들이 명목임금과 실질임금을 구분할 수 있다고 주장했다.

프리드먼의 두 가지 가정을 종합하면 전체적인 유효 수요effective demand(구매력을 동반한 수요 - 옮긴이)보다는 개별 경제 주체들이 실질임금을 보고 일을 할지 말지 결정하는 것이 경제의 동력으로 작용한다. 그러한 모델에 따라 작동되는 세계에서는 재정 수단을 통해 완전 고용을 달성하는 것이 더 이상 현실적인 정책 목표가 되지 못한다. 경제 주체들이 가격과 임금 변화를 적극적으로 예상하는 바람에 정부가 고용 목표를 달성하지 못한다면 소득 정책이 목표 달성에 도움이 된다는 이론은 신뢰를 얻을 수 없기 때문이다.

다음으로 '합리적 기대' 가설을 내세운 경제학자들이 논쟁에 뛰어들었다.[11] 프리드먼이 기대가 경험으로 '보강'된다고 주장했던 것과 달리 이들은 정부가 경기 부양을 통해 고용률을 끌어올리려고 시도하는 순간 합리적으로 예측하는 경제 주체들이 정부의 조치를 무산시킬 것이라고 주장했다. 합리적 기대학파에 따르면 사람들은 현재의 재정 지출이 미래에 세금으로 메워지리라는 사실을 잘 알고 있기 때문에 늘어난 돈을 당장 소비하지 않고 저축하려 든다. 저축을 통해 정부 지출의 경기 부양 효과를 상쇄해버리는 것이다. 이러한 논리는 소득 정책에도 적용된다. 사람들이 소득 정책의 시행을 예상하면 정책을 상쇄하는 방향으로 행동하여 그 효과를 떨어뜨린다는 것이다.

이 두 가지 이론을 조합하면 인플레이션 억제 정책이 소득 정책이 아니라 인플레이션 기대 심리의 조절을 통해 작동하는 세계가 구축되는데, 그러한 세계에서 기대 심리는 중앙은행이 보내는 신호로 조절된다. 한편 정책 결정 권한은 소득 정책의 실행을 담당하는 재무부가 아니라 자율적인 중앙은행으로 이동한다. 이러한 세계에서는 임금과 이윤의 기준을 설정하거나 더 나아가 가격 상한선을 두는 방식으로 인플레이션을 잡지 않는다. 그보다는 민주적으로 선출된 관료들에게서 정책 결정 권한을 빼앗아버린다. 이들이 그릇되게도 경제가 유지할 수 있는 수준을 넘어서 억지로 고용을 확대하려 한다는 이유에서다. 그 대신에 '보수적'이고 정치적 압력을 받지 않으며 통화정책(금리 조정)을 구사할 수 있는 중앙은행이 그 권한을 얻는다.[12] 그 덕분에 중앙은행이 독자적인 판단에 따라 재정적으로 지속 가능한 수준의 정책을 '주도'하게 된다.

이처럼 새로운 이론들을 바탕으로 1970년대에 대한 새롭고도 꽤 자세한 역사 서사가 만들어졌다. 그 내용은 다음과 같다. 근시안적인 정치인들은 과도한 지출을 감행하거나 인플레이션 순환을 유발하거나 탐욕스러운 노조의 요구를 수용하거나 아니면 이 모든 행위를 함으로써 초과 수요를 일으켰다. 경제에는 '자연 실업률(적어도 이론상으로는 더 이상 인플레이션율의 급상승을 유발하지 않는 실업률)'이라는 제한 속도가 설정되어 있는 만큼 그 제한 속도를 넘어서려는 시도는 물가 상승으로 이어지기 마련이다. 게다가 경제 주체들은 정부의 제한 속도를 넘어선 경기 부양 조치에 적응하거나 합리적으로 대처했기 때문에 경기 부양이라는 개입 조치는 오히려 불안정성을 낳을 수밖에 없었다. 따라서 정부는 문제의 해결책이 아니라 레이건 대통령이 남긴 그 유명한 말처럼 문제 그 자체가 되어버렸다.[13]

이와 같이 공식적 역사 서사는 새로운 세대의 경제학자들이 1970년대의 인플레이션에 자극을 받아서 세계가 작동하는 방식을 새롭게 구상했을 뿐만 아니라 영웅적인 중앙은행 인사 몇 명과 소수의 독립적인 정치인들과 함께, 금리를 올리고 세금을 줄이고 규제를 완화하고 민영화를 추진하고 경제를 통합하고 결국에는 그 후 20년 동안 서구 경제를 세계화로 이끌었다는 결론을 내린다. 멋진 이야기다. 그리고 완전히 틀린 내용도 아니다. 다만 언제나 그렇듯이 이러한 이야기에서 빠진 내용이 가장 중요한 부분이다.

70년대, 경제 패러다임의 전환점

모든 학문 분야의 밑바탕에는 자기 분야가 오늘에 이르기까지 어떤 과정을 거쳤으며 왜 현재의 사고방식을 갖추게 되었는지를 설명하는 공식적 역사 서사가 존재한다. 경제학도 예외는 아니다.[14] 그러나 1960~1970년대 인플레이션의 원인 가운데 경제 주체들의 기대와 선택을 제외한 요인들을 철저히 배제해왔다는 것을 볼 때 경제학이 역사 서사를 구축해온 과정은 예외적이다. 기대와 선택은 신세대 경제학자들이 전통적인 케인스학파의 질서와 정책 목표를 공격하는 데 사용한 핵심 개념이었다. 그러나 자세히 살펴보면 그 이외 요인들도 인플레이션의 원인으로 볼 여지가 충분히 있었을 뿐 아니라, 금리 인상을 통해 '기대를 다시 억제'하고 정책 권한을 중앙은행에 위임하는 방법 이외에 다른 해결책들도 존재했음을 알 수 있다. 케인스학파 경제학자들은 인플레이션의 원인과 해결책에 대해 꽤 훌륭한 아이디어를 내놓았다. 다만 정치적인 이유로 그 아이디어를 실행에 옮기지 못했을 뿐이다.

새로운 관점에 따르면 존슨 행정부가 베트남 전쟁의 비용을 조달하기 위해 세금을 올릴 수 없었던 것이 1960~1970년대 인플레이션의 근원이었다. 존슨이 판단하기에 세금을 인상했다가는 미 의회가 총(베트남 전쟁)과 버터(국내 빈곤과의 전쟁) 중에서 한 가지만을 선택할 것이며 결국에는 버터를 줄여 총의 비용을 조달하려 들 것이 분명했다. 그래서 그는 비용을 '장부에 올리지 않고_off the books_' 전쟁을 치르기로 했다. 그 결과 실제 전쟁 비용이 공식적으로 인정된 비용을 훌쩍 뛰어넘으면서 1960년대 중반에 인플레이션이 둔화할 것이라던 존슨 행정부의 경제 전망은 빗나가고 말았다. 미 대통령 경제자문위원회의 수석 경제 분석가였던 아서 오쿤_Arthur Okun_은 당시 이렇게 말했다. "모든 것이 베트남 전쟁 지출에 달린 상황인데도 우리는 [국방장관] 맥나마라_McNamara_에게서 빌어먹을 말 한마디도 듣지 못하고 있다."[15]

존슨 행정부의 인플레이션 억제 정책은 케네디 행정부로부터 이어받은 임금·물가 지침을 토대로 기업과 노동계의 협상을 조율하는 것이었다. 그러나 해당 지침은 노사의 자율에 맡기는 것이었고 법적 구속력도 없었기 때문에 인플레이션 억제 수단으로서는 쓸모가 없었다. 베트남 전쟁은 수요 견인 인플레이션을 유발했다. 실제로 (전쟁으로 인해) 돈은 넘쳐났지만 상품은 부족한 상황이었다.

닉슨 행정부는 똑같은 정책 체계와 똑같은 인플레이션 문제를 물려받았다. 경제활동을 할 수 있음에도 베트남 전쟁에 직접 투입된 사람만 50만 명에 달했으며 국내에서는 수백만 명이 장부에도 올라가지 않은 전쟁 비용을 지원했다. 여기에 점점 더 많은 여성과 소수 인종이 노동시장에 편입되면서 소비 수요가 추가로 발생했다. 그로 인해 인플레이션은 존슨 행정부 때와 마찬가지로 초과 수요에 의해 촉발되었다. 그러나 (너무 많은 돈에 의한) 수요 견인 인플레이션은 결국 비용 상승 인플레이션으로 번졌다. 즉 임금과 물가가 서로를 끌어올리는 상황이 된 것이다. 노동시장의 3분의 1이 노조에 가입되어 있던 경제 상황에서 근로자들의 호전성 강화, 임금 인상, 가격 인상이 서로 영향을 주고받는 악순환이 나타났는데, 이러한 상황은 케인스학파 경제학자라면 누구나 예견할 법한 일이었다.

케인스식 대응의 약점은 인플레이션이 나타났을 때 세금 인상이 그 해결책이라고 가정한 것이었다. 경제학적으로 합리적인 세계에서 세금 인상은 금리 인상의 대체 수단으로 작동하는데 두 방법 모두 소비를 억제하여 경제활동을 줄이기 때문이다. 그러나 매우 정치적인 현실 세계에서 세금 인상은 선출직 정치인들에게 정치적 자살행위로 여겨진다. 결과적으로 세금 인상을 인플레이션 제어 장치로 활용하기란 불가능했다. 게다가 세금 인상은 완전 고용이라는 본래의 목표와도 충돌할 여지가 있었다.

1970년대 초반, 미국은 금리 인상으로는 인플레이션을 억제하지 못한다는 사실을 충분히 인식하고 있었다. 실업 유발을 인플레이션 제어 장치로 삼지 않고서는 금리를 충분히 올릴 수 없었기 때문이다. 세금 인상도 선택지가 아니었다. 그렇게 해서 모든 길은 가격 통제와 소득 정책으로 향했다. 우리는 제2장에서 닉슨의 가격 통제에 대해 간단히 알아봤지만 이제 다시 그 사건으로 돌아가 좀 더 심층적으로 살펴볼 필요가 있다. 가격 통제는 성공할 수 없으며 인플레이션에 대응하는 유일한 방법은 금리를 올려 경기 침체를 유도하는 것뿐이라는 주장이 어째서 그 사건의 교훈으로 받아들여졌는지 알아보기 위해서다.

닉슨의 가격 통제가 남긴 그 밖의 교훈들

닉슨이 가격 통제와 소득 정책을 받아들였을 때 경제학자로서 가격 통제를 오랫동안 지지해온 존 케네스 갤브레이스 John Kenneth Galbraith는 자신이 "방금 그 직업이 합법적일 뿐만 아니라 가장 고귀한 형태의 공공 서비스라는 것을 알게 된 길거리 매춘부"처럼 느껴진다고 비꼬았다.[16] 그가 그렇게 비아냥거릴 만도 했다. 공화당 대통령인 닉슨이 전시가 아닌 평상시에 가격 통제를 시행했기 때문이다. 전례가 없었을 뿐 아니라 미국 여러 부문의 자본가들과 공화당 입장에서는 결코 받아들일 수 없는 일이었다. 앞서 언급했듯 닉슨의 가격 통제와 소득 정책은 세 단계로 진행되었다.[17] 1단계는 임금과 가격을 90일간 동결하고 수입품에 10퍼센트의 할증 관세를 부과하는 조치였다. 2단계에서는 법적 권한을 지닌 가격위원회와 임금위원회가 설치되었는데, 이들은 임금 인상률을

5퍼센트 이하로 제한하고 기업의 이익률에도 상한선을 두었다.

공식적 역사 서사에 포함되지 않은 내용이 있는데, 바로 2단계 통제가 실제로는 효과가 있었다는 사실이다. 1970년 말에 6퍼센트를 웃돌던 근원 인플레이션은 1972년 여름까지 2.8퍼센트로 떨어졌다. 그런데 바로 그 시점에 닉슨은 공화당 의원들의 반발을 잠재운답시고 정치적인 실수를 저질렀다. 앞서 언급했듯이 강제적 통제를 통해 인플레이션을 억제하는 데 성공하자 3단계 통제를 자율적 형태로 전환한 것이다. 앞선 케네디와 존슨 행정부 시절에 자율적 '지침'이 실패한 것에서 짐작할 수 있듯이 기업과 노동계는 3단계 통제를 완전히 무시해버렸다. 다시 말해 3단계 가격 통제는 제2장에서 보았듯이 가격 통제의 정당성을 무너뜨리고 반反케인스학파 경제학자들의 주장에 힘을 실어준 정책이었다. 가격 통제를 자율화하자 1973년 여름까지 육류 가격이 3분의 1이나 상승했고 주가 전반은 하락했다. 결국 정부는 육류에 강제적인 가격 상한선을 다시 도입했다. 그러나 주가에는 그 어떤 통제도 가하지 않았다. 선의의 투자자들이 실질적인 손실을 입었고 그 결과 가격 통제 전반이 문제 있는 정책으로 인식되기에 이르렀다.

그러나 한 걸음 물러나서 보면 이 사건의 진정한 교훈은 가격 통제가 강제적일 때만 성과를 거둘 수 있을 뿐 자율적일 때는 효과를 발휘하지 못한다는 사실이다. 다만 가격 통제를 강제적으로 시행했을 때는 정치적인 문제가 발생했다. 그러한 조치는 국가가 가격을 통제하고 그에 따라 기업의 이익까지 규제하는 방식으로 자본주의의 심장을 겨냥한 격이었기 때문이다. 가격을 강제로 정하는 정책은 공산주의자들이나 하는 짓으로 간주되었으며, 그것이 베트남의 공산주의자들과 싸우기 위해 취해진 조치라 할지라도 미국의 경제학자와 정책 결정자 다수가 볼 때는 원칙적으로 무리한 조치였다.[18]

공식적 역사 기록은 언제나 승자의 몫이다. 1970년대의 공식적 역사 서사를 쓸 수 있었던 이들도 인플레이션을 재해석하는 싸움에서 이긴 쪽이었다. 가격 통제가 실제로 인플레이션 억제에 효과가 있었다는 서사는 인플레이션을 순전히 선제적이거나 합리적인 기대의 산물로 규정하는 새로운 정책 체계 안에서는 존재할 수 없었다.[19] 기대 기반의 새로운 정책 체계를 온전히 유지하기 위해서는 무엇인가를 성전에서 추방할 필요가 있었는데, 그렇게 해서 가격 통제의 정당성과 효력이 부정되었다. 인플레이션이 통제 조치로 억제되었다 한들 1970년대의 공식 역사에는 통제 조치를 시행해서가 아니라 완전 고용이라는 잘못된 목표를 포기함으로써 인플레이션이 억제되었다고 기록되었다. 게다가 완전 고용의 추구가 반드시 인플레이션으로 이어진다면 완전 고용 대신에 인플레이션 억제가 국가의 최우선 정책 목표가 되어야 했다. 이처럼 새로운 사고방식이 1970년대의 '공식적 역사 서사'를 공고히 하는 접착제가 되었을 뿐만 아니라 자유시장, 독립적인 중앙은행, 금리에 의해 움직이는 세계의 토대가 되었다. 그것은 우리가 구축한 세계였으며, 그 세계에서는 한번 꺾인 인플레이션이 다시 돌아오는 법이 없었다.

대안적 역사 서사: 특수 요인과 그로 인한 충격

그러나 인플레이션과의 전쟁에서 화폐, 경제 주체의 기대, 영웅적인 중앙은행 총재가 가장 중요한 역할을 담당했다는 공식적 역사 서사는 연준 이사를 지낸 앨런 블라인더가 '특수 요인'이라고 부른 다른 요인들을 배제할 때만 성립된다. 특수 요인이 1970년대 인플레이션의 또 다른 근본 원인으로 인정된다면 두 가지 일이 벌어질 수 있다. 첫째, 가격 통제가 실행 가능한 정책으로 재평가될 것이다. 게다가 무엇보다도 더 중요한 것은 우리가 반복적으로 인플레이션의 기습 공격을 당하는 이유를 알아낼 수 있으리라는 점이다. 그렇다면 당시의 특수 요인은 무엇이었을까? 블라인더가 말한 특수 요인은 일련의 일회성 가격 충격을 뜻했는데 서로 상관관계가 있었고 정규 분포를 따르지 않았다. 다시 말해 서로를 증폭시켰고 거의 같은 시기에 나타났다가 시간이 지나면서 사라졌다. 한마디로 오늘날 우리가 경험하는 인플레이션과 똑 닮았다.

블라인더는 1970년대 인플레이션이 세 가지 충격 때문에 일어났으며 각각의 충격은 일시적이었지만 전체적으로는 10년 동안 지속되었다고 진단했다. 블라인더에 따르면 그 세 가지 충격은 "식품 가격 상승, 에너지 가격 상승 그리고 닉슨이 시행한 임금-물가 통제 정책의 종료"였다.[20] 그는 강제적 통제에서 자율적 통제로의 전환이 인플레이션의 발생에 영향을 끼쳤다고 강조하면서 "1974년에 통제 정책이 종료되자 인위적으로 억눌려 있던 물가가 급등하면서 인플레이션율은 정책이 아예 시행되지 않았다고 가정할 경우보다 약 1.7~3.1퍼센트 더 높아졌다"라고 주장했다.[21]

그런 다음에 블라인더는 그 이후에 나타난 1977~1980년의 인플레이션을 분석하고 나서 "다시 한번 세 가지 요인이 주도했으며 그 어떤 것도 통화 요인이 아니었다"라고 지적했다.[22] "CPI의 에너지 항목이 1978년 12월부터 1980년 3월까지 56퍼센트" 상승한 것만 보더라도 이 시기의 인플레이션율 변동은 대부분 식품과 에너지 가격 급등으로 설명된다는 것이다.²³ 그는 더 나아가 1970년대 후반에 CPI에 주택담보대출 금리를 반영하기로 한 결정이 인플레이션율을 더욱더 끌어올렸다고 분석했다.

블라인더는 그와 같이 일시적인 특수 요인이 어찌나 중요한 영향을 끼쳤는지 훗날 역전되었을 때 인플레이션율이 하락했을 정도라면서 "주택담보대출 비용과 에너지 가격의 둔화가 워낙 극심하여 그 두 가지만으로도 1980년대 상반기에서 하반기까지의 인플레이션율은 대략 8퍼센트포인트나 하락했다"라고 결론지었다.²⁴ 심지어 "오늘날까지도 수많은 이들이 경기 침체가 두 자릿수의 인플레이션을 꺾었다고 믿고 있지만 사실은 특수 요인의 약화가 그러한 역할을 한 것"이라고 주장하기까지 했다.²⁵

2013년, 블라인더는 최신 데이터와 다른 방법론을 사용하여 그러한 주장을 재검토한 후에 "공급 충격을 원인으로 보는 나의 전통적인 해석은 여전히 유효하다"라는 결론에 도달했다.²⁶ 그는 새로운 분석을 통해 "헤드라인 인플레이션의 상승(과 그에 이은 하락) 원인은 100퍼센트 이상 특수 요인"이었다는 사실을 재차 확인했다면서 "다시 말해 공급 충격은 (중략) 거대 인플레이션Great Inflation을 일으키고도 남았다"라고 설명했다.²⁷ 그뿐만 아니라 "1972년부터 1975년까지 근원 인플레이션의 상승과 하락 원인을 밝혀내려 하면서도 가격 통제 정책을 자세히 살펴보지 않는 사람은 매우 중요한 사실을 놓치고 있는 것"이라고 강조했다.²⁸

이 같은 설명을 집하면 가격 통제를 좀 더 긍정적인 눈으로 바라보게 되는 동시에 화폐와 기대에 입각한 해석에는 의심이 들 수 있다. 1970년대의 거대 인플레이션이 실제로는 일시적이고 저절로 쇠퇴한 요인들의 집합에 불과했다면 중앙은행 총재들의 영웅적인 행위, 정치인들의 선견지명, 진실을 전한다는 경제학자 본연의 역할 그리고 경제학자들의 견해와 기대가 모든 것을 좌우한다는 이론의 권위와 위신에 대한 믿음이 흔들릴 수밖에 없다. 그와 더불어 인플레이션에 대한 현시대의 해석과 그 대응책에 대해서도 의문이 든다. 베버는 바로 그 같은 사실을 지적했다가 곤경에 빠졌고 트위터에서 논란을 불러일으킨 것이었다. 사실 지난 30년 동안 그 누구도 대안적인 역사 해석을 듣고 싶어 하지 않았다. 어찌 되었든 1980년대에 경제가 디스인플레이션을 경험한 뒤로는 모든 것이 꽤 잘 굴러가는 듯 보였기 때문이다.

물가 안정 목표제와 중앙은행의 독립이라는 신흥 종교

1980년대 중반부터 2007~2008년 세계 금융위기 직전까지의 시기는 경제 정책의 신기원을 이룬 시대로서 '대안정기Great Moderation'라 불렸다. 이 시기에는 GDP 성장률과 실업률부터 인플레이션에 이르기까지 거의 모든 지표의 변동성이 눈에 띄게 줄어들었다. 2004년 당시에 연준 의장이었던 벤 버냉키는 이런 현상을 언급하며 "개선된 통화정책better monetary policy"이 꾸준하고 안정적인 성장과 낮은 인플레이션을 달성하는 데 큰 역할을 했다고 강조했다.[29] 영국의 고든 브라운 당시 재무장관은 저변동성 세계가 왔기에 더 이상 경제 호황과 불황이 주기적으로 반복되지 않을 것이라고 단언했다.³⁰ 그리고 그 누구보다도 가장 큰 승리감을 드러낸 사람은 합리적 기대 가설을 주창하여 거시경제학의 '대부' 중 하나로 불리는 로버트 루카스Robert Lucas일 것이다. 로버트 루카스는 2003년 전미경제학회 회장 연설에서 정책 관점에서 보자면 "공황 예방이라는 가장 중요한 문제는 실질적으로 해결되었다"라는 의견을 밝혔다.³¹ 물론 이러한 자신감은 2007~2008년에 세계 금융위기가 닥치고 변동성이 맹렬한 기세로 되돌아오면서 완전히 무너졌다. 그러나 우리가 2020년대 초에 인플레이션의 귀환을 미리 알아채지 못한 이유를 찾는 과정에서 한층 더 흥미로운 사실이 드러난다. 그것은 1970년대의 이론과 그런 이론을 토대로 1980년대에 만들어진 제도들이 인플레이션으로부터 우리를 지킨다는 취지와는 정반대되는 결과를 초래했다는 사실이다. 그로 인해 우리는 오히려 인플레이션에 더 취약해져서 인플레이션이 귀환하자 꼼짝없이 당하고 말았던 것이다.

물가 안정 목표제: 뉴질랜드의 성과

1980년대에는 인플레이션의 억제를 위해 혁신적인 주요 정책 두 가지가 도입되었다. 바로 물가 안정 목표제와 중앙은행의 독립성 강화였다. 앞 장에서 간단히 언급했듯이 물가 안정 목표제는 중앙은행이 정책을 통해 달성하고자 하는 인플레이션율 목표치를 구체적으로 설정하는 것이다. 예를 들어 중앙은행이 인플레이션율 목표치를 2퍼센트로 정했지만 실제 인플레이션율은 4퍼센트라면, 우리는 중앙은행이 인플레이션율을 목표치로 낮추기 위해 긴축적인 통화정책을 시행하리리 예상할 수 있다. 중앙은행의 독립성이란 중앙은행이 정치적 압력, 특히 집권 정부의 압력을 받지 않고 자율적으로 운영되는 것을 의미한다. 이 두 가지 정책의 이론적 원천은 1970년대의 사상에서 찾을 수 있는데, 두 정책 모두 1970~1980년대에 뉴질랜드에서 처음으로 시행되었다.

1970년대부터 1990년대까지 뉴질랜드는 두 자릿수 인플레이션을 여러 차례 겪었다. 당시 뉴질랜드 중앙은행 총재였던 돈 브래시Don Brash는 2001년에 한 연설에서 인플레이션의 분배 왜곡 현상에 대해 경고했다.[32] 그는 자신이 인플레이션율이 10퍼센트 정도였던 1971년에 얼마 되지 않는 계약금만 내고 나머지는 은행에서 빌려 4만 3,000달러에 집을 샀다는 이야기를 들려주었다. 15년 후에 인플레이션율이 급등했기에 그는 실질 가치로 따지면 빌린 돈보다 더 적은 돈을 갚은 셈이 되었다. 그사이에 부동산은 인플레이션 회피 수단이 되어 그 집의 시세는 처음 산 가격의 열 배로 뛰어올랐다.

이어서 브래시는 자신이 인플레이션으로 횡재를 본 사실과 자기 삼촌이 사과 농장을 운영하다가 바로 1971년에 농장을 팔아버린 사연을 나란히 놓고 비교했다. 그의 삼촌은 은퇴 후에 적당하면서도 안정적인 소득을 얻을 것이라 기대하면서 농장 매각 대금으로 장기 국채를 사들였다. 그때 인플레이션이 들이닥쳤다. 물가가 상승하면서 그가 저축한 돈의 가치는 90퍼센트나 증발해버렸고 은퇴 자금은 바닥이 났다. 결국 브래시의 삼촌은 궁핍한 처지가 되고 말았다. 브래시는 "나와 같은 사람들은 내 삼촌과 같은 사람들이 희생당한 대가로 막대한 이익을 얻었는데 그 모든 일은 인플레이션 때문이었다"라고 연설을 끝맺었다.[33]

브래시는 인플레이션과의 전쟁을 중앙은행의 최우선 과제로 삼았다. 그가 총재로 임명되기 직전인 1987년부터 그의 임기가 끝난 2002년까지 인플레이션율은 15퍼센트에서 2퍼센트로 떨어졌다. 뉴질랜드의 인플레이션 극복 사례는 고물가를 잡으려고 애쓰는 다른 나라들의 본보기가 되었다. 그렇다면 뉴질랜드의 정책은 어떻게 해서 효과를 발휘했을까? 이에 관한 공식적 역사 서사에 따르면 첫 번째 요인은 바로 물가 안정 목표제였다. 본래 중앙은행들은 통화량이나 신용공급 규모처럼 자신들이 어느 정도나마 통제할 수 있는 경제 지표들을 정책의 목표로 삼았다. 물론 인플레이션이 그런 요인들의 영향을 받을 가능성은 있었지만 중앙은행이 인플레이션율 자체를 직접적으로 조절하는 것에는 한계가 있다는 생각이 일반적이었다. 물가 안정 목표제는 최소한 이론적으로나마 그 같은 사고방식을 바꿔놓았다.[34] 뉴질랜드는 1989년에 뉴질랜드 준비은행법Reserve Bank Act을 제정하여 물가 안정 목표제를 제도화했다. 물가 안정이 중앙은행 통화정책의 최우선 목표로 규정된 것이다. 이 새로운 정책에 따라 중앙은행과 정부는 구체적인 인플레이션 목표치를 합의해야 했으며, 통화정책은 오로지 목표치 달성에 도움이 되는 쪽을 지향하게 되었다. 그렇다면 뉴질랜드의 중앙은행은 목표치를 확실히 달성하기 위해 어떤 조치를 취했을까?

바로 여기에서 적어도 이론적으로는 두 번째로 중요한 개혁인 중앙은행의 독립성 강화가 등장한다. 그 이전까지는 재무장관이 중앙은행에 인플레이션 대책을 비롯한 정책적 우선 과제를 지시하는 것이 보편적인 관행이었다.[35] 재무장관의 고려 사항은 매우 정치적이고도 본질적인 분배를 염두에 두는 것이었다. 예를 들어 정부 입장에서는 인플레이션율을 낮추는 것이 적어도 이론상으로는, 그리고 여러 번의 실제 사례에서와 같이 (다시 말해 필립스 곡선이 흔히 나타내듯이) 실업률이 올라간다는 것을 의미했다. 그러한 이유로 물가를 얼마만큼 낮출 것이냐는 중앙은행이 아니라 선거로 뽑힌 정부가 결정해야 할 정치적 사안이었다. 그러나 준비은행법의 제정으로 중앙은행의 독립성이 강화되면서 물가와 관련된 정부의 역할은 중앙은행과 함께 구체적인 인플레이션 목표치를 합의하는 것 하나로 축소되었는데, 그러한 절차는 '정책 목표 합의'로 불렸다.[36] 어떻게 목표를 달성하느냐는 전적으로 중앙은행의 몫이었으며, 목표 달성의 핵심 경로로 제시된 것이 바로 우리가 익히 접한 '인플레이션 기대 심리'였다.

새로운 복음의 전파

그처럼 새로운 아이디어와 제도를 적극적으로 옹호한 이들은 명확한 인플레이션 목표치와 중앙은행의 독립성이라는 조합이 일반 국민에게 당국의 강력한 인플레이션 억제 의지를 보여주는 장치이자 기대 심리를 이용하여 인플레이션 완화라는 마법을 부리는 수단이라고 생각했다. 이들의 논리를 간단히 정리하자면, 중앙은행이 인플레이션을 관리할 것이라는 정부와 중앙은행 공동의 공개적인 약속으로 말미암아 기업, 노조, 가계는 새로운 인플레이션 목표치를 '신뢰할 만하다'고 여기게 된다(그들은 중앙은행이 꼭 필요한 경우에는 금리를 인상하리라는 것을 알고 있지만 그럴 필요가 없으리라 믿는다). 그에 따라 자신들의 인플레이션 기대치를 낮게 조정한다. 기대치의 하향 조정은 국민이 미래에 내리는 투자, 소비, 저축의 결정에 영향을 준다. 은행 입장에서는 미래의 인플레이션이 대출금의 가치를 깎아 먹지 않으리라는 확신이 들면 기업에 돈을 빌려주는 일에 구미가 당길 것이다. 마찬가지로 임금 협상 시에도 미래의 인플레이션 상승을 감안할 필요가 없어진다. 이러한 논리에 따라 기대 심리를 관리한 결과로 연간 인플레이션율은 제도 개혁이 시행된 지 불과 4년 만에 6퍼센트에서 1퍼센트로 떨어졌다. 새로 도입된 제도적 장치는 그러한 성과를 바탕으로 성공적인 것으로 자리 잡았다.

뉴질랜드의 사례에 영감을 받은 다른 나라들도 곧이어 정책을 모방했다. 1970년대에 독일의 중앙은행인 분데스방크가 유럽의 다른 국가들과 비교해 뛰어난 인플레이션 억제 성과를 보여준 것도 본보기가 되었다.[37] 1990년대에 들어서 전 세계 중앙은행들은 앞다퉈 물가 목표치를 (대개 2퍼센트 안팎으로) 정했으며 정치적인 압력에서 벗어나 법적인 독립성을 확보했다.[38] 뉴질랜드에 이어 가장 먼저 물가 안정 목표제를 채택한 나라는 캐나다였고, 그 후 1992년에는 영국이, 1993년에는 스웨덴이 그 뒤를 따랐다. 특히 나중에 스웨덴 중앙은행의 부총재가 된 라르스 스벤손Lars Svensson은 물가 안정 목표제의 성공 사례를 알리고 다른 나라 중앙은행들에도 이를 채택하라고 설득하는 일에 상당한 시간을 할애했다.[39]

유럽 전체의 중앙은행을 구상하고 있던 중앙은행 임원들 역시 물가 안정 목표제와 중앙은행의 독립성이라는 새로운 발상을 적극적으로 받아들였다. 유럽중앙은행은 1998년에 창설되었을 당시에 이미 정치적인 개입으로부터 거의 완전히 독립된 형태였으며 물가 안정과 중기적으로 2퍼센트 미만이되 그에 근접한 수준의 목표치 달성을 법률상의 임무로 부여받았다.

그 이후 20년에 걸쳐 26개국이 비슷한 제도, 규칙, 정책을 채택했으며, 그 가운데는 열한 개 선진국과 열다섯 개 신흥국이 포함되었다.[40] 그와 동시에 전 세계 중앙은행들은 정치적 독립성을 더욱 강화하여 정부의 개입 없이 통화정책을 결정하기에 이르렀다.[41]

1990년대 초에 동유럽에서 일어난 탈공산주의 혁명으로 인해 그러한 개념과 제도는 더 널리 퍼졌다. 바르샤바 조약 기구 Warsaw Pact(1955년에 폴란드 바르샤바에서 체결된 동구권의 집단 방위 조약-옮긴이)에 속했던 신생 민주주의 국가들은 기본적인 은행 인프라조차 갖추지 못한 데다 환전이 불가능한 통화를 보유하고 있었던 상황에서 상업은행과 중앙은행을 동시에 창설할 필요가 있었다. 때마침 서구권의 주요 중앙은행들이

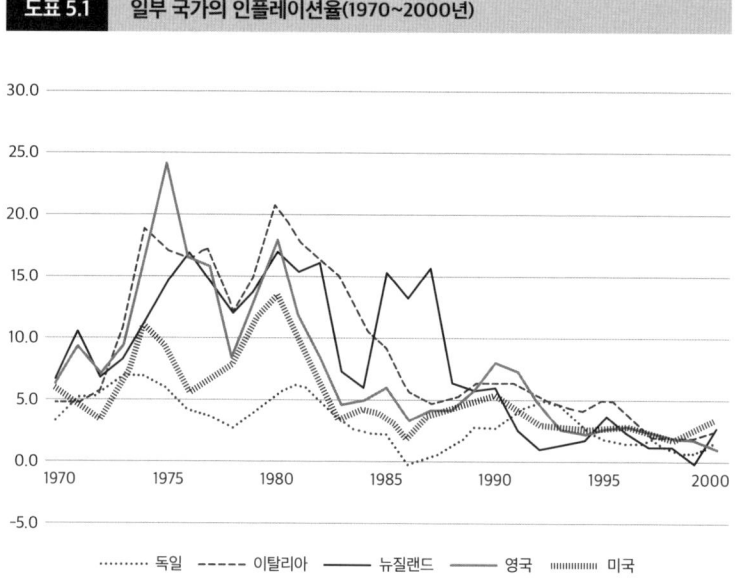

도표 5.1 일부 국가의 인플레이션율(1970~2000년)

········ 독일   ---- 이탈리아   ── 뉴질랜드   ── 영국   ‖‖‖‖‖ 미국

출처 세계은행의 글로벌 인플레이션 데이터베이스
주 해당 도표는 연간 헤드라인 CPI를 나타낸다.

이들에게 최신 이론을 신속하게 전수하기 위해 지침서와 교육 인력을 보냈다.[42] 그 결과 동유럽의 신생 민주주의 국가들은 인플레이션 억제 목표와 시장 친화적 노선을 가장 열성적으로 추구하기에 이르렀다.[43] 복음은 전파되어 신도들을 만들어냈으며 1970년대와 그 이후의 공식적 역사 서사에 기록된 시행착오와 시련 속에서도 성과를 자랑했다. 실제로도 상황은 꽤 좋아 보였다. 인플레이션율은 거의 모든 곳에서 하락했다. 그러나 인플레이션이 전 세계적으로 하락했다고 해서 그러한 결과가 정말로 중앙은행의 독립성과 물가 안정 목표제 덕분이었을까, 하는 의문이 남는다. 앞서 논의한 바와 같이 '특수 요인들'이 궁극적으로 소멸한 덕분은 아니었을까?

대완화기의 원인을 재평가하다

중앙은행의 독립성 강화, 물가 안정 목표제, 거시경제의 이례적인 안정기인 대완화기가 동시에 나타난 것이 과연 우연의 일치인지 살펴보자. 이 새로운 시대에는 선진국 대다수에서 낮고 안정적인 인플레이션, 낮은 생산 변동성, 이전 추세를 소폭 웃도는 안정적인 경제 성장률이 동시에 나타났다. 이런 변화는 일종의 경제적 낙원을 만들어낸 것으로 간주되었다. 생산 변동성이 낮아졌다는 것은 고용 안정성이 증대되고 경기 침체가 덜 빈번해졌다는 뜻이었고, 인플레이션 변동성이 낮아졌다는 것은 불확실성이 줄어들었다는 뜻이었으므로 경제와 투자 계획을 세우기가 훨씬 더 용이해졌다. 그렇다면 1970년대의 격렬한 경기 변동성에서 대완화기의 안정성으로 전환을 이끈 요인은 무엇이었을까? 중앙은행 임원들의 새로운 복음이었을까, 아니면 다른 요인이었을까?

어떤 사람들은 이 모든 성과가 중앙은행의 개혁과 그 기대 관리 능력 덕분이라고 주장했다. 연준 의장을 지낸 벤 버냉키는 공저자들과 함께 많은 경제학자가 믿고 있었던 바를 표현했다. 물가 안정 목표제를 채택한 나라들이 "목표제를 도입하지 않았다고 가정할 때보다 인플레이션과 인플레이션 기대치를 낮추는 데 성공했다"라고 주장한 것이다.[44] 그런데 중앙은행 공동체의 환영을 받았을지는 몰라도 그러한 견해가 비판받지 않은 것은 아니었다. 실제로 경제학자들은 구조적 변화, 행운, 좋은 정책이 대완화기의 특징인 경제 안정을 이끈 세 가지 원인이라고 밝혀냈다.[45]

디지털화에 따른 디플레이션?

구조적 변화론structural change view을 지지하는 사람들은 경제 구조 자체가 안정성을 증진하고 물가를 낮추는 식으로 변화했다고 주장했다. 구조적 변화론은 기업들이 재고 관리 방식을 고도화함으로써 충격에 대응하는 능력을 개선했다는 점에 초점을 맞춘다. 그 핵심 개념은 다음과 같다. 재고는 기업의 생산과 판매 사이의 복잡한 상호작용을 꾸준히 유지하는 데 없어서는 안 될 완충재다. 기업은 생산이 수요가 흡수할 수 있는 수준을 초과할 때 재고를 쌓는 반면 수요가 생산을 초과할 때는 재고를 판매한다. 새로운 정보기술과 세계화로 인해 기업이 재고 의존도를 줄이기가 한층 더 용이해졌다. 이와 더불어 기업들은 중간재 생산자들과 더 원활히 협력하여 생산을 신속하게 늘리거나 줄일 수 있게 되었다. 그 결과 생산의 유연성이 높아졌으며 특정 산업에서 예기치 못한 재고 부족이 발생하더라도 다른 산업의 판매나 생산까지 차질을 빚을 가능성이 줄어들었다. 구조적 변화론의 지지자들은 통화정책 개혁이 거시경제 안정성에 끼치는 효과는 미미하다고 본다. 무역 규제와 금융 규제의 완화도 도움이 되었지만 그보다도 민간 기업들의 활동에 뒤따라 일어난 경제의 구조적 적응이 결정적인 역할을 했다고 평가한다.

구조적 변화론의 변형은 세계화의 역할에 더 큰 비중을 둔다.[46] 중국, 동아시아, 동유럽의 노동력이 세계 시장에 편입되면서 물가가 하방 압력을 받았는데 이 지역 근로자들이 더 낮은 임금을 받아들였기 때문이다. 경제사학자 로버트 스키델스키Robert Skidelsky의 주장에 따르면 중앙은행들은 대완화기에 관찰된 금리와 물가 간의 통계적 연관성만을 근거로 그 시기의 성공이 자기들의 정책 덕분이라고 그릇되게 해석했다. 그는 오히려 "그러한 상관관계의 원인으로 좀 더 타당한 것은 세계 시장으로 대거 유입된 값싼 중국산 상품으로서 그 때문에 인플레이션이 억제되었고 중앙은행들은 신용 비용을 매우 낮게 유지할 수 있었다"라고 주장했다.[47] 금융인 스티븐 D. 킹Stephen D. King도 중국과 인도 같은 저비용 생산자들이 세계 무역 체제에 편입되자 그 결과로 대완화기 서구권의 제조 상품 가격이 소득에 비해 상대적으로 하락했다면서 스키델스키와 비슷한 견해를 밝혔다.[48] 이 시기 중앙은행들은 두 가지 방법 중 하나를 선택할 수 있었다. 하나는 긴축적 통화정책을 시행하여 가격이 계속 떨어지도록 두는 것이었다. 다른 하나는 물가 안정 목표제를 고수하는 것이었는데, 이는 금리를 인하하여 물가를 중앙은행 목표치에 더 가깝게 끌어올리는 방법으로 인플레이션에 맞서는 전략을 의미했다.

대부분의 중앙은행은 두 번째 전략을 택했으며, 특히 대완화기가 끝나가던 시기에 그러한 경향이 두드러졌다. 2004년부터 2007년까지 미국과 유럽의 중앙은행들은 인플레이션과 금융시장 과열에 대응하기 위해 정책 금리를 단계적으로 인상했다. 앞서 이어진 저금리 기조가 자산 가격의 급등을 부추긴 상황에서 금리 인상은 의도와 달리 금융 거품의 붕괴를 촉발했고, 2008년 금융위기로 귀결되었다. 경제적 안정이 지속되던 대완화기는 이렇게 종말을 맞았다.

그저 '행운' 때문일지도?

행운론good luck view은 대완화기가 그저 1970년대에 나타났던 것과 같은 대규모 충격이 발생하지 않았기 때문에 가능했다고 본다. 앞서 살펴본 것처럼 1970년대는 빈번하고 서로 뒤얽힌 위기들로 점철된 시기로, 생산과 인플레이션에 큰 변동을 초래한 것도 그러한 위기들이었다. 당시의 충격은 허공에서 갑자기 나타난 것이 아니라, 1973~1974년에 선언된 아랍 석유 금수 조치와 1978~1979년의 이란 혁명을 비롯해 석유 생산에 타격을 끼친 중동 지역의 대규모 분쟁뿐만 아니라 앨런 블라인더가 말한 '특수 요인들' 때문에 발생했다. 그러나 1980년대부터 2000년대까지는 그런 충격이 아예 발생하지 않았거나 발생했더라도 규모가 작았다. 1990년대 들어서는 정치·경제 체제 덕분에 생산 변동성이 어찌나 크게 줄어들었는지 권위 있는 학자들조차 이 시기를 프랜시스 후쿠야마Francis Fukuyama의 유명한 표현처럼 '역사의 종언end of history(냉전 종식으로 시장자유주의가 승리함으로써 사회 발전이 완성되고 평화와 자유가 계속 유지된다는 개념-옮긴이)' 시대라고 평가했을 정도다.[49]

제임스 스톡James Stock과 마크 왓슨Mark Watson은 거시경제 충격의 발생을 식별하기 위해 정교한 통계 모델을 만들었다.[50] 중요한 점은 이들의 모델을 통해 특정 기간에 충격의 부재, 구조적 변화, 통화정책 같은 각각의 요인이 변동성 감소에 얼마만큼 기여했는지 추정할 수 있었다는 사실이다. 두 사람은 대완화기가 단순히 거시경제 충격이 완화된 시기였으며, 변동성 감소는 대부분 그 같은 충격의 부재로 설명할 수 있다고 결론지었다. 그들은 좋은 정책보다는 행운을 훨씬 더 중요한 요인으로 보았으며 구조적 변화는 미미한 역할만 했다고 평가했다.

하지만 행운론도 비판에서 자유롭지 않다. 비판하는 이들은 행운론이 실제로 발생한 충격만을 근거로 할 뿐, 일어날 수도 있었지만 일어나지 않은 충격은 고려하지 않는다고 지적한다. 새로운 정책 체계의 도입으로 잠재적 충격의 빈도와 규모 자체가 줄어들었을 가능성이 있다는 이야기다. 잉글랜드은행 부총재를 지낸 찰스 빈Charles Bean은 이를 두고 "충격은 직접 측정되지 않으며, 그 결과만 직접 측정된다"라고 말했다.[51] 행운론에 대한 또 다른 비판은 대완화기에도 실제로는 큰 충격들이 발생했지만 그 영향이 좀 더 제한적으로 나타났다는 것이다.[52] 금융인 스티븐 D. 킹이 지적했듯이 대완화기에 일어난 충격으로는 1984년 콘티넨털 일리노이 은행Continental Illinois Bank의 파산, 1987년 주식시장 붕괴, 1997년 아시아 외환위기, 2000년 기술주 거품dot.com bubble 붕괴, 2001년 9·11 테러 등이 대표적이다.

다 틀렸고 '좋은 정책' 덕이었다

마지막으로 좋은 정책good policy이 주효했다는 관점은 대완화기에 거시경제가 안정된 까닭은 통화정책이 크게 개선되어 사람들의 기대 심리에 직접적으로 영향을 주었기 때문이라고 주장한다.[53] 이러한 생각은 돈 브래시와 그의 동료들이 내세웠던 내용과도 일치한다. 물가 안정 목표제로의 전환 덕분에 중앙은행은 인플레이션과 생산성 변화를 참고하여 금리 결정을 내리기 시작했으며, 정치적 독립성이 강화된 덕분에 변화에 대응해 금리를 조정할 수 있는 능력도 강화되었다는 것이다.

1990년대 들어서 이러한 견해를 뒷받침하는 실증적 근거가 나왔다. 1980년대 후반과 1990년대 초반에 하버드대학 소속의 경제학자 알베르토 알레시나Alberto Alesina는 중앙은행의 독립성이 높을수록 인플레이션율이 낮다는 논문을 연이어 발표했다.[54] 이 가운데 가장 영향력이 큰 논문은 로런스 서머스와의 공저 논문인데, 알레시나는 여기에서 자신의 주장을 뒷받침하는 비교 연구 결과를 제시했다. 도표 5.2에서 보듯이 이들의 논문에 따르면 1980년대에 중앙은행의 독립성이 강력했던 나라들은 1955년부터 1988년까지 평균적으로 더 낮은 수준의 인플레이션을 경험했다고 한다.

알레시나와 서머스의 논문은 마침내 저인플레이션과 낮은 경기 변동성이 대체로 좋은 정책에서 비롯되었다는 주장의 실증적 근거를 제시한 듯 보였다. 중요한 점은 알레시나와 서머스가 입증했듯이 그 결과는 인플레이션에만 해당되었다는 사실이다. 중앙은행의 독립성은 성장, 실업, 실질금리와는 유의미한 연관성을 보이지 않았다. 그러나 이러한 결과는 한계가 아니라 중요한 정책적 교훈으로 연결된다. 그것은 중앙은행이 인플레이션 관리를 1차적 목표로 삼아야 한다는 교훈이다. 유럽중앙은행의 마리오 드라기Mario Draghi 총재는 "중앙은행의 독

도표 5.2 중앙은행의 독립성과 인플레이션율의 하락

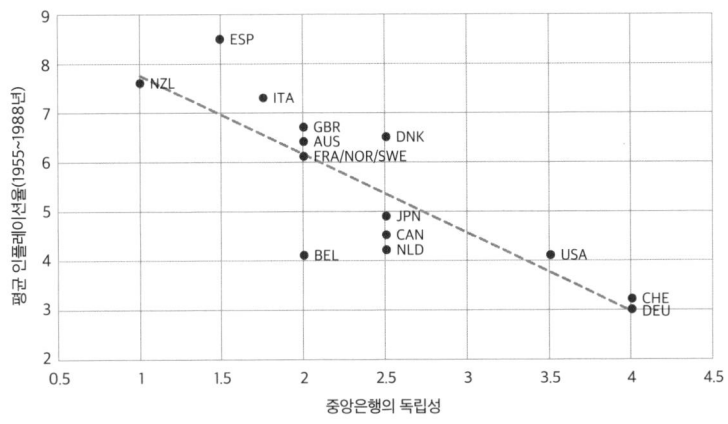

출처 알레시나와 서머스의 연구(1993년)를 바탕으로 필자가 재구성
주 NZL - 뉴질랜드 ESP - 스페인 ITA - 이탈리아
　　 GBR - 영국 　 AUS- 호주 　　 FRA/NOR/SWE - 프랑스/노르웨이/스웨덴
　　 BEL - 벨기에 DNK - 덴마크 　 JPN/CAN/NLD - 일본/캐나다/네덜란드
　　 USA - 미국 　 CHE/DEU - 스위스/독일

립성은 이 시기에 관찰되었듯이 생산과 인플레이션의 변동성을 낮춘 (바로 우리가 '대완화'라 부르는 현상의) 핵심 요인으로 여겨졌다"라고 말했다.[55] 최근에 잉글랜드은행 수석 경제 분석가 앤디 홀데인Andy Haldane도 그 같은 견해에 동조하면서 "국가별 상관관계를 보면 중앙은행 독립성이 인플레이션 편향 감소에 기여한 주요 요인이었음이 명확하게 드러났다. (…) 그리고 이러한 근거 자료는 20세기 후반에 중앙은행의 독립성 강화를 촉진하는 동력이 되었다"라고 설명했다.[56] 이미 언급했듯이 벤 버냉키도 "통화정책은 인플레이션 변동성을 줄였을 뿐만 아니라(이 부분은 크게 논란의 여지가 없으며), 생산 변동성을 줄이는 데도 크게 기여했을 가능성이 크다"라며 같은 맥락의 발언을 했다. 그

리고는 "나는 미래에 대해 낙관적이다. 통화정책 결정자들이 1970년 대의 교훈을 잊지 않을 것이라 확신하기 때문이다"라는 의미심장한 말을 덧붙였다.[57]

인플레이션에 대한 생각을 뒤바꿔놓은 세계 금융위기

버냉키의 낙관론을 마지막으로 우리는 원점으로 돌아왔다. 사실 '인플레이션은 언제 어디서나 통화적 현상'이라는 1970년대의 이론은 가격과 임금에 대한 사람들의 기대가 고정되어 있지 않고 흔들린다는 주장을 담고 있었다. 이것이 그 시대의 주요 교훈으로 자리 잡자 사람들의 기대를 관리하는 제도(중앙은행과 금리 인상에 반드시 필요한 중앙은행의 '신뢰성')는 순식간에 가장 중요한 경제 운용 수단으로 간주되기에 이르렀다.

그러나 제3장에서 언급했듯이 중앙은행 같은 기관이 활용할 수 있는 수단은 매우 제한적으로 금리를 올리고 내리거나 자산을 사고파는 방법뿐이다. 상황이 좋으면 우리는 그처럼 좋은 성과를 보장하기 위해 수립한 제도 덕분이라고 여긴다. 상황이 잘 돌아간다는 사실(낮은 인플레이션율)은 중앙은행 같은 기관이 인플레이션 기대 심리를 억제하고 있다는 증거로 받아들여졌다. 그렇다면 결국 1970년대의 주요 교훈은 무엇이었을까? 그것은 기대 심리의 억제가 그러한 기관과 제도 없이는 불가능하다는 사실인데, 언뜻 보아도 순환 논리임을 알 수 있다.

버냉키는 낙관론을 펼치고 나서 2년 후에 연준 의장이 되었다. 그로부터 3년이 흐른 뒤에 선진국들은 1929년의 대공황 이후로 가장 극심한 경제·금융 위기를 맞이했다. 대완화기는 2007년에 갑작스럽게 막을 내렸다. 위기가 닥치자 생산량은 급격히 줄어들고 실업률은 치솟았지만, 중요한 점은 인플레이션율은 급등하지 않았다는 사실이다. 오히려 물가가 하락하기 시작하며 디플레이션의 악순환이 발생했다. 생산량이 감소하자 기업들은 투자를 줄이고 직원들의 임금을 삭감했다. 임금 삭감은 소비 감소로, 소비 감소는 수요 감소로 이어졌다. 그러자 기업들은 가격을 대폭 인하하여 더 많은 소비자를 끌어들이려고 안간힘을 다했다. 그러나 소비자들은 날마다 가격이 하락하는 상황을 지켜보면서 그리 긴급하지 않은 구매를 미루게 되었다. 대개는 자동차나 주택 같은 내구재 구매가 뒷전으로 밀려났다. 그렇게 해서 디플레이션의 악순환은 스스로의 힘으로 증폭되었다.

2008년에 미국의 CPI는 3.8퍼센트였지만 2009년에는 −0.35퍼센트로 급락했다. 유로를 사용하는 지역도 같은 기간 동안 인플레이션율이 4퍼센트에서 0.4퍼센트로 떨어졌다. 중앙은행은 인플레이션뿐만 아니라 디플레이션과도 싸워야 하는 대칭적 물가 안정 임무를 맡고 있었고 그랬기에 수십 년 동안 구사하지 않은 통화정책을 펼쳐야 했는데, 그것은 정책 수단을 활용하여 소비를 되살리는 일이었다. 이를 위해 중앙은행은 금리를 0에 가깝게 인하했으며, 남아 있는 유일한 수단(금융 자산을 매입하고 시장에 대량의 현금을 풀어내는 조치)에 의지했다. 다시 말해 의도적으로 완만한 인플레이션을 유도하려 했다. 그러나 그러한 점에서 그들의 조치는 실패로 끝났다. 미국 연준은 2012년에 공식적으로 물가 안정 목표제를 도입했지만 목표치에는 좀처럼 도달하지 못했다. 인플레이션이 아니라 디플레이션이 자리 잡으면서 유럽중앙은행 역시 그 후 10년 동안 계속해서 목표치에 도달하지 못했다.

공식적 역사 서사를 되짚어보다

세계 금융위기 당시에 일어난 일들을 보면 1970년대의 교훈에 여러모로 결함이 있었음을 알 수 있다. 세계 금융위기 이후의 잃어버린 10년 동안 진행된 연구들은 프리드먼의 자연실업률 개념을 현대적으로 계승한 NAIRU Non-Accelerating Inflation Rate of Unemployment(인플레이션 가속을 유발하지 않는 실업률-옮긴이)가 실제로는 통계적 허상에 불과하다고 지적하기 시작했다. 개별 국가들의 NAIRU가 너무 짧은 기간 동안 지나치게 큰 폭으로 출렁였기 때문에 이를 '실존'한다거나 경제의 실질적인 '제한 속도'라 하기에는 무리라는 것이다. 필립스 곡선을 주제로 한 논문들 역시 필립스 곡선이 지난 20년 동안 사라졌거나 수평이 되었다는 결과를 제시했다.[58] 통화정책 기조나 중앙은행의 구조와는 상관없이 각국의 고용률이 천차만별이었음에도 인플레이션율만큼은 거의 동일하게 매우 낮은 수준에 머무른 것이 그 근거였다.

임금 불평등의 심화와 더불어 세계 각국의 GDP에서 노동과 자본이 차지하는 비중이 일제히 변화한 현상은 불완전 고용과 노동력 약화가 디플레이션을 유발할 가능성이 '과도한 고용'이 인플레이션을 유발할 가능성보다 더 크다는 점도 시사했다. 잉글랜드은행이 진행한 초장기

금리에 대한 연구는 14세기 이후로 장기적인 실질금리가 꾸준히 하락해왔음을 보여주었다. 따라서 자료에 따르면 1970년대의 금리 급등은 추세라기보다는 이례적인 사건이었다.[59] 본질적으로 경제는 중앙은행이 개입하지 않아도 자연스럽게 금리 하락으로 수렴하는 경향이 있기 때문이라는 것이다. 마찬가지로 기대에 관한 이론적·실증적 기반 역시 기대 관리 때문에 존재하는 바로 그 기관(중앙은행)으로부터 공격을 받았다.[60]

마지막으로 ('R 스타'로 불리는) R*은 '균형 실질금리 equilibrium real interest rate'를 뜻하는데, 이는 모든 시장을 균형 상태로 이끌기 위해 정책적 목표로 삼아야 할 '이상적' 금리를 말한다.[61] 그런데 갑자기 R*에

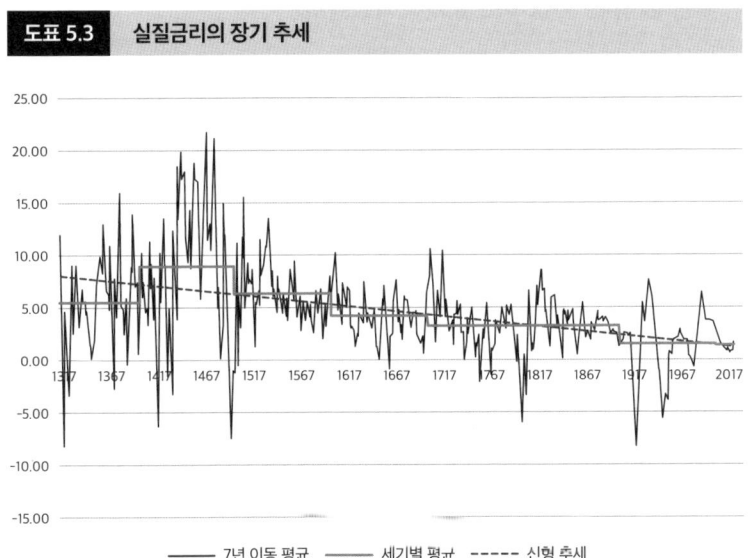

도표 5.3 실질금리의 장기 추세

——— 7년 이동 평균   ——— 세기별 평균   ----- 선형 추세

출처 폴 슈멜칭(Paul Schmelzing), 잉글랜드은행 내부 연구 보고서 686호, 「8세기 동안의 무위험 금리: 베네치아 금융에서 위험 가치(VaR) 충격까지의 채권 시장의 역전」, 2017년 10월

두 가지의 이의가 제기되었다. 그중 하나는 장기 침체secular stagnation 논리에 따르면 R*가 0을 크게 밑돌아 현실적으로 달성할 수 없다는 것이었다. 다른 하나는 R*이 명목금리와 마찬가지로 현실 세계에서 관찰할 수 있는 지표가 아니라는 점에서 지나치게 복잡하고 난해한 모델의 인위적인 산물일 뿐이라는 시각이었다. 이 모든 점을 감안할 때 1980~1990년대와 그 이후에 우리는 정말로 인플레이션과 전쟁을 벌인 것일까? 물가 안정 목표제와 중앙은행의 독립성은 실제로 물가를 낮게 유지하는 효과를 발휘했을까? 아니면 그러한 조치와 상관없이 물가 상승 현상이 일시적으로 나타나고 지나갔다가 우리가 여전히 인플레이션을 제대로 이해하지 못했기 때문에 되돌아온 것이었을까?

'좋은 정책'은 주장대로 효과적이었을까?

우선 물가 안정 목표제를 살펴보자. IMF 소속 경제학자들이 2023년에 발표한 연구에 따르면, 2000년 이전에 이 제도를 도입한 국가들에서는 실제로 인플레이션율이 하락하는 효과가 나타났다. 그러나 2000년 이후에 물가 안정 목표제를 도입한 국가들 가운데는 절반만이 인플레이션율을 낮추는 데 성공했다. 아르헨티나의 사례에서 보았듯이 물가 안정제가 물가 안정으로 이어지지 않아서 빠르게 폐지된 경우도 있었다. 해당 연구의 결론은 다음과 같다. "바람직한 성과를 내는 과정에서 [물가 안정 제도가] 어떤 역할을 했는지 명확히 가려내기란 쉽지 않다"라면서 "[물가 안정 제도를] 채택하는 것만으로 당연히 목표를 달성할 수 있다고 믿어서는 안 된다"라는 결론을 내렸다.[62]

중앙은행의 독립성은 효과적이었을까? 중앙은행의 독립성이 인플레이션을 낮춘다는 신념은 오랫동안 지속되어왔으며 오늘날에도 중앙은행 총재들의 용기를 북돋고 있다. 버냉키는 2010년에 "통화정책의 결정에 부당한 정치적 영향력이 개입되면 중앙은행의 물가 억제 의지에 대한 신뢰도가 훼손되어 평균 인플레이션율이 올라가고 경제 생산성까지 떨어지는 결과로 이어질 수 있다"라고 지적했다.[63] 한편 마리오 드라기는 "1990년대와 2000년대 초반에는 대체로 통화정책의 큰 틀에 의문이 제기된 적은 없었다. 중앙은행에 독립성을 부여하는 것이 인플레이션 억제에 성공했다는 것에 대해 광범위한 합의가 이루어졌다"라고 주장했다.[64]

그러나 중앙은행 독립성과 인플레이션 억제의 상관관계에 대한 데이터 기반 증거를 살펴보면 엇갈린 결과가 나온다. 가장 큰 이유는 독립성처럼 추상적인 개념을 측정하기가 쉽지 않기 때문이다. 애당초 연구자들은 법률이 중앙은행을 정치적 압력으로부터 얼마나 제대로 보호하고 있는지를 기준으로 독립성을 측정했다. 예를 들어 법률상의 정부가 중앙은행 총재를 임명하거나 해임할 권한을 누린다면 그 나라 중앙은행의 독립성 점수를 낮게 평가하는 식이었다. 이와 비슷한 기준을 바탕으로 연구자들은 독립성 지수 index of independence 를 만들었고, 이를 통해 다양한 수준의 독립성과 인플레이션율을 비교했다.

학계에서 법률상 지표 de jure index 로도 부르는 법률 기반 척도는 1990년대에 알베르토 알레시나와 그의 공저자들이 사용했던 것(과 도표 5.2의 바탕이 된 것)과 동일하며, 지금도 중앙은행 독립성의 '효과'를 계산할 때 가장 널리 사용되는 지표다. 알레시나의 연구가 나온 지 수십 년 후에 크리스토퍼 크로 Christopher Crowe 와 엘렌 미드 Ellen Meade 는 같은 지수를 사용하여 중앙은행의 독립성이 높을수록 인플레이션율이 낮다는 사실을 확인했다.[65] 그러나 그러한 결과를 통해 중앙은행의 독립성과 낮은 인플레이션 간의 인과관계가 입증된 것은 아니었다. 두 현상은 그저 동시에 발생했을 뿐, 이번 장에서 이미 살펴본 것처럼 전혀 다른 이유 때문에 일어났을 수도 있다.

좋은 정책이 효과가 있다는 관점에는 계속해서 이의가 제기되는 상황이다. 여러 연구자가 중앙은행 독립성과 낮은 인플레이션 간의 연관성은 기존 주장처럼 강력하지 않으며 그 나라가 얼마나 민주적인지, 또는 헌법상의 견제와 균형 원칙이 얼마나 제대로 작동하고 있는지에 따라 달라진다는 연구 결과를 제시하고 있는 것이다.[66] 다시 말해, 중앙은행의 독립성이 법적으로 보장되어 있다 하더라도 정부가 다른 수단으로 독립성을 훼손할 여지가 있는 독재국가에서는 그러한 보장이 무의미하다는 뜻이다. 게다가 중앙은행 독립성과 인플레이션의 연관성에 대한 연구를 통해 훨씬 더 흥미로운 사실이 드러나기도 한다. 애덤 포즌 Adam Posen은 기념비적인 논문을 통해 국가의 금융 부문이 인플레이션에 반대할 만한 강력한 이해관계를 지니고 있을 때만이 중앙은행의 독립성이 낮은 인플레이션과 연관된다는 점을 입증했다.[67] 반면에 금융 부문의 이해관계가 인플레이션과 엮여 있지 않은 나라에서는 중앙은행의 독립성과 낮은 인플레이션 간의 상관관계가 나타나지 않는다고 한다. 비교적 최근에 나온 연구들은 법률 기반 척도와는 다른 방식으로 개발된 독립성 지표를 제시함으로써 중앙은행의 법적인 독립성만으로는 실질적인 자율성을 보장하기에 충분하지 않다는 점을 시사했다. 예를 들어 어느 연구 결과에 따르면 오늘날의 중앙은행들은 높은 수준의 독립성을 누리고 있음에도 여전히 정부나 의회의 압력에서 자유롭지 못하다.[68] 한층 더 놀라운 연구 결과는 중앙은행의 법적 독립성을 강화하는 개혁이 이루어졌음에도 오히려 중앙은행 총재의 임명이 정치적인 동기에 휘둘리는 경향이 강해지고 있다는 사실이다.[69] 정치인들은 중앙은행의 법적인 독립성을 강화해놓고도 실제로는 자기들과 정치적으로 밀접한 관계에 있는 인물을 총재로 임명하여 통화정책에 간섭할 수 있는 권한을 간접적으로나마 유지하려 한다. 이와 같은 연구의 축적은 1990년대에 제시된 '중앙은행의 독립성과 인플레이션 간에는 음(-)의 상관관계가 존재한다'는 통설에 많은 의문을 제기한다. 그럼에도 1990년대 당시의 연구는 통화정책 개혁을 유도했을 뿐만 아니라 중앙은행의 독립성과 물가 안정 목표제가 만성적인 인플레이션 위협에 대항할 필수 수단이라는 의식을 각국 정부에 확고히 심어주는 역할을 했다.

다시 여왕의 질문으로

이번 장에서 우리는 많은 내용을 알아봤다. 이제 이번 장 시작 부분의 질문으로 되돌아가 정리해보자. 우리는 왜 이런 일이 닥칠 것을 미리 알아차리지 못했을까? 그 첫 번째 이유는 1970년대의 인플레이션이 경제 주체들의 기대가 억제되지 못했기 때문에 발생했다는 단일 해석에 집착했기 때문이다. 그 결과로 기내를 직접적으로 통제하고 지속적으로 억제하는 제도의 구축이라는 정책 해법이 등장했다. 그렇게 해서 중앙은행이 독립성을 보장받고 인플레이션 목표치의 달성을 임무로

맡게 되었다. 그러나 (기업 경영인이 중앙은행의 정책 발표보다 강아지 동영상을 클릭해서 볼 확률이 더 높다는 연구부터 기대에 대한 정교한 통계 연구에 이르기까지) 우리가 이 책 전반에 걸쳐 알아본 연구 결과들이 시사하듯이 그러한 정책의 바탕이 된 그 시대 인플레이션의 해석에 오류가 있으며 우리가 1970년대 인플레이션의 원인을 잘못 파악한 것이라면 우리는 현재의 원인 역시 잘못 파악하고 있을 가능성이 크다. 실제로 최근의 인플레이션이 발생했을 때도 바로 그 같은 일이 벌어진 것으로 보인다.

두 번째 이유는 그처럼 잘못된 해석이 우리가 학문 분야와 정책을 통해 만들어낸 공식적 역사 서사에 깊숙이 스며들어 있기 때문이다. 문제에 대한 특정 해석이 지배적인 위치를 차지하고 나면 문제에 대응하기 위해 설계된 정책 수단은 그 해석이 이끄는 대로만 대응하기 마련이다. 세계 금융위기 초기에 유럽중앙은행이 장클로드 트리셰Jean-Claude Trichet 당시 총재의 지휘 아래에서 보여준 행보가 그 대표적인 사례다. 디플레이션 조짐이 여기저기서 나타나고 대규모 은행 위기가 한창이던 때에도 트리셰는 유럽의 근본적인 문제는 여전히 인플레이션이라고 확신했으며, 실제로 2011년에 금리를 두 차례나 인상함으로써 상황을 개선하기는커녕 악화시켰다. 당시에 유럽중앙은행이 30년 전에 죽은 인플레이션과 무자비하게 싸우는 데 치중하고 있다는 농담이 유행했는데, 현실을 정확히 반영하긴 했으나 결코 웃을 수만은 없는 내용이었다.

세 번째 이유는 인플레이션과 같은 현상에 대한 우리의 이해가 얼마나 취약한지는 그것이 공개적인 논쟁의 장에 끌려 나올 때나 알아차릴 수 있다는 사실이다. 우리는 이 같은 사실을 이사벨라 베버가 「가디언」

에 가격 통제 관련 칼럼을 기고했을 때 트위터상의 사람들이 보인 반응에서 확인할 수 있었다. 그뿐만 아니라 인플레이션 기대 심리와 관련된 이론을 고수하는 경제학자나 전문가들이 기업의 바가지 씌우기나 정부의 가격 통제처럼 실제로 물가에 작용하며 실증적 연구로도 뒷받침되는 요인들을 자신의 해석에 반영하지 않으려고 하는 모습을 통해서도 허점이 드러났다. 사실 가격 통제 같은 정책이 효과적이라는 것을 인정하는 순간 인플레이션에서 벗어나는 길이 경기 침체와 실업뿐이라는 기존 주장은 설득력을 잃을 수밖에 없다.

이 모든 내용을 종합하면 결국 '술꾼이 불빛이 있다는 이유만으로 가로등 밑에서만 열쇠를 찾아 헤맨다'라는 고전적인 문제에 부딪히게 된다. 인플레이션 담론을 다룬 장에서 자세히 알아보았듯 우리는 인플레이션이 다양한 경로를 통해 발생한다는 점을 잘 알고 있다. 그러나 정책적 대응은 기대 경로만을 인플레이션의 원인으로 보는 관점으로 편향되어 있다. 그렇게 함으로써 인플레이션이 사실상 그 경로로만 발생할 수 있다는 쪽에 베팅하는 것이다. 그러한 베팅을 감안할 때 우리가 '올바른' 이론을 기반으로 '올바른' 제도를 구축했다면 인플레이션은 다시 나타나지 않아야 한다. 바로 이것이 1980~1990년대에 인플레이션을 억제하기 위해 구축한 제도에 깔린 논리다. 그러나 그러한 전제가 잘못되었다면 인플레이션이 다시 나타날 수 있을 뿐만 아니라 인플레이션 대응을 위한 기존의 정책 지침서가 효력을 발휘하지 못할 것이다. 더 나아가 선부는 아니더라도 다수에게 큰 해악을 끼칠 여지도 있다. 이런 현실을 감안하여 우리는 마지막 장에서 주제를 전환하여 누가 인플레이션의 수혜자와 피해자가 되는지 알아보려고 한다.

제6장

인플레이션과의 전쟁은 계층 전쟁인가

Inflation

화폐 가치, 다시 말해 물가 수준의 변화는
그 영향이 불균등하게 나타날 때만이 사회적으로 중요한
의미를 지닌다. 우리 모두 화폐 가치의 변화가 모든 사람에게
모든 면에서 균등한 변화를 불러일으키지 않는다는 사실을
잘 알고 있기 때문에 그러한 변화는 예나 지금이나
굉장히 큰 사회적 결과를 불러온다.[1]

—존 메이너드 케인스

계층 전쟁은 분명히 존재한다.
하지만 계층 전쟁을 벌이고 있는 쪽은 내가 속한 부유층이며,
우리 계층은 그 전쟁에서 이기고 있다.[2]

—워런 버핏 Warren Buffett

중앙은행의 2가지 무기

2020년에 매슈 클라인Matthew Klein과 마이클 페티스Michael Pettis는 중요한 책 한 권을 썼다. 그 책은 놀랄 만큼 단순한 질문을 던졌다. 바로 '무역 전쟁은 곧 계층 전쟁인가?'라는 질문이었으며, 그들의 대답은 '그렇다' 였다.³ 클라인과 페티스는 무역전쟁의 승자처럼 보이는 수출국들이 사실상 패자라고 지적했다. 그 까닭은 그들이 수출 경쟁력과 환율 경쟁력을 유지하기 위해 비용을 낮게 유지하는 것이 자국 근로자의 임금을 낮추기 때문이라는 것이다. 반면에 클라인과 페티스에 따르면 수입국은 수입품이 국내 생산품을 대체하게 됨에 따라 국내 경제가 공동화空洞化되는 대가를 치른다고 한다. 이처럼 양쪽 모두가 손해를 본다면 누가 승자인 것일까? 승자는 수출국과 수입국의 기업 소유자들뿐 다른 누구도 아니라는 것이 두 사람의 분석이다. 그러므로 우리가 무역 현황에 분노하고 '무역 전쟁'을 벌이는 것은 사실 기업이 근로자에 맞서 지속적으로 벌이는 국제적인 계층 전쟁에 힘을 실어주는 효과를 낸다고 한다. 그들의 주장은 매우 흥미진진하지만, 일단 우리가 여기에서 던져볼 질문은 이 내용이 인플레이션과 무슨 관계가 있느냐는 것이다.

클라인과 페티스가 직접 말한 것은 아니지만 우리가 그들의 주장을 통해 합리적으로 추론할 수 있는 점은 계층 전쟁이 '의도된' 것이 아니라 '자동적으로' 발생한다는 것이다. 세계 경제의 구조가 특정한 행동을 하도록 촉진하고 그 행동을 보상하며, 그러한 행동의 부작용으로 근로자들이 호된 시련을 겪는다는 이야기다. 우리는 인플레이션과의 전쟁에서도 비슷한 일이 벌어진다고 생각한다. 즉 인플레이션과의 전쟁도 계층 전쟁인데, 그 결과는 의도된 것인 동시에 자동으로 발생하는 것이기도 하다. 그 이유를 알아보기 위해 인플레이션이 나타날 때 중앙은행이 실제로 할 수 있는 일이 무엇인지 생각해보자.

제2장에서 볼커의 망치를 다룰 때 거론했듯이 금리는 인플레이션 억제를 위해 중앙은행이 항상 준비해두고 있는 도구다. 그러나 우리는 그 도구를 사용한 대가로 경제가 상당한 손실을 입고 수많은 부수적 피해가 뒤따른다는 사실도 제2장에서 지적했다. 제5장에서는 중앙은행이 기본적으로 두 가지 도구밖에 지니고 있지 않다는 사실을 언급했다. 그중 한 가지 도구는 금리다. 다른 하나는 금융 자산을 사고팔면서 유동성 규모를 조절하는 것으로서 여기에는 양적 완화를 비롯해 다양한 프로그램이 포함된다. 그러나 그 두 가지뿐이다. 그뿐만 아니라 제5장에서 알아보았듯이 우리는 중앙은행이 그 두 가지 도구만으로 너무나 많은 일을 해주기를 기대하는데, 그것은 무리한 요구다.

정부도 인플레이션을 억제하기 위해 다른 도구들을 사용할 수 있다. 3장에서 언급했듯이 세금이나 보조금, 가격 합의뿐만 아니라 가격 통제 같은 수단을 쓸 수 있다. 그러나 정부는 항상 그러한 도구의 사용을 꺼리며 문제 해결을 중앙은행에 떠넘기려 한다. 중앙은행이 앞서 설명한 이유로 디플레이션 퇴치에는 자산 매입을, 인플레이션 억제에는 금리를 사용하는 경향이 있다는 사실을 감안할 때 역시나 유일한 도구는 여전히 볼커의 망치뿐인 것으로 보인다. 이러한 사실을 염두에 둔 채로 이제 인플레이션과 그에 대한 기본적 대응책(금리 인상)의 결과로 누가 이득을 보고 누가 손실을 입는지 살펴본 다음에 이번 장의 끝부분에서 다시 다음과 같은 질문으로 돌아가보자. 인플레이션과의 전쟁이 계층 전쟁이라면 그러한 사실은 바뀔 수 없는 것일까?

승자, 패자, 이용자: 소득 효과, 피셔 효과, 소비 효과

자, 이제 본론으로 들어가보자. 모든 사람이 인플레이션 때문에 손실을 입는다. 그렇지 않은가? 우선 연준 의장을 역임한 벤 버냉키의 유명한 발언을 살펴보자. "인플레이션은 그야말로 모든 사람에게 영향을 끼친다는 점에서 실업과 다르다. (…) 인플레이션은 사회 전반에 충격을 준다."[4] 정말 그럴까? 물가가 오르기 시작하면 소비자들이 가장 먼저 눈에 띄는 피해자가 되는데, 우리는 모두 소비자다. 그러나 모든 소비자가 똑같지는 않다. 논리적으로 볼 때 인플레이션의 소득 효과income effect 때문에 그 소비자가 가난할수록 큰 고통을 겪을 수밖에 없다. 소득 효과는 물가 상승이 실질 소득의 감소를 불러와 사람들의 소비 행태에 미치는 것을 말한다.

이미 언급했듯이 저소득층은 소득 중에서 집세, 식품, 그 이외의 기본적인 소비재 지출이 차지하는 비중이 상대적으로 크다. 인플레이션이 소득의 실질 가치를 깎아 먹으면 전과 같은 금액의 돈으로 살 수 있는 물건이 줄어들고 그에 따라 생활 수준이 낮아진다. 다시 말해 물가가 오르면 모두가 허리띠를 졸라매야 하지만 그중에서도 부유층보다 저소득층이 훨씬 더 바짝 졸라매야 한다. 게다가 애초에 저소득층의 바지에는 여유분 자체가 거의 없다. 그러나 이러한 주장은 인플레이션의 또 다른 주요 파급 효과인 분배 효과까지 고려할 때 온전해진다. 인플레이션이 채무자에게는 유리하고 채권자에게는 불리하게 작용한다는 뜻이다. 이러한 메커니즘은 경제학자 어빙 피셔Irving Fisher의 이름을 따 피셔 효과Fisher effect로 불린다.

예를 들어, 지난해에 어떤 사람이 우리에게 100달러를 빌려줬고 올해는 우리가 그 사람에게 105달러를 갚아야 한다고 가정해보자.[5] 실질적으로 5퍼센트의 이자를 치러야 하는 셈이다. 인플레이션이 0이라면 올해 갚아야 할 105달러는 작년에 빌린 100달러에 5달러를 더한 금액과 가치가 같다. 그러나 인플레이션율이 2퍼센트라면 올해 갚아야 할 105달러로는 작년에 103달러로 살 수 있었던 만큼의 물건만 살 수 있다. 인플레이션율이 10퍼센트라면 105달러의 가치는 구매력 측면에서 작년의 95달러와 같아진다. 이렇게 되면 물가가 오를수록 채무의 실질 가치가 점점 더 줄어들기 때문에 채무자가 인플레이션으로 이득을 볼 수밖에 없다. 19세기 경제학자 데이비드 리카도David Ricardo는 바로 이런 메커니즘 때문에 인플레이션이 "대부분의 경우에 근면하고 검소한 채권자를 희생시켜서 게으르고 방탕한 채무자를 부유하게 만든다"라고 주장했다.[6] 기본적으로 사람들이 실제로 중요하게 생각하는 것은 현재 지닌 돈으로 미래에 얼마나 많은 물건을 살 수 있느냐 하는 점이다. 따라서 미래에 갚아야 할 돈의 구매력이 과거에 빌린 돈의 구매력보다 낮다면 돈을 빌린 사람이 실제로 인플레이션 덕분에 이득을 보고 있는 셈이니 인플레이션의 승자가 된다.

이제 위의 내용을 일종의 경제 모델로 생각해보자. 인플레이션의 '이용자' 입장에서 생각해보라. 우리가 인플레이션이 다가오고 있다는 것을 예측하면 미래에 갚을 돈의 가치가 현재보다 낮아진다는 것을 잘 알기 때문에 대출을 받으려고 할 것이다.

어찌 보면 미래를 '공매도short selling(주가 하락이 예상될 때 시세 차익을 얻기 위해 실물 없이 주식을 매도하고 이후에 실물 주식을 매수하여 갚는 행위-옮긴이)'하는 격이라 매우 큰 수익을 낼 수 있다. 그러나 대출을 받아 이득을 보려면 먼저 돈을 빌려줄 의향이 있는 채권자를 찾아야 한다. 채권자 역시 인플레이션이 다가오리라 예상하면 돈을 덜 빌려주거나 예상되는 손실을 만회하기 위해 대출 금리를 올릴 것이다. 이 두 가지 힘이 결합되면 신용 붕괴가 발생한다. 신용 붕괴는 금리 인상의 목표 자체가 경기를 둔화시키라는 점에서 의도된 것인 동시에 불가피하게 일어나는 일이기도 하다. 결국 모든 사람이 곤란을 겪게 되지만 그중에서도 남들보다 더 큰 타격을 받는 이들이 생겨난다.

특정 계층을 괴롭히는 인플레이션?

그 말이 사실이라면 고통은 계속해서 불균등하게 분배될 것이며, 심지어 우리가 예상하지 못한 형태로 분배될 때가 많을 것이다. 예를 들어 (피셔 효과대로) 인플레이션 때문에 빚의 실질 가치가 줄어들어 가난한 사람들이 '혜택'을 입는다고 말할 때는 (소득 효과에 따라) 애초에 그들이 돈을 빌릴 때부터 더 높은 비용을 치러야 하기 때문에 금리 인상이 그들에게 유난히 큰 타격을 끼친다는 사실도 덧붙여야 옳다. 그리고 논의의 초점을 소득에서 부富로 전환하면 문제는 훨씬 더 복잡해진다.

전미경제연구소NBER 소속의 경제학자 마티아스 되프케Matthias Doepke와 연준 은행의 경제 분석가였던 마틴 슈나이더Martin Schneider는 소득이 아니라 부의 측면에서 인플레이션의 승자와 패자를 분석한 후에 가난한 사람들은 애초에 보유한 자산이 많지 않기 때문에 가장 큰 패자가 아니라는 결론에 도달했다. 부의 측면에서 '인플레이션의 가장 큰 패자는 부유한 고령층 가구'인 반면에 가장 큰 승자는 '고정금리로 주택담보대출을 받은 젊은 중산층 가구'라는 것이다.[7] 이러한 결론은 이 책의 공동 필자인 마크 블라이스가 이전 논문에서 인플레이션은 계층 특정적 세금class-specific tax이라고 지적한 것과도 일맥상통한다.[8]

기본적으로 인플레이션이 채권자보다 채무자에게 유리하게 작용하고 채권자보다 채무자가 훨씬 많다면 표면적으로는 화폐의 실질 가치를 지키려는 시도가 '모두를 이롭게 하는 것'처럼 보일 수도 있다. 그러나 실제로는 그러한 시도가 채권자 계층에 부당할 정도로 큰 이익을 가져다준다. 잃을 것이 더 많은 그들이 훨씬 더 많은 위험에 노출되어 있다는 간단한 이유에서다. 부유층은 부를 소유한다. 다시 말해 그들은 소득을 창출하는 자산을 보유한다. 저소득층은 소득의 구매력을 지키기 위해 소비를 줄일 수 있고 실제로도 그렇게 한다. 부유층은 자산 손실에 대한 보상을 원하고 실제로 금리 인상을 통해 보상을 얻는다.

폴 크루그먼은 이런 식으로 생각하다가 우리가 인플레이션이 저소득층에 특별히 큰 타격을 준다고 여전히 믿고 있는 이유가 무엇인지 의문을 품게 되었다.[9] 크루그먼은 1970년대의 인플레이션을 분석함으로써 그 답을 조심스럽게 제시했다. 그의 지적에 따르면 1980년대 초에 인플레이션율이 하락하기 시작하자 소득 불평등이 확대되기 시작했다. 이러한 현상은 채권자들이 금리 인상을 통해 1970년대의 인플레이션으로 입은 자산 손실을 만회하는 식으로 보상을 구했으며 그러한 보상이 저소득층이 낮은 인플레이션을 통해 얻은 소비 측면의 이익을 능가했다는 것을 시사한다.

부유층의 보상은 금리 인상뿐만이 아니라 초과 이익의 분배 방식을 통해서도 이루어진다. 최근 매사추세츠대의 연구진은 미국이 2022년에 화석 연료로 3,010억 달러의 이익을 창출했다고 추정했다. 그러한 이익의 분배 형태를 분석했더니 전체의 51퍼센트가 소득 상위 1퍼센트의 부유층에게 돌아갔는데, 주로 직접적인 주식 소유와 비상장 기업 소유를 통해서였다. 반면에 소득 하위 50퍼센트의 계층은 이익의 1퍼센트만을 나눠 받았다. 연구진은 "2021년 대비 2022년의 화석 연료 이익 증가분만으로도 미국에서 가장 부유한 이들은 가처분소득이 6퍼센트 증가했으며 인플레이션으로 인한 구매력 손실을 전부 만회할 수 있었다. 그 결과 인플레이션 불평등은 더욱 심화되었다"라고 밝혔다.[10]

그러나 초점을 소득에만 맞추더라도 복잡한 문제가 나타난다. 최근에 『이코노미스트』는 "인플레이션이 저소득층에 가장 큰 타격을 준다는 슬프고도 오래된 진리는 여전히 적용된다. 단, 항상 그런 것은 아니다"라고 지적했다.[11] 「이코노미스트」가 런던정경대학의 교수인 자비에 자라벨Xavier Jaravel의 연구를 근거로 펼친 주장에 따르면 사실 미국에서 실질 소득에 가장 큰 타격을 입은 소득 집단은 중산층이라고 한다.[12] 자라벨은 미국의 소득 백분위수income percentile(어떤 사람이 소득 분포도에서 차지하는 위치)와 인플레이션 간의 관계를 세밀하게 분석함으로써 자신의 주장을 입증했다. 그러한 결과는 뒤집힌 U자 곡선의 형태였다. 다시 말해 뒤집힌 U자 곡선의 꼭대기에 해당하는 중산층이 가장 큰 고통을 받는다는 것이다. 반면에 양쪽 끝에 해당하는 계층(매우 가난한 사람과 극도로 잘사는 사람)이 경험한 인플레이션의 복지 감소 효과는 훨씬 덜했다.

인플레이션으로 인해 이익을 보는 계층과 손해를 입는 계층이 '무작위적으로' 정해지는 것처럼 보이는 이유는 인플레이션의 세 번째 경로인 소비 경로consumption channel를 살펴봄으로써 간단히 이해할 수 있다. 소비 경로의 효과는 우리가 어떤 종류의 재화를 소비하는지에 좌우된다. 예를 들어 육류 가격이 상승해도 채식주의자들은 큰 타격을 받지 않는다. 그러나 소비 패턴은 채식주의 여부보다 훨씬 더 복잡하고 다양한 차원의 요소(연령, 성별, 교육 기간 등)에 따라 극명히 달라진다. 따라서 실제로는 소득 분포와 자산 분포별로 다양한 계층이 각자 소비하는 상품 바구니에 따라 서로 다른 형태의 인플레이션을 경험하게 된다.

스페인의 중앙은행과 빌바오 비스카야 아르헨티나 은행BBVA에 소속된 경제 분석가들은 그러한 사실을 단서로 삼아 소득 효과, 피셔 효과, 소비 경로 가운데 무엇이 2021년의 인플레이션 때 스페인의 각 계층에 가장 큰 영향을 끼쳤는지 조사했다. 그들은 스페인 소비자들의 세부적인 신용카드 거래 데이터를 분석하여 소득 효과와 피셔 효과가 부의 불평등을 심화하는 주요 요인이며 소비 경로가 소득에 미치는 영향은 상대적으로 작다는 결과를 얻었고 그 덕분에 누가 인플레이션의 수혜자이고 누가 피해자인지를 좀 더 명확히 가려낼 수 있었다. 해당 연구에서 피해자로 밝혀진 65세 이상의 저소득 고령층은 소득이 13퍼센트 가까이 감소했다. 반면에 수혜자는 36세에서 45세 사이의 저소득층이었는데, 그중 대부분이 채무자이기도 했다. 이들의 소득 감소 폭은 (1퍼센트 미만으로) 저소득 고령층에 비하면 매우 미미했다. 게다가 이들은 채무 부담이 줄어드는 혜택까지 누렸다.

그렇다면 이러한 결과는 소비 경로가 그다지 중요하지 않다는 것을 시사할까? 어쨌든 우리는 저소득층의 소비 행태를 통해 인플레이션이 '가난한 사람들에게 해를 끼친다'라고 생각하는 경향이 있다. 소비 경로가 스페인에서는 다른 두 경로에 비해 상대적으로 덜 중요해 보였지만, 미국에서는 여전히 중요한 역할을 했다. 그렇다면 미국 소비자들이 스페인 소비자들보다 소득 효과에 더 큰 영향을 받은 이유는 무엇일까? 가장 큰 이유 중 하나는 미국인들의 자동차 의존도가 극도로 높기 때문이었다.[13]

자라벨이 뒤집힌 U자 곡선을 형성하는 사람들의 지출 행태를 살펴보니 미국인들은 다른 나라 소비자들보다 자동차와 휘발유에 훨씬 더 많은 돈을 들였다. 미국의 중산층은 결코 평균적인 소비자가 아니었다. 이들은 세계에서 가장 많은 시간을 출퇴근에 쓰는 집단이기도 했다. 그렇기에 2020년부터 2022년까지 휘발유 가격이 두 배로 뛰고 중고차 가격이 약 50퍼센트 상승했을 때 직격탄을 맞을 수밖에 없었다. 그렇다고 부유한 미국인들이 자동차에 돈을 쓰지 않는다는 이야기는 아니다. 그들도 분명 자동차, 그것도 훨씬 더 비싼 차종에 돈을 쓴다. 다만 그들은 자동차 이외의 상품에 훨씬 더 많은 돈을 지출하기 때문에 중산층에 비해 자동차에 돈을 덜 쓰는 경향이 있다. 이처럼 부유층의 경우 전체 소비에서 자동차 지출이 차지하는 비중이 작으므로 자동차와 휘발유 가격의 상승으로도 큰 타격을 입지 않은 것이다.

이러한 차이는 미국 안에서도 지역과 인종에 따라 불균형하게 나타났다. 농촌 지역 미국인들은 도시 거주자보다 자동차를 더 많이 사용하기에 인플레이션의 피해자가 되었다. 한편 뉴욕 연준 은행에 소속된 경제 분석가들의 추정에 따르면, 2021년과 2022년에 미국에서 가격 상승의 타격을 가장 크게 받은 집단은 흑인과 히스패닉이었다고 한다.[14] 역시나 그 이유는 미국의 흑인과 히스패닉이 다른 집단보다 휘발유와 중고차에 더 많은 돈을 쓰는 경향이 있기 때문이었다. 간단히 말해 우리가 누구인지, 어디에 사는지, 어떤 인종인지, 얼마나 많이 운전하는지가 무엇을 소비하는지를 결정짓고 결국에는 인플레이션의 수혜자가 될지 피해자가 될지를 판가름한다. 우리 모두가 인플레이션의 고통을 동등하게 겪는 것은 아니다.

유럽에서도 비슷한 양상이 나타났다. 다만, 유럽의 경우에는 인플레이션이 자동차가 아니라 난방용 가스 가격의 상승을 통해 저소득층을 가장 크게 강타했다. 유럽중앙은행의 경제 분석가들은 2022년의 인플레이션이 주로 저소득 가구에 타격을 주었다면서, 일부 국가가 가격 상승에 따른 피해를 보상해주기 위해 취한 재정 조치가 그러한 타격을 부분적으로만 막아주었다고 추정했다.[15] 이러한 통찰을 바탕으로 유럽중앙은행의 경제학자들은 2022년에 발표한 다른 연구에서 소득 최하위층과 소득 최상위층이 실제로 체감하는 인플레이션율의 격차를 인플레이션 불평등으로 보았으며, 유로 지역의 인플레이션 불평등이 2006년 이후로 최고 수준에 도달했다고 평가했다.[16] 이러한 격차의 원인은 유럽의 인플레이션이 주로 에너지와 식품 가격의 상승에서 비롯되었다는 점이었다. 이 두 가지 부문의 분배 효과가 강력하게 나타나는 까닭은 바로 저소득층은 소득 중 상대적으로 큰 부분을 에너지와 식품에 지출하기 때문이다. 마찬가지로 이탈리아에서도 인플레이션이 소득 불평등의 심화로 이어졌다. 식품과 에너지 가격이 가장 큰 폭으로 상승하자 인플레이션이 소득 최상위층과 소득 최하위층 간의 구매력 격차를 벌려놓았다.[17] 이탈리아에서도 그러한 격차는 저소득층의 소비 행태 때문에 발생했다.

국가 간의 인플레이션 불평등

인플레이션의 불평등 효과는 계층뿐만 아니라 국가별로도 차이가 났다. 유럽 국가들은 비슷한 수준의 에너지 위기와 공급망 충격을 겪었지만 저마다 다른 수준의 인플레이션과 인플레이션 불평등을 경험했다. 도표 6.1은 2022년 10월 기준으로 인플레이션율(가로축)과 인플레이션 불평등(세로축) 간의 관계를 보여준다. 여기에서 인플레이션 불평등은 각 국가의 소득 최하위 가구(소득 분포상 최하위 분위수)와 최상위 가구(최상위 분위수)가 경험하는 인플레이션율의 차이 값으로 계산된

도표 6.1 2022년 10월 기준 유럽의 인플레이션율과 인플레이션 불평등[18]

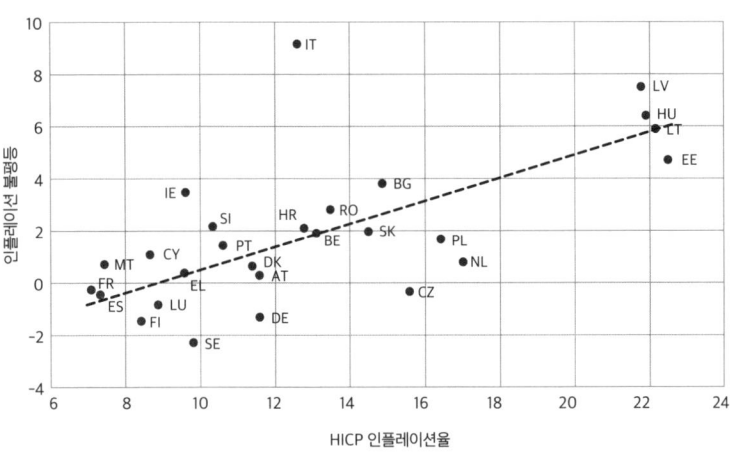

출처 브뤼겔 연구소의 2022년 연구를 필자가 보완
주 인플레이션 불평등은 소득 최하위 분위수(quantile)와 최상위 분위수의 차이로 정의된다. 도표에 표시된 국가는 다음과 같다.

AT - 오스트리아	BE - 벨기에	BG - 불가리아	CY - 키프로스
CZ - 체코	DE - 독일	DK - 덴마크	EE - 에스토니아
EL - 그리스	ES - 스페인	FI - 핀란드	FR - 프랑스
HR - 크로아티아	HU - 헝가리	IE - 아일랜드	IT - 이탈리아
LT - 리투아니아	LU - 룩셈부르크	LV - 라트비아	MT - 몰타
NL - 네덜란드	PL - 폴란드	PT - 포르투갈	RO - 루마니아
SE - 스웨덴	SI - 슬로베니아	SK - 슬로바키아	

다. 그래프에서 오른쪽으로 치우칠수록 인플레이션율이 높은 나라임을 의미한다. 한편 그래프에서 위쪽으로 향할수록 인플레이션 불평등이 심한 나라다.

인플레이션율이 가장 높은 국가들이라고 해서 반드시 인플레이션 불평등 정도가 가장 높았던 것은 아니다. 그 예시로서 이탈리아와 독일을 보자. 이탈리아와 독일의 인플레이션율은 각각 12.57퍼센트와 11.56퍼센트로 비슷했다. 그러나 인플레이션 불평등은 이탈리아가

9.13퍼센트로 유럽에서 가장 높았던 반면에 독일은 마이너스 1.29퍼센트로 오히려 음수였다. 인플레이션율은 비슷했지만 이탈리아의 빈부 격차는 확대되었고 독일의 빈부 격차는 오히려 줄어들었다는 이야기다. 왜 이런 차이가 생겼을까? 그 이유는 이탈리아의 저소득층이 고소득층보다 더 높은 인플레이션을 경험한 반면에 독일에서는 고소득층이 저소득층보다 인플레이션에 더 많이 노출되었기 때문이다. 브뤼겔Bruegel 연구소는 이런 차이의 원인이 무엇인지 연구했고 세 가지 원인을 밝혀냈다.

첫 번째 원인은 소비 패턴이었다. 가난한 사람의 소득에서는 생필품 지출이 상대적으로 큰 비중을 차지하는 반면에 부자의 소득에서는 사치품 지출이 더 큰 비중을 차지한다. 이 정도는 잘 알려진 사실이다. 그러나 이러한 차이는 국가별로 매우 다르게 나타난다. 예를 들어 체코 공화국의 경우, 부유층과 저소득층의 소비 패턴이 비슷하기에 인플레이션 불평등이 줄어들었다. 2022년에 가스 가격이 52.86퍼센트나 올랐지만 모두가 비슷한 영향을 받았다. 체코에서는 부유층과 저소득층 간 가스 소비 비중의 차이가 0.10퍼센트포인트에 지나지 않았기 때문이다. 이와 대조적으로 불가리아의 인플레이션율은 체코와 비슷했지만 인플레이션 불평등은 확대되었다. 그 까닭은 부유층과 저소득층의 에너지 소비 패턴이 체코에 비해 크게 달랐기 때문이다. 불가리아에서는 소비 중에서 에너지 지출이 차지하는 비중이 저소득층의 경우 부유층보다 10퍼센트포인트 더 컸는데, 이는 체코의 경우보다 100배나 더 큰 차이였다.

두 번째로, 앞서 언급했듯이 사람들의 지출 항목은 소득 수준에 따라 달라지며 이러한 차이는 인플레이션 불평등에 영향을 끼친다. 설령 부유층과 저소득층 모두 소득에서 에너지나 식품 등의 항목이 차지하는 비중이 비슷하더라도 부유층이 더 많이 소비하는 그 이외 항목의 가격 변동이 인플레이션 불평등에 영향을 줄 수 있다. 바로 이러한 이유 때문에 이탈리아와 독일이 비슷한 수준의 인플레이션을 겪었음에도 인플레이션 불평등에서는 차이를 보인 것이다. 두 나라 모두 기본적으로는 에너지 인플레이션 때문에 부유층과 저소득층 사이의 격차가 벌어졌다.

그러나 독일에서는 이러한 격차가 자동차라는 한 가지 항목 때문에 좁혀졌다.[19] 독일의 부유층은 미국인 전반과 마찬가지로 소득의 큰 부분을 자동차에 지출하는 경향이 있는데, 공급망 차질로 인해 크게 상승한 자동차 가격이 독일 부유층의 경제 사정에 부담을 가한 것이다. 이러한 사실은 인플레이션 불평등의 새로운 양상을 조명해준다. 인플레이션 불평등이 낮다고 해서 반드시 저소득층의 상황이 개선되었다는 뜻은 아니다. 그보다 독일의 인플레이션 불평등이 더 낮게 나타난 까닭은 독일 부유층이 독특한 소비 패턴 때문에 인플레이션이 닥쳤을 때 다른 나라 부유층보다 더 큰 '고통'을 겪었기 때문이다.

국가별로 인플레이션 불평등이 다르게 나타난 세 번째 원인은 정부 정책이었다. 앞 장에서 살펴보았듯이 정부는 가격 통제, 횡재세, 기업과의 가격 상한선 합의 같은 정책 수단을 통해 인플레이션의 피해자에게 보상을 제공할 수 있다. 브뤼겔 연구소의 논문에는 이와 관련된 사례로서 에스토니아와 몰타를 비교 분석한 내용이 실려 있다. 둘 다 유럽의 소국으로서 비슷한 수준의 인플레이션 불평등을 경험했으며, 에너지 가격 상한제를 통해 인플레이션 불평등을 억제하려 했다. 그러나 에스토니아가 상한제를 폐지하자 인플레이션 불평등은 2022년 3월부터 7월까지 1.35에서 6.96으로 치솟았다. 반면에 상한제를 유지한 몰타에서는 인플레이션 불평등이 0.20과 0.30 사이로 꾸준히 유지되었다.

유럽중앙은행의 비슷한 연구에서도 유럽 각국 정부가 시행한 가격·소득 정책이 소비자 물가 상승에서 비롯된 불평등을 줄이는 데 도움을 주었다는 결과가 나왔다.[20] 연구진은 정부 조치가 없었다면 2022년에 인플레이션율이 1.6퍼센트포인트 더 높아졌을 것으로 추정했다. 무엇보다도 주의를 끄는 사실은 이러한 정책들이 '저소득 가구와 고소득 가구 간 인플레이션 격차의 약 60퍼센트를 해소했다'라는 점이다. 특히 현금 지급이나 소득세 감면 같은 소득 지원 정책은 가격 상한제보다 불평등 완화 효과가 세 배나 더 컸다. 그 까닭은 소득 지원이 철저히 저소득 가구를 대상으로 삼았던 반면에 가격 통제는 효과가 떨어지고 더 큰 재정 부담을 유발했기 때문이다.

요약하자면 인플레이션이 모든 사람에게 타격을 주었을지는 몰라도 여전히 가장 큰 피해를 입은 이들은 가장 가난한 사람들이다. 이는 우리가 이미 잘 알고 있는 사실이다. 그러나 손실과 이익의 분포는 우리가 흔히 생각하는 것보다 훨씬 더 넓게 분산되어 있다. 게다가 인플레이션이 소득과 자산에 미치는 효과는 매우 다양하다. 우리는 흔히 특정 국가에 하나의 인플레이션율만 적용된다고 생각한다. 그러나 인플레이션을 여러 경로를 통해 분석해보면 국가 간은 물론이고 같은 나라 안에서도 계층마다 상당히 다른 인플레이션율을 경험한다는 사실을 알 수 있다. 그렇다면 저소득층이 여전히 가장 큰 고통을 겪고 부유층은 금리 인상을 통해 어느 정도 보상을 받는다고 할 때 인플레이션의 진정한 승자는 누구일까? 그 답을 구하려면 더 이상 경제를 소득 분포라는 관점으로만 해석해서는 안 되며 그 대신에 자본주의의 잉여 가치를 두고 기업과 근로자가 갈등을 벌이는 구조로 바라보기 시작해야 한다.

인플레이션과 계층 간 갈등: 근로자 대 기업

2022년 말, 거시경제학자인 올리비에 블랑샤르는 "인플레이션과 중앙은행 정책에 대한 논의에서 인플레이션이 근본적으로 기업, 근로자, 납세자 간에 일어나는 분배 갈등의 결과라는 사실은 종종 간과된다. 인플레이션은 다양한 행위자들이 그 결과를 어쩔 수 없이 받아들일 때에야 비로소 멈춘다"라고 말했다.[21] 블랑샤르는 어떤 의미로 인플레이션을 갈등의 일종이라 했을까? 그가 말한 갈등은 임금 인상과 가격 인상 사이의 충돌이며 더 나아가 근로자와 기업 간의 갈등을 뜻한다.

우리가 좀처럼 궁금해하지 않지만 자주 물어보아야 할 질문 하나가 있다. 그것은 '경제란 무엇인가?'라는 질문이다. 경제를 GDP로 측정되는 생산의 측면에서 정의하면, 근로자 숫자에 근로 시간을 곱한 다음에 근로자가 일할 때 사용하는 자본의 양과 질을 곱한 값에 불과하다. 정말이다. 그리고 이렇게만 해도 생산 자체를 꽤 제대로 설명할 수 있다. 그러나 이러한 공식만으로는 생산 가치가 어떻게 분배되는지, 다시 말해 누가 그 몫을 나눠 받으며 왜 그들이 그만큼의 몫을 차지하는지 전혀 알아낼 수 없다.

평상시에는 이런 문제가 뒷전으로 밀려난다. 우리는 '근로자는 한계 생산성에 따라 보수를 받는다'라는 미시경제학자들의 진부한 말을 진리로 받아들인다. 왜 은행 중역이 간호사보다 수백 배 더 많은 보수를 받느냐 같은 의문을 품지도 않는다. (그런데 은행 중역이 정말로 훨씬 더 생산적일까? 심지어 한계 생산성도 더 높을까?) 그렇게 해서 갈등은 인플레이션 시기에만 수면 위로 드러난다. 인플레이션 시기에 기업은 임금으로 지출하는 비용을 감안하여 가격을 올리려 하고, 근로자는 구매력을 유지하기 위해 임금 인상을 요구한다. 바로 이러한 상황에서 갈등이 발생한다. 이는 제4장에서 살펴본 노동시장 이야기를 또 다른 각도에서 바라볼 때 발견할 수 있는 사실이다.

블랑샤르는 갈등이 외생적 요인에서 비롯될 수 있다고 주장했다. 에너지 가격이 예기치 않게 뛰어오르면 기업들은 중간재의 비용 상승을 반영하기 위해 제품 가격을 올리기 때문이다. 그러나 갈등은 자본주의 자체의 내생적 요인에서 비롯될 수도 있다고 한다. 근로자들이 인플레이션 덕분에 임금 인상 협상에 있어 유리한 위치에 설 때가 그렇다. 기억하겠지만 이것이 바로 필립스 곡선이 만들어내는 임금-물가 악순환의 배후에 있는 메커니즘이다. 필립스 곡선은 적어도 이론상으로는 인플레이션을 낮추기 위해서는 실업률이 올라가야 하는 세계를 상정한다. 반대로 실업률이 너무 낮을 때 근로자들은 임금 인상을 요구할 수 있는데, 일자리가 많으니 다른 곳에 지원하면 되기 때문이다. 이처럼 노동시장이 '타이트'해지면 기업은 제한된 노동력을 확보하기 위해 더 높은 임금을 지급해야 하므로 임금이 상승한다. 기업이 이익을 유지하기 위해 임금 인상의 비용을 상품과 서비스 가격에 전가하면 인플레이션율이 상승한다. 이 같은 세계에서는 전반적으로 모두가 손해를 보기 때문에 인플레이션의 수혜자가 누구인지 판단하기가 매우 어렵다. 모든 사람이 잠깐 수혜자가 되는 것처럼 보이는 동시에 영원한 피해자처럼 보이기도 한다.

중앙은행은 인플레이션으로 인한 갈등을 몹시도 두려워한다. 실제로 유럽중앙은행의 크리스틴 라가르드Christine Lagarde 총재도 2023년 2월에 다음과 같은 발언으로 그러한 두려움을 표시했다. "노동시장을 보면 강력한 고용 활력에 힘입어 임금이 전보다 더 빠르게 오르고 있지만 임금 협상의 주요 쟁점은 임금이 높은 인플레이션을 어느 정도까지 따라갈 수 있느냐는 것이다. 장기적인 인플레이션 기대치를 보여주는 지표 대다수는 현재 2퍼센트 정도에 머물고 있지만, 이러한 지표들 역시 지속적인 모니터링이 필요하다."[22]

다시 말해서 유럽중앙은행은 근로자들의 임금 협상 방식이 통제 불가능한 인플레이션의 촉매제가 될지도 모른다는 우려를 품고 있다. 역시나 그 끔찍한 임금-물가 악순환이 두려움의 대상인 것이다.[23] 그렇다면 그러한 악순환이 실제로 발생하고 있을까? 오늘날의 노사 갈등도 1970년대의 갈등처럼 임금-물가 악순환을 일으킨 (또는 그랬을 가능성이 있는) 제로섬 게임일까? 제4장에서 살펴보았듯이 노조 조직률이 하락하고 있는 현실을 감안하면 그럴 가능성은 거의 없다. 그러나 2021년부터 2023년 사이에 실제로 무슨 일이 일어났는지를 파악하려면 인플레이션이 나타났던 그 시기에 근로자의 실질임금과 기업의 이익률이 어떻게 변동했는지를 살펴봐야 한다.

임금-물가 악순환의 피해자?

간단히 말해 2021~2023년의 인플레이션 시기에 임금이 상승한 것은 사실이지만 물가 상승을 상쇄할 만큼은 아니었다. 2023년 1분기에 OECD에 속한 선진국에서는 명목임금의 평균 상승률이 5.6퍼센트였다. 그래서 일반적으로 근로자들의 급여 명세서에는 전보다 더 큰 금액이 표시되었다. 그러나 실질임금 상승률은 마이너스 3.8퍼센트였다.

다시 말해 기업은 상승한 생활비를 보전해준다며 임금을 올렸지만 오른 임금도 생활비 상승분을 상쇄하기에는 턱없이 부족했다. 중요한 점은 실질임금 하락이 2023년 1분기에만 국한된 현상은 아니라는 사실이다. OECD는 명목임금과 실질임금의 누적 변동에 대한 자료도 제공하는데, 해당 자료를 보면 코로나19 이전인 2019년 4분기부터 2022년 4분기까지 명목임금과 실질임금이 얼마만큼 증가했는지를 알 수 있다.[24] 자료에 따르면 전반적으로 실질임금은 마이너스 2.2퍼센트의 상승률을 보이며 여전히 감소하는 추세다. 도표 6.2는 OECD 국가들의 명목임금과 실질임금을 나란히 보여준다. 이를 보면 실질임금의 상승률이 양(+)의 값을 보인 나라는 소수에 불과하며 그마저도 상승 폭은 제한적이었음을 알 수 있다.

요약하자면 최근의 인플레이션으로 인해 갈등이 일어났을 때 근로자는 승리하지 못했다. 그 주된 이유는 앞서 언급했듯이 오늘날에는 1970년대보다 근로자의 세력이 훨씬 더 약해졌기 때문이다. 알다시피 근로자의 협상력 약화는 지난 수십 년 동안 노조 조직률이 급격히 하락함에 따른 결과다. 노조 조직률이 하락하자 임금과 인플레이션 사이의 상관관계도 희박해졌다. 그뿐만 아니라 데이비드 블랜치플라워David

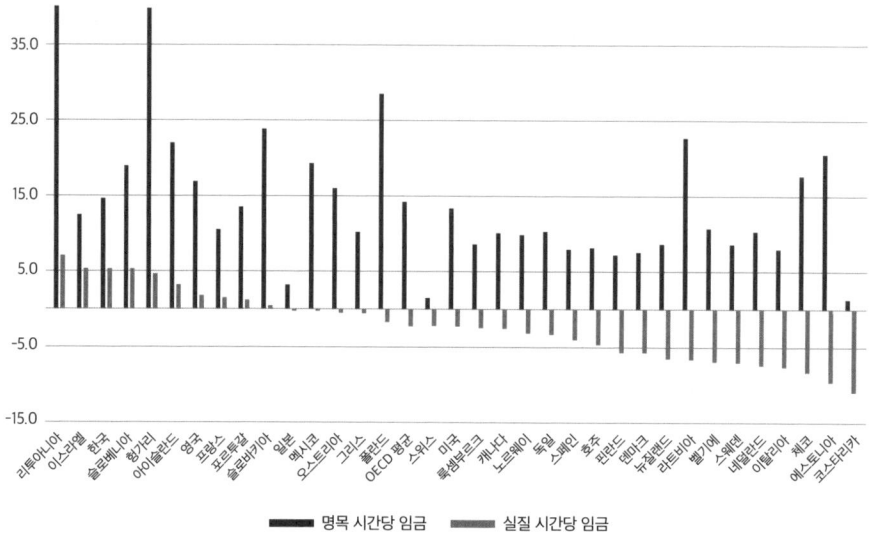

도표 6.2 OECD 국가별 명목 시급과 실질 시급의 누적 변동

■ 명목 시간당 임금　■ 실질 시간당 임금

출처 OECD

Blanchflower와 알렉스 브라이슨Alex Bryson이 주장했듯이 중앙은행이 금리를 인상하면 저임금 근로자들이 신용 대출을 통해 기존의 소비 수준을 유지하기가 어려워진다.[25] 대출 비용이 올라가서 근로자들이 소비를 줄이면 경기가 위축되어 노동 수요가 한층 더 낮아지며, 그 결과 저소득층 근로자가 일자리를 잃을 위험성이 높아진다.

반대로 기업(최소한 기업 중 상당수)은 인플레이션의 수혜자였다. 우리는 제3장에서 탐욕 인플레이션, 더 정확히는 판매자 인플레이션을 다루었으며 그러한 현상이 일어나고 있다는 징후가 뚜렷이 보이지만 결정적이지는 않다는 결론을 내렸다. 그러한 판단은 각국의 전반적인 인플레이션 동력, 특히 그 근원과 관련해서는 여전히 유효하다. 그러나 구체적인 사례를 살펴보면 기업들이 인플레이션을 이용하여 과거보다 훨씬 더 큰 이윤을 챙겼으며 실질임금의 상승이 정체된 상황에서 그 같은 일이 발생했다는 근거를 충분히 찾을 수 있다.[26] 다시 말해 근로자는 임금 인상을 밀어붙일 만큼 강력하지 못했던 반면에 기업은 그처럼 불균형한 상황을 이용하여 더 높은 가격을 책정했다. 놀라운 일도 아니다. 다름 아닌 애덤 스미스Adam Smith가 이미 지적했듯이 "높은 이윤은 높은 임금보다 가격을 끌어올리는 경향이 훨씬 더 심하다".[27]

스미스의 견해를 반영하듯이 IMF는 2022~23년의 기업 이익 증가가 유럽 인플레이션의 절반 가까이인 45퍼센트를 유발했다고 추정했다(도표 6.3 참조). 두 번째 주요 동력은 공급망 교란으로 인한 수입 물가 상승으로서 인플레이션의 40퍼센트를 유발했다. 그러나 노동 비용이 전반적인 물가 상승에 끼친 영향은 미미했다. IMF의 연구는 기업들이 "명목적인 비용 충격 이상을 가격에 전가했다"라고 지적했다.[28] 기업의 이익이 중간재 가격 상승에 대응하는 데 필요했던 가격 인상 수준을 넘어섰으며 그 결과 기업이 '근로자보다 상대적으로 더 잘 버텼다'라는 이야기다. 인플레이션을 보정한 기업 이익은 코로나19 팬데믹 이전보다 1퍼센트 증가한 반면에 노동 비용은 팬데믹 이전보다 2퍼센트 감소했다. 이 모든 요소를 종합하면 기업이 큰 승리를 거둔 셈이다. 이와 대조적으로 유럽에 비해 미국에서는 좀 더 일찍감치 기업 이익이 인플레이션을 끌어올렸으며 뒤이어 노동 비용 상승이 동반되었다.[29]

과연 기업은 인플레이션의 명백한 수혜자일까?

도표 6.3은 2021년부터 2024년까지 근로자가 인플레이션의 피해자

도표 6.3 미국과 유로 지역 인플레이션에 대한 기업 이익과 노동 비용의 기여도[30]

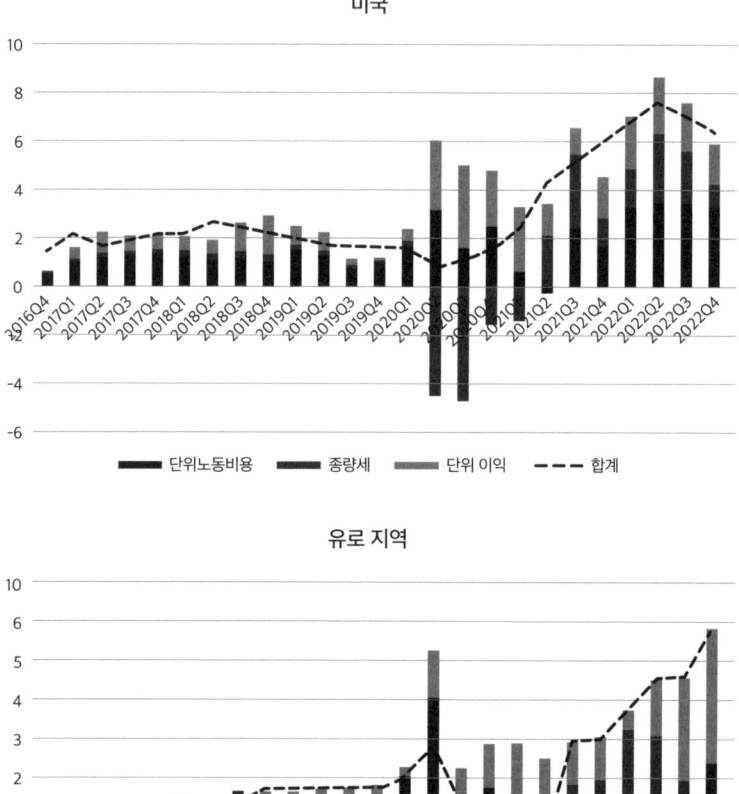

출처 한센(Hansen)과 그 외 저자의 2023년 연구 데이터에 근거한 융과 헤이스(Jung and Hayes)의 2023년 연구. 단위 이익(unit profit)은 GDP 단위당 이익, 단위 노동 비용(unit labor cost)은 실질 GDP 단위당 노동 보수, 종량세(unit tax)는 GDP 단위당 세금에서 보조금을 차감한 금액을 가리킨다.

였고 기업은 비용을 전가하며 가격을 끌어올렸다는 것을 명확히 보여준다. 하지만 그렇다고 해서 누가 최종 승자냐는 의문이 완전히 해소된 것은 아니다. 우선 지금까지는 이익이 임금보다 더 빠른 속도로 증가해왔으나 미래에는 임금이 일반적인 예상치보다 더 큰 폭으로 늘어날지도 모른다. 특히 미국에서는 임금이 오랫동안 정체되었지만 2017년부터 그러한 추세가 반전되기 시작하여 지금까지 상승세를 이어가고 있다. 특히 미국 소득 분포상 1분위수quintile(분위수는 소득 분포를 5등분한 구간으로 1분위수와 2분위수는 소득 하위 40퍼센트를 나타냄 – 옮긴이)와 2분위수의 경우에는 임금이 실질적으로 증가했으며 인상폭도 상당했다. 불평등을 연구하는 경제학자들의 계산에 따르면 지난 5년 동안 미국의 임금 불평등은 4분의 1 가까이 감소했다고 한다. 여기에 근로자의 대규모 은퇴와 이민 노동력의 부족까지 감안하면 기업 이익 증가가 임금 증가를 앞지른 현재의 상황은 일시적인 것에 그칠 가능성도 있다.

둘째로 더 큰 이익을 얻었다고 해서 기업이 반드시 인플레이션의 수혜자가 되는 것은 아니다. 직관에 반하는 말처럼 들릴 수 있지만 그 이유는 단위 이익과 마크업markup(판매가 책정을 위해 원가에 추가하는 이익률로서 원가 대비 이익률이라고도 함-옮긴이)의 차이에 있다. 둘의 차이는 절차상의 차이에 지나지 않는 것처럼 보일 수도 있지만 기업이 단순히 인플레이션으로부터 스스로를 방어한 것인지, 아니면 인플레이션을 이용해 다른 이들의 몫을 취한 것인지를 이해하는 데 중요한 단서가 된다. 다시 말해 단위 이익과 마크업은 기업이 단지 자기방어에 성공한 인플레이션의 수혜자인지, 아니면 인플레이션을 악용한 가해자인지 판별하는 데 도움을 준다.

예시를 살펴보면 이익과 마크업의 차이를 좀 더 분명히 이해할 수 있다. 가령 어떤 기업이 상품을 생산하여 120달러에 판다고 하자. 생산 비용이 100달러이므로 생산자는 20퍼센트의 마크업을 붙여 20달러의 이익을 남긴다. 이제 에너지 충격으로 생산 비용이 100퍼센트 상승했다고 가정해보자(지나치게 높은 인플레이션율이지만 예시를 단순화하기 위해 이렇게 설정한다). 그러면 상품의 판매 가격은 240달러가 된다. 즉 생산비 200달러에 20퍼센트의 마크업을 붙여 40달러의 이윤을 얻게 되는 것이다. 단위 이익은 20달러에서 40달러로 두 배가 되었지만, 실제로 기업이 가격 중에서 자기 몫으로 챙기는 비중인 마크업은 여전히 20퍼센트를 유지했다. 이렇게 이익과 마크업을 비교해보면 기업들이 인플레이션을 통해 이득을 보고 싶어 했다고 해서 기업 이익의 급증이 인플레이션을 유발했다고 단정 짓기는 어렵다.[31] 기업이 에너지 가격이나 운송비 같은 중간재 비용 상승에 대응해 판매가격을 인상하여 더 큰 이익(현금 기준)을 얻었을 수도 있다. 그러나 마크업이 상승했어도 세금이나 이자비용 등 다른 요인으로 인해 순이익은 뚜렷이 증가하지 않았을 가능성이 크다.

이런 점을 감안할 때, 이익만이 아니라 마크업 역시 상승했는지, 마크업의 상승이 인플레이션을 부추겼는지를 이해할 필요가 있다. 그러나 이 역시 결코 쉬운 문제가 아니다. 수입 중간재에 대한 종합적인 데이터를 확보하기가 매우 어렵기 때문이다. 가격 변동이 중간재 비용 변동 한 가지에 얼마만큼 좌우되는지를 파악하기 위해서는 그러한 데이터가 필요하다. 간단한 예시를 들자면 우리가 이용하는 미용실이 커트 가격을 올렸다는 사실은 쉽게 알 수 있다. 그러나 공과금 인상이나 크루즈에서의 여름휴가 계획 중에서 무엇이 얼마만큼 가격 인상에 작용했는지 구별해내기란 쉽지 않다. 이러한 어려움에도 일부 연구자들은 데이터가 충분히 쌓인 몇몇 국가에서 기업의 이익률을 추정하는 데 성공했고 그 과정에서 매우 흥미로운 사실을 발견했다.[32] 그 내용은 다음 항목에서 알아볼 것이다.

마크업을 통한 기업의 이익 증가

유럽과 비교했을 때, 에너지 비용은 미국의 인플레이션을 끌어올리는 데 상대적으로 미미한 역할을 했다.[33] 어느 추정에 따르면 기업들이 에너지 가격 인상분을 가격에 전가한 결과로 마크업이 증가했고 그에 따라 기업의 이익 분배금 profit share이 평균적으로 약 10퍼센트 늘어났다고 한다. 임금은 좀 더 중요한 역할을 했는데, 2020년부터 2022년까지 이익 분배금의 증가 가운데 임금이 유발한 비중은 25퍼센트였다.[34] 그러나 이 시기 인플레이션의 진정한 '주범'은 에너지 가격이나 임금 인상분의 가격 전가로는 설명되지 않는 마크업이었다. 같은 분석에 따르면 이처럼 원가 인상분을 넘어선 마크업이 2020~2022년 동안 미국 기업의 이익 분배금 증가분 가운데 거의 3분의 2를 유발한 것으로 추정된다.

연구마다 추정치의 크기와 방법론은 다르지만 기본적인 이야기는 비슷하다.[35] 캔자스시티 연준은행의 연구에 따르면 미국이 2021년 인플레이션 가운데 50퍼센트 이상이 마크업 증가에서 비롯된 것으로 보인다. 한편 루스벨트 연구소 Roosevelt Institute의 연구에서는 2021년에 미국 기업들의 마크업이 1955년 이후로 역사상 최고 수준에 도달했다는 결과가 나타났다. 그러나 마크업이 미국 기업 전반에 걸쳐 균등하게 증가한 것은 아니었다.[36] 시장 지배력이 더 큰, 즉 경쟁이 덜한 기업은 치열한 경쟁에 맞서야 하는 기업보다 마크업을 한층 더 큰 폭으로 늘릴 수 있었다.

유럽의 상황은 조금 다르다. 독일과 이탈리아에서는 일부 부문을 제외하면 마크업이 크게 변화하지 않았으며, 변화했다 하더라도 대부분 팬데믹 이전 수준으로 돌아왔다.[37] 그러나 네덜란드에서는 가격 인상의 26퍼센트가 마크업에서 비롯되었다.[38] 카르스텐 융과 크리스 헤이스는 연구를 통해 미국, 영국, 독일, 브라질, 남아프리카공화국의 상장 기업들을 분석함으로써 마크업에 대한 근거 자료를 조사했다. 융과 헤이스는 평균적으로 모든 국가에서 기업의 이익률이 증가했다는 사실을 발견했다.[39] 유럽에서는 미국에 비해 그러한 추세가 그리 두드러지지 않았지만, 기업들은 분명히 추가 비용을 충당하는 수준을 넘어서 마크업을 늘렸다. 이들이 물가 상승을 기회로 삼아 가격을 올리고 그에 따라 이익까지 증대한 것은 부인할 수 없는 사실이었다. 「월스트리트 저널」은 "평소라면 고객의 심기를 건드릴까 봐 가격의 대폭 인상을 주저하던 기업들이 경제 전반의 인플레이션을 핑계 삼아 이익률을 방어하려 했던 것으로 보인다"라고 지적했다.[40] 그러나 일부 기업이 단순히 비용 상승으로부터 스스로를 방어하는 수준에 그쳤던 반면에 기업 상당수는 인플레이션 상황을 이용하여 가격을 방어에 필요한 수준 이상으로 끌어올렸다.

에너지 기업들은 마크업을 통해 상당한 이익을 올렸다.[41] OECD는

"2022년에는 단위 이익의 증가분이 지나칠 정도로 광산업과 공익사업 부문(전력, 가스, 수도 회사)에 집중되어 있었다"라고 지적했다.[42] 선진국에서는 해당 부문의 규모가 (평균적으로 경제에서 4퍼센트 정도를 차지할 정도로) 작다. 따라서 그러한 부분의 마크업 증가가 미국 같은 나라의 인플레이션에 미친 영향은 미미했다. 그러나 전체적으로는 광산업과 공익사업 등 에너지 부문의 단위 이익이 평균 40퍼센트 이상 상승했다. 앞 장에서 보았듯이 각국 정부가 에너지 부문을 상대로 다양한 조치를 해 얻어낸 수입의 일부를 가장 취약한 계층에 재분배한 것은 타당한 일이었다.

마크업 주도 인플레이션의 메커니즘은 앞서도 소개했던 이사벨라 베버와 에번 와스너의 연구에서 자세히 다루어졌다.[43] 두 사람은 소비자들이 곧바로 경쟁사 제품을 더 싼 가격에 살 것이라는 우려 때문에 기업이 평소에는 가격 인상을 꺼린다는 고찰에서 출발했다. 그러나 코로나19나 러시아-우크라이나 전쟁처럼 부문 전반에 걸친 충격이 발생하면 같은 산업 내의 다른 기업들도 뒤따라 가격을 올릴 것이라는 일종의 암묵적 합의가 이루어지므로 그에 따라 기업은 안심하고 가격을 인상할 수 있다. 그다음 단계가 중요하다. 기업들이 처음에는 이익을 방어하기 위해 가격을 올리지만, 나중에는 이익을 늘리기 위해 일부러 그런 상황을 이용할 가능성이 있다는 것이다. 한번 시도했더니 잘 통했고 다른 기업이 더 낮은 가격의 제품을 들고 나타나 시장 점유율을 빼앗아 가지 않는다면 다시 가격을 인상하지 않을 이유가 있겠는가?

기업들이 강력한 시장 지배력을 발휘할 때는 그렇게 하기가 훨씬 더 용이해진다. 앞서 알아보았듯이 소수의 기업이 특정 산업 전체를 지배할 때가 그러한 경우다. OECD의 표현을 빌리자면 경쟁이 덜 치열한 시장에서 활동하는 기업들은 가격을 비교적 쉽게 올리고 가격 인상을 통해 이익을 챙길 수 있다.[44] 이러한 메커니즘은 앞서 살펴본 융과 헤이스의 연구 결과와도 잘 맞아떨어진다. 상장 기업들은 규모가 크고 시장 지배력도 강력한 경향이 있다. 융과 헤이스의 연구에 따르면 영국의 명목 이익 증가분 가운데 90퍼센트가 단 11퍼센트의 기업에서 창출되었다고 한다(그 비중이 독일은 19퍼센트, 미국은 33퍼센트였다). 이러한 결과를 바탕으로 융과 헤이스는 "시장 지배력을 (일시적으로) 지니게 된 기업들은 사회적·경제적으로 바람직한 수준보다 높은 가격을 책정한 덕분에 자사의 이익률을 방어할 수 있었을 뿐 아니라 '초과 이익'까지도 거둘 수 있었다"라고 결론지었다.[45] 베버와 와스너의 연구 결과와 일맥상통하는 내용이다.

그러나 그들이 완곡하게 표현한 것이고 현실은 더 심각할 수도 있다. 앞서 살펴본 IMF 연구에서는 미국의 이익 주도 인플레이션이 2021년에 정점을 찍은 뒤 2022년에 진정되었다는 결과가 나왔다. 그러나 최근에 그라운드워크 컬래버러티브Groundwork Collaborative라는 민간 연구소는 분석을 통해 미국의 "기업 이익은 2023년 2분기와 3분기에 인플레이션의 53퍼센트를 유발했으며 팬데믹 시작 이후로는 [전체 인플레이션의] 3분의 1 이상을 유발했다. 그에 비해 팬데믹 이전 40년 동안에는 물가 상승의 11퍼센트만이 기업 이익 때문에 발생했다"라고 추정했다.[46]

이러한 연구 결과는 오늘날의 인플레이션이 1970년대의 인플레이션과는 또 다른 양상으로 차이를 보인다는 것을 보여준다. 1970년대의 인플레이션은 에너지 충격의 산물이었을 뿐만 아니라 근로자와 기업 간에 벌어진 갈등의 결과물이기도 했다. 그러나 오늘날에는 근로자와 기업의 갈등이 상당 부분 정리되었고 기업이 승리했다. 2023년에 몇 건의 굵직한 노사 합의가 이루어지기는 했지만 미국 근로자들의 전반적인 협상력은 떨어졌다. 경제학자와 중앙은행은 1970년대 같은 임금-물가 악순환이 시작될 것을 우려하여 실업률을 주시하는 중이지만 아직은 그러한 징후를 발견하지 못하고 있다. 그 까닭은 이제는 기업들이 그때보다 더 막강한 시장 지배력을 확보했으며 그 힘을 이용하여 마크업을 늘리는 식으로 더 많은 이익을 챙기기 때문이다. 그 결과는 인플레이션율의 상승으로 나타난다. 근로자들이 더 비싼 값을 치르면서 기업의 이익을 뒷받침해주고 있는 격이다. 요약하자면 오늘날에는 인플레이션의 승자와 패자를 가려내기가 훨씬 더 용이하다. 기업은 승리했고 근로자는 패배했다.

은행은 정말 인플레이션의 피해자일까

인플레이션의 분배 효과를 논할 때는 기업 중에서도 특수한 유형인 은행에 각별한 주목할 필요가 있다. 경쟁이 치열하지 않은 시장에서 이익률을 끌어올릴 수 있는 독점적 기업들과는 달리, 은행은 흔히 인플레이션의 피해자로 간주된다. 어쨌든 은행의 주요 활동은 돈을 빌려주는 것이고, 우리가 피셔 효과를 통해 알아봤듯이 채권자는 대출금의 가치를 깎아 먹는 인플레이션을 싫어한다. 더욱이 인플레이션은 불확실성을 키워 투자를 위축시킨다. 투자 없이는 대출 수요도 없는 만큼 은행은 타격을 입는다. 이런 이유로 은행은 항상 인플레이션에 대한 경각심을 늦추지 않는다. 예를 들어 2023년 10월에 미국의 인플레이션율이 8퍼센트에서 3퍼센트로 떨어졌음에도, 도이체방크는 연준에 미국 경제가 아직도 1970년대와 비슷한 경로를 따라갈 위험을 안고 있으며 긴축적 통화정책이 여전히 필요하다고 경고했다.[47] 그러나 은행이 정말로 인플레이션의 패자라면 왜 정부는 은행이 물가 상승으로 이익을 챙겼다면서 은행을 규제 대상으로 삼았을까? 또한 인플레이션이 최근 미국에서 발생한 은행 위기의 원인인 것일까?

은행은 인플레이션 자체로는 손실을 입지만 중앙은행의 물가 급등 대응책을 통해서는 이익을 볼 수 있다. 잘 알려져 있듯이 인플레이션율이 올라가면 중앙은행은 금리를 인상하기 시작한다. 금리 인상은 대출 비용을 끌어올리므로 은행은 더 높은 이자를 받고 돈을 빌려줄 수 있어 이득을 본다. 그러나 은행이 금리 인상을 통해 실제로 어느 정도까지 이익을 얻는지는 첫째로 경제가 얼마나 둔화하고 대출 수요가 얼마나 감소하는지, 둘째로 은행이 예금 금리는 낮게 유지하면서도 금리 인상분을 대출 금리에 얼마만큼 반영할 수 있는지에 달렸다. 첫 번째는 은행이 통제할 수 없는 요인이며 두 번째는 은행이 통제할 수 있는 요인이다.

기본적으로 중앙은행이 금리를 인상하여 대출 비용을 끌어올리면 은행은 대출 금리를 올려 늘어난 비용을 차입자에게 떠넘길 수 있다. 그러나 은행은 예금자들에게 '보상'도 제공해야 한다. 애초에 예금자들이야말로 대출해줄 돈을 은행에 맡긴 사람들이며 인플레이션 때문에 돈이 귀해졌기 때문이다. 따라서 은행이 예금자들에게 보상을 제공하려면 예금 금리를 올려야 한다. 이론적으로 은행이 그렇게 하지 않으면 예금자들은 돈을 인출하여 더 높은 이자를 주는 다른 은행에 맡기려 할 것이다. 그럼에도 은행들이 실제로는 예금자들을 홀대한 채 대출 금리만 올리는 위험을 감수했을까? 그렇다. 정말로 그렇게 했다.

앞서 제3장에서 잠깐 알아보았듯이 영국의 은행들은 금리 인상으로 얻은 이익의 43퍼센트 정도를, 프랑스 은행들은 그보다 적은 35퍼센트를, 미국 은행들은 25퍼센트를, 독일 은행들은 고작 20퍼센트를 돌려주었다.[48] 다른 나라 은행들은 이보다 더 인색했다. 이탈리아와 스페인 은행이 각각 11퍼센트와 10퍼센트에 불과한 돈을 고객들에게 환원했으며, 이에 이탈리아와 스페인 정부는 그러한 이익의 일부를 인플레이션의 피해자들에게 돌려주고자 횡재세를 도입했다. 유럽 은행들은 평균적으로 금리 인상을 통해 얻은 이익의 20퍼센트만을 고객에게 돌려주었다.

인플레이션이 은행에 유리하게 작용하는 또 다른 요인은 은행이 자금의 일정 비율을 중앙은행에 지급 준비금으로 보관해야 한다는 사실에서 비롯된다.[49] 지급 준비금 제도의 목적은 갑자기 돈이 바닥나 은행이 예금자에게 돈을 돌려주지 못하는 상황을 방지하는 것이다. 예금자들이 특정한 이유에서 공포에 휩싸여 동시에 돈을 인출하려 한다 해도 은행은 중앙은행에 예치해둔 지급 준비금의 일부를 이용해 장부에 집힌 예금 대부분을 상환할 수 있다. 전통적으로 지급 준비금에는 이자가 붙지 않았지만 세계 금융위기 이후에는 중앙은행들이 지급 준비금 잔

고에 이자를 지급하기 시작했는데, 경제에서 얼마나 많은 통화가 어디로 흘러 들어가는지(이를테면 저수익 안전 자산으로 갈지, 고수익 위험 자산으로 갈지) 파악하고 관리하기 위해서였다.

이러한 정책 변화는 인플레이션이 발생했을 때 은행들에 두둑한 지원금을 안겨주는 결과로 이어졌다. 중앙은행이 '초과 지급 준비금에 대한 이자 지급'을 통해 일종의 '인플레이션 보험'을 제공했기 때문이다. 중앙은행이 인플레이션을 억제하기 위해 금리를 인상하면 지급 준비금에 붙는 금리도 함께 올라간다. 폴 드 흐라우웨Paul De Grauwe와 위메이 지Yuemei Ji의 추정에 따르면, 2023년 6월에 각국 중앙은행이 상업은행들에 지급한 이자는 미국에서 GDP의 0.64퍼센트(1,620억 달러), 유로 지역에서 1.13퍼센트(1,520억 유로), 영국에서 1.75퍼센트(390억 파운드)에 달했다.[50] 또한 「파이낸셜 타임스」는 연준이 2년 반 동안 고금리 정책을 펼치는 동안에 미국 은행들이 1조 달러나 되는 초과 이익을 거두었다고 추산했다.[51]

리스크를 감수하여 크게 버는 은행

은행들은 인플레이션 국면에서 큰 이득을 본다. 예금자들에게는 이자를 적게 주고 중앙은행에 지급 준비금을 그냥 예치해두는 것만으로도 이자를 받을 수 있기 때문이다. 그러나 이렇게 예금자와 정부를 상대로 벌이는 거래에 위험이 따르지 않는 것은 아니다. 최근 미국 은행 부문의 혼란을 보더라도 그러한 사실을 확인할 수 있다.[52] 실리콘밸리 은행(이하 SVB), 퍼스트리퍼블릭 은행, 시그니처 은행을 비롯한 미국 지역은행들의 파산은 급격한 금리 인상이 불러온 의도치 않은 결과였다.[53]

SVB는 미국에서 열여섯 번째로 큰 은행이었으며, 퍼스트리퍼블릭 은행과 SVB의 파산은 2008년 워싱턴뮤추얼Washington Mutual의 파산 이후에 발생한 양대 은행 붕괴 사건으로 꼽힌다. 두 은행은 '금리 위험'이라는 손실 가능성에 노출되어 있었기 때문에 금리 인상을 통해 이익을 얻지 못했다.

SVB의 파산은 그러한 문제를 단적으로 보여주는 사례다. 이름에서 알 수 있듯이 이 은행의 고객은 대부분 실리콘밸리의 기술 스타트업이었다. 스타트업은 예금 규모가 엄청나게 크다는 점에서 일반적이지 않은 은행 고객이며 은행 영업에 큰 영향을 끼칠 수 있다. 미국 정부(이 경우에는 연방예금보험공사)가 25만 달러의 예금까지만 지급을 보장하기 때문이다. 평균적으로 미국 은행들의 경우에 전체 예금의 50퍼센트 정도가 연방예금보험공사에 의해 보장된다. 그러나 SVB의 예금 가운데 보장되는 비율은 7퍼센트에 불과했다.[54] 따라서 이 은행은 예금자들이 일제히 돈을 인출하려고 하는 뱅크런이 일어날 경우 파산할 위험이 컸다.[55] 게다가 SVB에는 치명적인 약점이 한 가지 더 있었다.

SVB는 보유 예금의 상당 부분을 미국 국채와 같은 채권(고정 수익 증권)에 투자했다. 채권은 정기적으로 일정한 이자를 지급하는 고도로 유동적인 채무 상품으로 일반적으로 매우 안전한 투자처로 간주된다. 평균적으로 은행들은 자산의 24퍼센트 정도를 이런 상품에 투자하지만, SVB는 무려 55퍼센트를 미국 국채에 쏟아붓기로 결정했다. 그렇다면 이처럼 안전하다고 평가되는 자산이 왜 문제가 됐을까? 문제는 채권 가격과 금리가 반대로 움직인다는 데 있다. 쉽게 말해 금리가 오르면 기존 채권의 가치는 떨어진다. 기존 채권보다는 오늘이나 내일 발행

될 신규 채권들에 더 높은 이자가 붙기 때문이다. 따라서 신규 발행 채권이 투자자들에게 훨씬 더 매력적으로 다가간다. 그 결과 기존 채권의 수요가 줄어들고 그 가격이 하락한다(당연히 그 자산 가치도 떨어진다).

채권을 대량으로 보유한 은행은 금리가 오를 때 자산 가치가 하락하는 위험에 노출된다. 물론 은행이 채권 만기일까지 버틸 수 있다면 문제가 되지 않는다. 그러나 SVB의 예금자들은 불안해져서 SVB가 보유한 국채의 만기가 도래하기 전에 예금을 인출하려 했다.[56] 이에 대응하기 위해 SVB는 국채를 시장 가격에 매각할 수밖에 없었고 손실을 떠안게 되었다. 결국 손실은 감당할 수 없는 수준으로 불어났다. SVB의 사례는 은행이 금리 인상으로 손실을 입을 수 있다는 점을 보여주지만 그러한 일은 일반적이라기보다는 예외적인 상황이다. 실제로 최근 IMF는 은행들이 이런 문제에 얼마나 취약한지 점검하는 연구를 진행한 후에 "전 세계 은행 시스템은 대체로 회복력을 유지하고 있다"라고 결론지었다.[57]

요약하자면 은행은 인플레이션을 통해 직접적인 이익을 얻는 것은 아니지만, (SVB의 파산에서 알 수 있듯이 모든 은행은 아니더라도) 일부 은행은 정부의 인플레이션 대책 덕분에 꽤 큰 혜택을 입을 수 있다. 특히 은행이 금리 인상으로 얻은 이익 중 아주 작은 부분만 예금자에게 돌려주면 상당한 이익을 챙길 수 있다. 정부가 어리석게도 초과 지급준비금에 이자까지 지급한다면 은행은 다른 데서 굴릴 수 있는 돈을 연준에 예치하기만 해도 돈을 벌 수 있는 것이다. 그러나 이러한 가능성은 시스템의 기능이 아니라 결함이다. 은행은 (간접적으로) 인플레이션의 승자이자 이용자이며 때로는 가해자가 되기도 한다. 그러나 은행이 인플레이션 시기에 쟁취하는 이익은 인플레이션 그 자체가 아니라 정책에서 비롯된다.

인플레이션이 어떻게 승자와 패자를 판가름하는지 살펴보다 보면 결국 인플레이션과의 전쟁이 계층 전쟁인가, 그리고 반드시 그렇게 될 수밖에 없는가 하는 질문으로 돌아오게 된다. 우선 첫 번째 질문에 짧게 답하자면 그렇다. 인플레이션과의 전쟁은 계층 전쟁이다. 인플레이션은 가난한 이들에게 가장 큰 타격을 주며, 이들은 물가가 내려갈 때도 가장 적은 보상을 받는다. 인플레이션이 오면 자동으로 처방되는 금리 인상은 저소득층 개개인과 가정의 삶을 더 어렵게 한다. 소득의 구매력이 줄어들면서 그들은 임대료 지급과 주택담보대출 등의 채무 상환에 더 높은 비용을 치러야 한다.

반대로 인플레이션은 일부 기업이 소비자의 희생을 대가로 이익을 증대하는 데 도움을 준다. 그런 기업은 말 그대로 인플레이션의 승자다. 중앙은행의 금리 인상은 그들에게 거의 영향을 주지 못한다. 중앙은행이 할 수 있는 일이라고는 차입 비용을 높여 기업의 투자를 위축시키는 것뿐이다. 그러나 이렇게 하면 기업은 이익을 미래 성장에 재투자하기보다는 쌓아두는 일에 더욱 치중하게 될 것이다. 따라서 차입 비용을 높이는 조치는 궁극적으로 실업을 유발하여 저소득층에 다시 한번 고통을 준다. 마지막으로 금리가 오르면 이를 통해 얻은 이익을 예금주들에게 돌려주지 않고 숨기거나 금리 위험에 노출되지 않은 은행들이 이득을 본다. 물론 은행 부문의 건전성 강화는 바람직한 일이며, 은행의 이익이 증가하면 건전성이 어느 정도 개선될 것이다. 그러나 정부가 중앙은행을 통해 특혜를 제공한다고 해서 경제가 인플레이션에서 벗어나는 데 도움을 준다고 보기는 어렵다.

그렇다면 인플레이션과의 전쟁은 계층 전쟁이 될 수밖에 없는 것일까? 아니다. 제2장과 제5장에서 보았듯이 중앙은행 내부에서도 금리 인상의 인플레이션 억제 효과에 대해 심각한 의혹이 제기되고 있으며, 금리가 장기적으로 타격을 유발할 수 있다는 우려도 크다. 볼커의 망치가 인플레이션 억제에 효과적이라 치자. 그렇다고 부담을 감당할 능력이 가장 떨어지는 사람들에게 인플레이션 억제에 따르는 그 막대하고 부당한 비용을 떠넘겨야 하는 이유가 무엇인지는 확실치 않다. 게다가 금리 인상만큼 효과적이거나 심지어 더 큰 효력을 발휘하는 수단들도 존재한다. 예를 들어 국가가 가장 취약한 계층에 보조금을 직접 지원하는 방식으로 생활비를 지원하거나 횡재세를 부과하여 인플레이션의 수혜자들이 얻은 초과 이익을 인플레이션의 피해자들에게 재분배하는 방법도 있다. 그 이외에도 정치적 의지만 뒷받침된다면 제대로 설계된 가격 통제 조치를 강제적으로 도입하거나 기업과의 합의를 통해 시행할 수도 있다. 인플레이션과 고금리만이 우리 사회에 자원을 분배하는 방식이며 그 대안은 없다는 주장은 사실이 아니다. 대안은 존재한다. 단지 그 대안들이 진지하게 다뤄지지 않을 뿐이다.

결론

인플레이션 시대는 끝났는가

Inflation

그릇된 지식을 조심하라.
그것은 무지보다 위험하다.[1]

―조지 버나드 쇼

이 책을 다 읽고 난 다음에 당신이 '꽤 많이 알고 있다'라고 대답할 수 있기를 바란다. 어쨌든 우리는 많은 내용을 다루었다. 그러나 그 여정 동안 우리는 인플레이션이 무엇인지, 어떻게 측정되는지, 어떻게 확산되는지, 어떻게 끝나는지에 대한 우리의 지식이 전혀 완전하지 못하다는 사실을 강조해왔다. 사실 우리가 이 책에서 제시한 핵심 주장 중 일부는 인플레이션에 관한 기초 이론이 상당히 허술하며, 인플레이션 담론들이 과학적이고 탄탄한 실증적 근거로 뒷받침되는 이론이라기보다는 인플레이션의 비용을 다른 누군가에게 떠넘기기 위해 고안된 레토릭에 더 가깝다는 것이다. 두 번째로 우리가 강조한 내용은 통화가 인플레이션과 관련이 있는 것은 분명하지만 통화만이 유일한 원인은 아니며 주된 원인조차 아닐 때가 많다는 사실이다. 우리가 전개한 세 번째 주장은 인플레이션이 결코 단일한 현상이 아니라는 것이다. 인플레이션은 계층, 인종, 지역별로 다르게 체감되는 현상인데, 인플레이션을 정의하고 다양한 지표를 통해 포착하려고 시도하다가는 오히려 인플레이션의 작동 방식이 더 모호해지는 결과를 얻기 쉽다.

그러나 이 책의 가장 중요한 교훈은 우리가 물려받은 1970~1980년대의 인플레이션 대응 지침이 잘못된 대응 방법으로 가득할 수도 있다는 사실이다. 우리가 최근의 인플레이션을 제대로 이해하지 못한 까닭이 1970~1980년대의 교훈을 잘못 해석했기 때문이라면 이제부터는 통화 공급이나 근로자의 기대 심리가 아니라 공급 충격과 시장 집중 현상에 초점을 맞춰야 할 것이다. 이러한 통찰은 미래에 나타날 법한 유형의 인플레이션에 더욱 효과적으로 대응하려면 볼커의 망치를 내려놓아야 할 수도 있다는 내용으로 연결된다. 따라서 인플레이션이 다시 나타날지 여부를 예측하고자 할 때는 가장 가능성이 큰 원인을 특정해야 한다. 통화와 노동시장에만 초점을 맞춘다면 '인플레이션은 다시 나타나지 않을 것'이라는 답을 얻을 수밖에 없다. 그러나 1970년대의 인플레이션을 공급 충격이 연이어 나타났다가 소멸한 과정으로 재해석한다면, 어떨까? 미래에도 공급 충격으로 인한 인플레이션이 자주 나타날까?

우리는 '그럴 것'이라고 생각한다. 그러나 일단 다음 질문을 한번 살펴보자. 다른 인플레이션과는 별개로 2021~2025년의 인플레이션은 그저 일시적 현상일까, 아니면 '뉴노멀'일까? 당신도 지금쯤 눈치챘겠지만 우리는 경제 예측을 그리 신뢰하지 않는다. 그렇다고 해서 우리가 인플레이션의 미래에 대해 그 어떤 결론도 내리지 못하는 것은 아니다. 우리는 타당한 근거에 따라 미래가 디플레이션 국면으로도, 인플레이션 국면으로도 흘러갈 수 있다고 생각하며 그 두 가지 근거를 제시하고자 한다. 특히 지금부터 알아볼 이유로 인플레이션 국면으로 이어질 가능성이 더 크다고 본다.

디플레이션이 지배하는 미래?

미래에 디플레이션 국면이 지속되리라 생각하는 첫 번째 이유는 실제로 지난 25년 동안에도 디플레이션 국면이 이어져왔기 때문이다. 그 정도면 장기 추세로 볼 수 있다. 1980년대 후반부터 2021년까지 최소한 OECD 국가에서는 인플레이션이 아이들에게 겁을 주기 위해서나 소환될 법한 1980년대 공포 이야기 정도로 치부되었을 뿐 실제로 다시 나타난 적은 없었다. 그러나 결국 인플레이션은 귀환했다. 우리가 내린 결론 가운데 하나는 기본적으로 이번 인플레이션 사태가 공급 충격에 기업들의 바가지 씌우기가 더해진 결과물이라는 것이다. 따라서 충격이 사라지면 경제가 과거 수준으로 평균 회귀할 가능성이 크다. 또 다른 결론은 미래에 디플레이션이 지속될 수도 있다는 것이다. 그 이유는 인플레이션은 보통의 상태가 아니라 예외적인 현상이기 때문이다. 그렇게 보는 데는 네 가지 근거가 있다. 첫째, 적어도 지난 50년 동안 자본주의의 자연스러운 경향은 인플레이션이 아니라 디플레이션이었다. 물론 터무니없는 이야기처럼 들릴지도 모른다. 중앙은행 임원과 정치인들이 인플레이션에 대해 '늘 경계해야 한다'라는 경고를 되풀이하고 있는 데다 경제 운영 자체가 인플레이션이라는 명백하고도 현존하는 위험으로부터 국민을 지켜주기 위해 만들어진 제도를 중심으로 이루어지기 때문이다. 그러나 사실 현대 자본주의 사회에서는 디플레이션이 표준이고 인플레이션은 그렇지 않다.

그 예시로 자동차 가격을 생각해보자. 예를 들어 1979년식 폭스바겐 골프 GTI는 영국 출시 당시의 가격이 4,705파운드였고 1979년의 달러 가치로 환산하면 9,536달러였다. 골프 GTI가 훌륭한 자동차이기는 했지만 에어백, ABS, 블루투스, 내비게이션은 물론 에어컨조차 없었다. 한편 현재의 GTI는 모든 면에서 1979년 모델보다 훨씬 더 우월하며 2만 9,880달러 정도에 판매된다. 그런데 1979년 당시의 가격인 9,536달러를 2022년의 구매력 기준 가격으로 환산하면 4만 1,370달러 정도에 해당한다.

간단히 말해 2022년형 GTI는 품질이 개선된 것에 그치지 않고 가격 면에서도 훨씬 더 저렴해졌다. 소비자들이 더 적은 비용으로 더 많은 가치를 얻을 수 있게 된 셈이다. 왜 그럴까? 자동차 제조사 간의 가격 경쟁과 품질 경쟁 덕분에 가격이 내려갔기 때문이다. 게다가 2022년에는 1978년에 비해 GTI를 대체할 수 있는 자동차들이 훨씬 더 다양해졌다. 경쟁과 기술 변화가 세계를 인플레이션보다는 디플레이션 쪽으로 이끈다는 이야기다. 예를 들어 태양광 패널의 가격이 폭락하고 애플을 제외한 휴대폰 가격이 내려간 것을 생각해보라. 이처럼 인플레이션은 항상 존재하지도 않으며, 우리가 끊임없이 경계해야 할 위험도 아니다. 인플레이션을 지나치게 경계하는 사고방식 때문에 2011년 당시 유럽중앙은행의 총재였던 장클로드 트리셰는 디플레이션이 한창일 때 금리를 인상했고, 그 결과 유로존은 거의 10년 가까이 침체에 빠졌다. 이런 사례는 인플레이션 자체 못지않게 인플레이션에 대한 사고방식도 위험할 수 있음을 보여준다.

높은 인플레이션을 예외적인 현상으로 보는 두 번째 이유는 극심한 인플레이션을 겪고 있다면 인플레이션 외에 훨씬 더 심각한 여러 문제를 겪고 있을 가능성이 크며 인플레이션은 그 같은 문제들의 결과물에 불과하기 때문이다.² 아르헨티나의 경제부 장관을 지낸 마르틴 루스토 Martin Lousteau는 1990년대 아르헨티나의 하이퍼인플레이션에 대한 경험담을 들려주었다.³ 당시 학생이었던 루스토는 시시각각 치솟았던 물가 때문에 친구들과 피자를 먹으러 식당에 갈 때면 주문하기 전에 우선 식당 주인과 식사 시작 전에 돈을 낼지, 아니면 끝나고 낼지 흥정해야 했다. 몇 시간 사이에 가격이 크게 달라지곤 했기 때문이다. 그처럼 극심한 인플레이션은 사업 활동에 엄청난 혼란을 불러온다. 그러나 앞서 아르헨티나에 대한 논의에서 보았듯이, 그러한 상황은 아르헨티나가 인플레이션 그 자체보다도 훨씬 더 심각하고 구조적인 문제를 안고 있다는 신호이기도 하다.

셋째, 이번 인플레이션의 원인을 공급 충격과 바가지 씌우기로 보는 해석이 대체로 정확하다면, 공급 충격과 그로 인한 혼란은 일시적인 사건일 뿐 세계 경제의 구조에 의해 점차 완화될 것이라고 볼 수 있다. 우리는 2008년 세계 금융위기 이후 10년 동안 미국이 역사상 가장 느린 경제 회복을 경험했으며 유럽은 경제 성장이 멈춘, 잃어버린 10년을 겪었다는 사실을 잊어버리다시피 했다. 경제활동이 전체적으로 붕괴하는 '나쁜 디플레이션'은 실제로 존재했다. 당시에는 그 어디에서도 인플레이션을 찾아볼 수 없었다.

근래에는 수많은 경제학자가 천문학적인 재정적자와 경기 부양이 불러온 인플레이션에 큰 우려를 표하고 있지만 불과 몇 년 전만 해도 '장기 침체'가 그들의 걱정거리였다.⁴ 부족한 투자 기회, 구조적으로 낮은 금리, 경제 활성화를 위해 신용 거품에 의존하는 현상 등의 문제가 결합되어 경제 성장률이 낮은 수준에 머물고 있다는 것이었다. 그러다 최근 몇 년간의 인플레이션으로 말미암아 모두가 그러한 우려를 망각하고 말았다. 세계가 팬데믹 이전의 추세로 되돌아간다면 우리는 다시 저성장과 투자 부진의 경로로 들어서고 인플레이션이 아니라 디플레이션을 만나게 될 것이다. 이제까지 알아본 세 가지의 디플레이션 요인은 겉으로 드러나지는 않지만 매우 중요한 또 하나의 요인 때문에 심화된다. 그것은 자본주의 사회, 특히 미국의 기업 구조가 허먼 마크 슈워츠Herman Mark Schwartz의 표현에 따르면 '포드주의Fordism에서 프랜차이즈 구조'로 변화했다는 점이다.[5] 슈워츠는 전후 시대에 고성장과 고임금을 실현한 기업 유형, 즉 기업이 근로자를 대량으로 고용하고 근로자는 노조를 통해 생산성 증가분을 배분받을 수 있었던 수직 통합형vertically integrated 기업이 완전히 다른 형태의 기업으로 대체되었다고 설명했다.

오늘날 전 세계적으로 기업 먹이 사슬의 꼭대기에는 디지털 플랫폼 소유권이나 매우 특수한 지적 재산권을 통해 사실상 독점적·준독점적 지위를 차지하면서 막대한 이익을 거두는 기업들이 존재한다. 이런 기업들은 어마어마한 이익을 얻지만 적은 숫자의 근로자만 고용한다. 투자도 거의 하지 않으며 주로 구독료, 수수료, 폐쇄형 하드웨어·소프트웨어를 통해 이익을 챙긴다. 애플을 생각해보면 된다. 그 아래에는 그런 최상위 기업들의 주요 공급업체들이 있다. 예를 들어 아이폰용 유리를 만드는 코닝Corning 등의 기업이다. 이들은 더 많은 인력을 고용하고 꽤 괜찮은 임금을 지급하지만 투자에 소극적이다. 경제 구조상 그들보다 하위에 있는 모든 사람은 쓸 돈이 많지 않기 때문이다. 왜 이런 일이 일어날까?

그 아래에 있는 기업들은 대부분 이익을 거의 내지 못하고 저임금을 지급하기 때문이다. 지역 쇼핑몰에서 아이폰 케이스를 파는 상인들이나 그들에게 햄버거를 파는 패스트푸드점을 떠올려보라. 그 같은 경제 구조에서는 수요가 억눌려 비교적 큰 이익을 내는 기업들의 투자마저 억제된다. 그러다 보니 기업 먹이 사슬의 아래로 내려갈수록 프랜차이즈나 외주 구조가 확산되고 노동력을 쥐어짜는 것이 유일한 수익원으로 자리 잡는다. 예를 들어 요즘에는 호텔 객실을 청소하는 직원들이 호텔 소속이 아니라 모두 외부 용역 업체 소속일 가능성이 크다. 이런 세계에서는 인플레이션이 외부의 공급 충격에 의해서만 발생하고 일시적일 수밖에 없다. 경제 구조 내부에 인플레이션을 유발할 만한 수요가 충분히 존재하지 않기 때문이다.

인플레이션이 대세인 미래?

그러나 인플레이션이 역사적으로 드문 사건이고 과거에 인플레이션보다는 디플레이션이 장악했다고 해서 '이 일도 곧 지나가리라'라는 생각으로 책을 내려놓고 인플레이션을 망각해도 되는 것은 아니다. 물론 '이번에는 다르다'라는 주장에는 '구매자 주의'라는 경고문을 붙여야 하는 법이지만 우리는 '이번에는 정말로 다를' 가능성이 크다고 본다. 앞서 제시했듯이 디플레이션의 조짐이 강력함에도 현재의 인플레이션이 오래 지속될 것으로 보이기 때문이다. 2021~2025년의 인플레이션 국면과 마찬가지로 앞으로의 인플레이션 역시 임금과 물가가 서로를 무한정 끌어올리며 가속화하는 악순환 형태로는 나타나지 않을 것이다. 그보다 인플레이션은 전 세계적으로 기준 가격이 올라가고 변동성이 커지는 형태로 나타날 것이다.

선진국들의 인플레이션을 매우 장기적인 관점에서 살펴보면 물가가 과거에 비해 한층 더 안정되어가고 있음을 즉각적으로 확인할 수 있다. 그러한 사실을 확인하는 방법 중 하나는 1200년으로 거슬러 올라가 영국 인플레이션 자료를 살펴보는 것이다. 잉글랜드 은행이 취합한 해당 자료의 그래프를 보면 20세기에 들어서 인플레이션과 디플레이션의 변동 폭이 과거에 비해 줄어들었음을 알 수 있다. 흥미롭게도 현재는 디플레이션 국면이 다가왔음을 입증하는 근거가 충분하지만 지난 수십 년은 디플레이션보다 인플레이션이 더 두드러지는 시기였다. 적어도

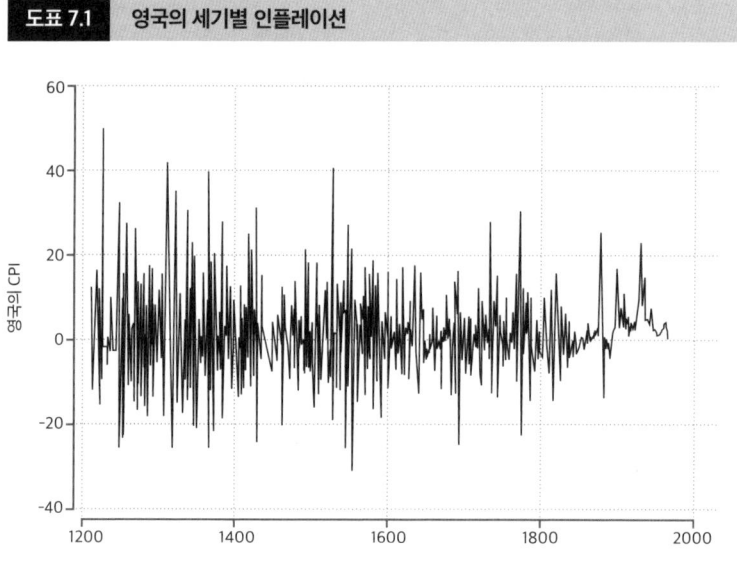

도표 7.1 영국의 세기별 인플레이션

출처 세인트루이스 연준 은행의 FRED에서 열람한 잉글랜드은행의 데이터를 필자들이 보완
주 영국의 CPI는 백분율 단위, 연간 빈도(annual frequency, 전년 동월 대비 기준), 계절 보정을 거치지 않은 수치로 발표된다.

영국 CPI 기준으로 보면 그렇다.

왜 그런 일이 일어날 수 있는지 이해하기 위해서는 자본주의 경제를 특정 시대별로 형성된 특정 거시경제 체제들의 구성체로 볼 필요가 있다.[6] 다시 말해 자본주의 경제가 제도와 사상의 조합(비유하자면 자본주의의 하드웨어와 소프트웨어)이라는 관점인데, 그러한 특정 조합은 특정 시대에 제대로 작동하다가 시간이 지나면 내부 요인에 의해 약화된다.[7]

1945년부터 1980년까지의 시기를 살펴보면, 자본주의 경제를 채택한 국가들은 대체로 완전 고용을 정책의 최우선 목표로 삼았다. 이를 위해 정부는 국내 금융 시장을 통제하고 국제 자본 이동을 제한하며 노조의 성장을 장려하는 등의 다양한 수단을 활용하여 기업의 생산성 증가분이 근로자들에게 임금 인상의 형태로 분배되도록 강제했다. 그렇게 하려면 기업들이 생산성 향상에 지속적으로 투자하여 이익을 유지할 수밖에 없었다. 문제는 장기적으로 그 같은 방식을 취했더니 GDP 대비 노동 비용의 비중이 커지고 자본이 줄어든 동시에 인플레이션이 자극되었다는 점이다. 바로 이것이 앞서 알아보았던 1970년대 인플레이션 위기의 본질이었다.

이에 대응하기 위해 자본가들은 기존 제도에서 이탈하고 나중에 신자유주의neoliberalism라 불리게 된 새로운 정치·경제적 이론을 내세우며 반격에 나섰다.[8] 신자유주의는 1980년부터 2008년까지 지배적인 이념으로 자리 잡았다. 이러한 '체제 전환'은 자본주의의 하드웨어를 바꾸어놓았다.[9] 경제 운영의 상당 부분이 독립적인 중앙은행으로 넘어갔으며 중국을 필두로 한 각국 경제가 세계 경제에 통합되기 시작한 것이다. 그러한 변화 덕분에 수억 명의 저비용 근로자 집단이 세계 공급망에 편입되자 각국의 인플레이션이 진정되었고 서구권에서는 GDP 대비 자본의 비중이 회복되었다.

그러나 그러한 체제 역시 근본적으로 불안정했다. 신자유주의 체제가 창출한 소득과 부의 불평등은 막대한 규모의 신용 대출로 가려져 있었지만 결국 그러한 상황은 2008년 세계 금융위기를 만나면서 무너지고 말았다. 혼란을 수습하고 체제를 유지하기 위해 중앙은행은 막대한 규모의 공적 자금을 투입해야 했다. 그러나 이때는 체제 전환이 일어나지 않았고, 대신 체제 유지를 위해 동원된 제로금리와 대규모 자산 매입 등의 수단이 불평등을 더욱 확대했으며 결과적으로 정치적 양극화를 가속화했다.[10] 그러다 2021년에 이르러서는 코로나19, 포퓰리즘 정치, 미국과 중국 간의 한층 더 첨예해진 지정학적 갈등이 맞물리면서 또 다른 체제 전환이 시작되었다. 이번 체제 전환으로 신자유주의 체제의 디플레이션 효과가 상당 부분 제거되면서 다시 한 번 인플레이션이 우리 삶의 일부로 고착되는 신체제가 나타날 가능성이 있다. 이러한 체제 전환의 주요 동인은 세 가지다.

첫 번째 동인은 기후 변화다. 오랫동안 우리는 자연에서 마음껏 '채취'하고 자연에다 마음껏 '버려도' 걱정할 필요가 없다는 믿음을 품어왔다. 경제학 용어로 표현하면 자연이 자본주의의 외부 효과를 흡수해준다고 여긴 것이다. 그러나 이제 그러한 믿음은 근거 없는 것으로 드러났고 시간이 지날수록 거짓임이 입증되고 있다. 탄소, 메탄, 산성화, 폭염 때문에 물, 식량, 주거의 비용이 갈수록 상승하는 세계에서는 기준 가격 자체가 높아질 수밖에 없다.

포츠담 기후 영향 연구소Potsdam Institute for Climate Impact Research의 막시밀리안 코츠Maximilian Kotz와 유럽중앙은행의 연구자들은 기후 변화가 농업 시장에 미치는 영향을 통해 인플레이션에 어떻게 충격을 주는지 체계적으로 분석한 최초의 연구를 내놓았다. 그 결과는 우려를 자아낸다. 2035년까지의 기온 상승을 추정할 때 식품 인플레이션율은 연간 0.92~3.23퍼센트 상승하는 한편 (식품 인플레이션을 주요 구성 요소로 삼는) 헤드라인 인플레이션율은 연간 0.32~1.18퍼센트 상승하는 것으로 나타났다.[11] 이러한 수치가 10년 동안 누적된다고 할 때 우리는 단순한 식품 인플레이션을 넘어선 식량 불안정성이 앞으로 많은 국가에서 구조적 현실로 고착되리라는 것을 짐작할 수 있다. 그렇게 본다면 최근 유럽에서 반복적으로 나타난 가뭄과 흉작은 사태의 서막에 불과할 것이다.

두 번째 동인은 2020년대의 새로운 지정학적 현실이다. 현재는 미국과 중국 간의 안보 경쟁으로 인해 선진국들이 '탈세계화' 흐름을 보이는 동시에 녹색 기술·기후 변화 대응 시장을 선점하기 위해 재산업화를 시도하고 있다. 이러한 상황에서 자국 생산을 재개하려면 생산 비용이 상승한다. 그러나 그렇게 생산된 제품은 보호무역 장벽 너머에 있는 최종 수요자들에게 도달할 수 없어 가격이 하락할 가능성이 크다. 이러한 문제는 최근에 중국산 전기 자동차 수출에 대한 공포로 나타났지만 그러한 두려움 뒤에는 한층 더 심각한 문제가 도사리고 있다. 모든 나라가 수출국이 되려고만 하고 아무도 수입국이 되지 않으려 하는 것이다. 한편 재산업화의 추진에 반드시 필요한 핵심 광물들의 비용은 획기적인 기술 혁신이 없는 한 계속해서 오를 수밖에 없는데, 그러한 광물들은 대개 지정학적 경쟁이 가장 치열한 지역에 매장되어 있다.

세계화는 사실상 값싼 노동력을 대량으로 활용하기 위해 서구 생산 자본의 상당 부분을 중국으로 이전하는 과정이었기에 본질적으로 디플레이션을 유발할 수밖에 없었다. 그러나 중국에서 적시 생산 방식in-time manufacturing(소재나 부품을 재고로 쌓아두지 않고 필요한 수량만큼만 확보하여 곧바로 생산하여 비용 낭비를 줄이는 방식 – 옮긴이)을 유지할 수 있었던 시대는 30년간 지속되었다가 이제는 끝나가고 있는 듯하다. 그 결과 중국을 세계 경제에 편입시킴으로써 발생했던 디플레이션 압력도 사라졌다.[12] 게다가 세계 각국이 성장 동력으로서 화석 연료에 절대적으로 의존하고 있으면서도 새로운 지정학적 현실로 인해 자국에서 쓸 화석 연료를 충분히 확보할 수 없는 상황에서 기후 압력이 갈수록 인플레이션 압력으로 작용하리라는 예측은 충분히 타당하다.

세 번째 동인은 기존 선진국이 새로운 인구 현실에 직면해 있다는 점이다. 단순히 말해 모두가 늙어가고 있다는 뜻이다.[13] 마침내 베이비붐 세대가 대거 은퇴하고 있으나 그 자리를 메울 만큼 충분한 대체 인력은 존재하지 않는다. 미국의 베이비붐 세대는 어린 시절에 해당하는 1955년부터 1975년까지 인플레이션율을 6퍼센트포인트 끌어올렸지만 노동시장에서 활약한 1975년부터 1990년까지는 인플레이션율을 5퍼센트포인트 끌어내린 것으로 추정된다. 한마디로 베이비붐 세대가 노동시장을 떠나면 디플레이션 효과도 사라지리라는 이야기다.[14] 실증 연구에 따르면 너무 어리거나 너무 나이 든 사람이 지나치게 많아져서 경제활동 인구가 줄어들면 인플레이션 압력이 발생한다고 한다.

인구 구조의 장기적인 변화 이외에도 코로나19는 2020년대 초반에 경제활동 참가율을 급속도로 떨어뜨렸고 이와 동시에 세계 각국에서 이민 문제가 극도로 정치화되었다. 코로나19 이후에는 경제활동 참가율이 회복되었으며 앞서 알아보았듯이 미국의 고용률은 하락하기는커녕 금리 인상에도 아랑곳없이 2022년 이후로 계속해서 상승했다. 이러한 현상은 고용주들이 여전히 근로자를 구하는 데 어려움을 겪고 있음을 시사한다. 인플레이션은 실질임금(물가 상승을 반영한 임금)을 크게 깎아 먹었지만, 최근에는 실질임금조차도 팬데믹 이전 수준을 회복했다.

이 모든 사실을 종합해보면 새롭게 부상 중인 거시경제 체제의 DNA 속에 인플레이션이 내재되어 있을지도 모른다는 추측이 든다. 이러한 현상을 나타낼 만한 표현은 아직 없을지라도 우리가 비교적 안정된 물가를 유지하던 세계를 벗어나 전혀 다른 세계로 접어들고 있음은 분명해 보인다. (더디게 일어나고 있으며 최근 들어 뒷걸음질 치고 있음에도) 녹색 전환은 중국 경제의 역할 변화, 제조업을 둘러싼 지정학적 변화, 서구 세계(일부 동아시아 국가)의 고령화와 더불어 새로운 거시경제 체제를 만들어내고 있다.

유명 야구 선수였던 요기 베라Yogi Berra가 말했듯이 예측하는 것은 어려운 일이며 특히 미래를 예측하는 것은 더더욱 그렇다. 아직 경험하지도 못한 일이 어떻게 흘러가는지를 설명할 수는 없는 법이다. 미래에 디플레이션이 대세가 된다고 볼 이유도, 인플레이션이 대세가 된다고 볼 이유도 존재한다. (물론 하이퍼인플레이션이 닥칠 가능성은 거의 없다). 우리의 직감은 앞으로 인플레이션을 더 자주 경험할 가능성이 크다는 쪽으로 향한다. 그리고 이 책이 그처럼 새로운 세계 속에서 누가 인플레이션의 승자, 패자, 이용자, 가해자가 되는지를 이해하는 데 필요한 도구가 되기를 바란다.

경고성 이야기:
공급 측면의 돌발 사태

이 책은 경고성 이야기와 희망적인 고찰로 마무리된다.[15] 먼저 경고성 이야기부터 살펴보자. 그러려면 다시 한번 1970년대로 돌아가야 한다. 철학자 브라이언 배리Brian Barry는 1970년대의 인플레이션을 회고하며 "복지경제학의 정통적인 해석에 따르면 인플레이션으로 인한 복지 손실은 흔히 사람들이 막연하게 짐작하는 것만큼 크다고 보기는 어렵다"라고 주장했다.[16] 사실 약간의 인플레이션만으로도 사회적 긴장을 상당 부분 완화할 수 있다. 예를 들어 스웨덴은 산업 전반에 걸쳐 명목임금이 생산성 증가보다 빠른 속도로 상승하는 것을 이따금 허용했다.[17] 그 이유는 근로자들에게 임금이 오르고 있다는 착각을 불러일으키기 위해서였다. 그러나 실제로 임금이 오른 것은 아니었다. 실질임금(인플레이션 보정 후 임금)은 여전히 생산성보다 낮게 책정되었고, 그 덕분에 기업의 이익이 늘어나는 한편 사회적 평화가 유지되었다. 그러한 효과를 감안할 때 인플레이션이 그렇게 나쁜 일이었을까? 분명 치명적인 현상으로 보이지는 않는다.[18] 그렇다면 왜 인플레이션은 공포를 불러일으킬까? 그 까닭은 인플레이션이 단순히 경제적 손실을 일으키기 때문만이 아니라 도덕적인 문제(부도덕)를 정당화하기 때문일 것이다.

앞서 언급했듯이 밀턴 프리드먼과 제임스 뷰캐넌James Buchanan Jr. 같은 경제학자들은 1970년대에 가격 통제와 국가의 경제 개입 확대를 맹렬히 비난했다. 그들은 인플레이션도 크게 우려했는데, 단순히 경제적 손실을 불러일으키기 때문만은 아니었다. 그런 전문가들이 보기에 인플레이션은 "기대 수준을 무너뜨리고 불확실성을 만들어내며 부당하다는 느낌을 부추기고 소외감을 유발한다. 또한 시간 지평time horizon(투자를 지속하거나 특정 목표를 달성하기 위해 설정하는 기간 – 옮긴이)의 전반적인 단축을 반영하는 행동 반응을 유도한다. 어제 세운 계획이 한심해 보이는 상황에서는 (…) '즐겨라, 즐겨!'가 (…) 합리적인 반응이다".[19] 밀턴 프리드먼은 인플레이션이 나타날 때 "'신중한' 행동은 무모한 행동이 되고, '무모한' 행동은 신중한 행동이 된다"라고 주장했다.[20] 인플레이션 때문에 사회가 양극화되고, 한 집단이 다른 집단과 대립하며, 정치적 불안이 커져갈 뿐만 아니라 정부의 통치 능력이 약화되는 동시에 강력한 조치를 요구하는 압력이 증대된다는 식의 이야기다. 1970년대에 OECD 국가의 평균 인플레이션율이 연간 10퍼센트였다는 사실을 감안할 때 프리드먼의 도덕적 판단은 인플레이션에 대한 두려움이 단순히 경제적 손실 때문만이 아니라 인플레이션이 조장하는 행동 양식 때문에 발생한다는 것을 시사한다. 물론 인플레이션이 초래하는 경제적 손실도 다른 측면에서 큰 의미를 지닌다.

앞서 논의했듯이 인플레이션은 현재의 소비뿐 아니라 미래의 수익에 대해서도 세금과 비슷한 작용을 한다. 예를 들어 우리가 5년의 시간 지평을 세운 투자자이고 인플레이션을 감안한 기대 수익률이 5퍼센트라고 치자. 인플레이션율이 10퍼센트로 오르면 차입 비용이 치솟고 기대 수익이 무너져버린다. 그렇게 해서 인플레이션은 투자를 파괴한다. 인플레이션이 판치는 세상에서는 인플레이션이 미래의 기대 수익을 억눌러버리기 때문에 개인 차원에서는 투자가 비합리적인 행동으로 간주된다. 더 나아가 투자자 전체가 그렇게 생각하면 전반적으로 투자가 급감하고 개개인 모두가 어떻게든 피하려고 했던 경기 침체가 나타나기 때문에 집단 차원의 위기가 발생한다. 동시에 근로자들이 조직화되어 임금 인상을 요구할 수 있는 처지가 되면 기업의 이익은 훨씬 더 극심한 압박을 받는다.

이러한 점을 감안하면 왜 '자본 친화적' 경제학자들의 위와 같은 도덕적 훈계가 노동이 조직화되어 있던 시절에 쏟아져나왔는지, 어째서 오늘날 그 어디서도 찾아볼 수 없는 임금-물가 악순환을 여전히 걱정하는지를 어느 정도는 짐작할 수 있다. 자본 친화적인 경제학자들은 인플레이션을 소득이나 분배의 문제일 뿐만 아니라 사회적 붕괴의 징후로 간주한다. 물론 실제로는 그렇지 않다. 그러나 그들의 인플레이션 담론은 강력한 설득력을 지닌다. 그 덕분에 위험 자산을 보유한 사람들의 바람대로 인플레이션이 매우 심각한 현상처럼 여겨진다. 인플레이션 담론은 인플레이션의 비용을 여기저기로 떠넘길 뿐만 아니라 인플레이션을 받아들이는 이들의 도덕성까지 문제 삼는다. 그 결과 인플레이션 시기에 가장 큰 손실을 입는 이들의 주장이 더욱더 힘을 얻는다.

희망적인 고찰은 덴마크와 관련이 있다. 덴마크를 방문해봤거나 그곳에 대한 정보를 접한 적이 있다면 잘 알겠지만 덴마크는 탈탄소화의 선두 주자이자 대부분의 나라에 비해 매우 평등한 사회다.[21] 그뿐만 아니라 코로나19 시기에 인플레이션 측면에서 가장 우수한 성과를 냈다.

덴마크의 인플레이션율은 2022년 중반에 10퍼센트로 정점을 찍은 뒤 2024년 4월에는 1퍼센트 아래로 내려갔다. 어떻게 그런 일이 가능했을까? 그 답 중 하나는 자전거일지도 모른다.

1974년과 1979년에 오일쇼크가 닥쳤을 때, 덴마크의 대응책 가운데 하나는 자전거 타기였다. 그와 더불어 덴마크 정부는 자동차에 매우 높은 세금을 매겼다. 그 결과 덴마크는 선진국 가운데 자전거 의존도가 가장 높은 나라 가운데 하나가 되었다. 여기에 재생에너지에 대한 대규모 투자까지 더했으니 덴마크는 공급 측면을 의도적으로 뒤바꾸어 인플레이션 대응력을 키운 나라의 표본이 되었다. 그것은 바람직한 선택이었을 뿐 아니라 영리한 선택이기도 했다. 덴마크의 사례는 미래에 인플레이션이 더 빈번해진다고 하더라도 우리가 인플레이션 때문에 고통을 겪어야만 하는 것은 아니라는 교훈을 전달한다. 수요 충격이나 공급 충격에 대응하는 최선책은 그 충격에 적응할 수 있도록 경제의 공급 측면을 바꾸는 것이다. 어려운 일 같지만 덴마크의 사례에서 알 수 있듯이 반드시 그렇지는 않다. 필요한 것은 상상력과 통화 긴축 이외의 인플레이션 억제책이 존재한다는 인식이다. 무작정 금리를 올리는 것보다는 적응하는 편이 한층 더 효과적이고 장기적인 해법이 될 수 있다.

앞으로 나아갈 방향

세계를 노동시장이 과열되어 있고 섬처럼 분리된 경제들의 집합체가 아니라 똑같이 공급 측면 취약성을 공유하고 고도로 통합되어 있는 데다 긴밀히 연결된 경제 시스템으로 바라보기 시작하면 몇 가지 결론이 따른다.

첫째, 우리에게는 새로운 인플레이션 교본이 필요하다. 1970년대라는 후방 거울에만 의존할 것이 아니라 현재의 인플레이션을 그 자체의 맥락 속에서 이해하고 교훈을 얻어야 한다. 우리는 앞서 1970년대의 인플레이션에 대한 오해가 어째서 발생했는지, 그 시대가 남겼다는 교훈이 왜 부적절한지 설명한 바 있다. 이번 인플레이션을 통해 인플레이션이 세계적인 요인에 의해 발생한다는 사실과 그것이 지속되는 이유가 상당 부분 기업의 행태 때문이라는 사실이 드러났다고 한다면 우리는 그러한 사실을 교훈으로 삼아 그에 맞게 대응해야 한다. 이는 가격 통제를 밀어붙이려는 시도가 아니라 공급 주도형 인플레이션에는 '스위스 군용 칼' 방식의 접근법이 필요하다는 주장이다. 완충 재고 비축이나 횡재세는 물론 가격 통제조차도 선입견 없이 바라볼 필요가 있다.

두 번째로 우리가 그처럼 다각적인 접근법을 취할 수 있다면 인플레이션 담론을 새롭게 고쳐 쓸 수 있을 것이다. 앞으로 우리 예상대로 인구 감소와 이민 제한 정책이 결합되어 핵심 생산 인구 prime-age worker(경제 활동이 가장 활발한 연령대인 25~49세 – 옮긴이)가 줄어든다면, 인플레이션 압력의 원인을 규명하는 데 있어 노동시장의 중요성이 지금보다 더 커질 수도 있다. 다만 임금-물가 악순환이라는 전통적인 해석과는 다른 이유에서다.

그뿐만 아니라 현재의 상황을 보면 과도한 지출을 인플레이션의 주범에서 용의자 중 하나 정도로 격하해도 된다는 것을 알 수 있다. 그러나 기후 충격이 갈수록 극심해지고 농업 생산과 노동 능력에 타격을 가한다면 정부는 마땅히 나섰어야 할 시점보다 한참 더 나중에, 훨씬 더 큰 비용과 희생을 치러가며 기후 적응에 대응해야 하는 부담감에 짓눌릴 것이다. 따라서 재정 지출을 미래의 인플레이션 요인으로 폄하하는 것은 어리석은 짓이다. 광범위한 환경 변화에 대응하기 위해 이루어지는 재정 지출이라 해도 그렇게 바라보아서는 안 된다. 기업을 인플레이션의 원인으로 보는 관점은 어떨까. 시장 집중 현상이 가속화하여 소수의 기업이 점점 더 많은 소비재를 생산한다면 그러한 소수 기업은 십중팔구 이익률을 방어하고 가능하면 확대하려 할 것이다. 그렇게 하지 않으리라는 것은 순진한 생각에 불과하다.

셋째, 앞으로 어떤 형태의 새로운 거시경제 체제가 자리 잡든 결국에는 미래의 인플레이션 역학에 지대한 영향을 줄 것이다. 가장 유력한 형태는 관세 장벽을 전면에 내세운 신국가주의neo-nationalism 체제다. 세계화가 최고조에 이르렀던 시절의 디플레이션 국면으로 돌아가는 일은 결코 일어날 수 없다. 신국가주의 체제는 '전문가'나 기술 관료의 국정 운영을 못마땅해할 가능성이 크다. 독립적인 중앙은행이나 유럽 그린딜European Green Deal(유럽연합의 친환경 성장 전략-옮긴이)처럼 과감하고 초국가적인 구상이 정면 공격을 받으리라는 이야기다. 최근 유럽 정치계의 우경화는 (2024년 11월 미국 대선에도 반영된 것으로 보이며) 좌파와 중도파의 전술적 동맹을 통해 일시적으로 저지된다고 하더라도 결국 기후 대응을 위축시켜 기후 위기를 가속화할 것이다. 포퓰리즘 경제학의 신조를 저금리 대출, 관세, 자국 기업에 대한 특혜라 해도 무방할 텐데, 이 세 가지 요소가 결합되면 인플레이션이 일어날 수밖에 없다.

넷째, 이 모든 내용을 감안할 때 우리는 현재의 반反인플레이션 제도들이 앞으로의 과제를 수행하는 데 걸림돌이 되지 않을지 질문을 던져 봐야 한다. 중앙은행이 필요한 경우에 포퓰리스트 권력자들을 꺾고 금리를 인상할 수 있을까? 아니면 2020년대의 인플레이션이 이미 그러한 제도와 전략의 한계를 보여준 것일까? 우리 생각은 후자에 가깝다. 그러나 이러한 현실이 앞으로의 인플레이션 대응 방식에 어떠한 영향을 끼칠지는 확실치 않다. 분명한 것은 우리가 앞으로도 인플레이션과 씨름해야 한다는 점이다.

결론적으로 두 가지를 기억해야 한다. 첫째는 미래가 어떻게 전개되든 인플레이션이 지배하는 상황에서는 인플레이션을 이용하지 못하면 어떤 식으로든 이용당하는 쪽이 될 수밖에 없다. 둘째, 인플레이션이 모두를 패자로 만드는 것은 아니다. 사람들이 뭐라고 말하든 누군가는 반드시 승자가 된다.

감사의 말

우선 우리를 지원해준 노튼 출판사와 편집자 메리 선, 교정자 제인 카볼리나에게 감사한다. 책 한 권을 내놓기까지는 글쓰기 이상의 작업이 필요하다. 우리는 이 책의 초고를 읽고 더 나은 방향으로 다듬어주고 우리 스스로의 한계를 벗어날 수 있도록 도와준 대니 블랜치플라워, 데이비드 레보, 에릭 로너건, 앨런 맥킨타이어, 오드니 헬가도티르, 브렛 크리스토퍼스, 알렉스 스미스, 댄 드리스콜, 마크 베일에게 감사의 마음을 전한다. 이 책의 가장 뛰어난 대목들은 모두 그들의 흔적을 담고 있다. 아울러 닐스-야콥 한센, 프레데릭 G. 토스카니, 저우징, 프레데릭 보세, 피오렐라 드 피오레, 데니즈 이건, 앨버트 피에레스-테하다, 다니엘 리스에게도 감사드린다. 그들은 자신의 논문 데이터를 공유해주었을 뿐 아니라 공개할 수 있도록 허락해주었다. 그 덕분에 우리는 책 속에서 일부 도표를 실을 수 있었다. 이 책에 남아 있는 불완전한 부분과 오류는 전적으로 필자들의 책임이다.

주

서론

1. Adam Grant, adamgrant.net, https://adamgrant.net/book/think-again/#:~:text=In%20our%20daily%20lives%2C%20too,than%20an%20opportunity%20to%20learn.
2. Robert Skidelsky and Nicolò Fraccaroli, *Austerity vs Stimulus: The Political Future of Economic Recovery* (Cham, Switzerland: Palgrave Macmillan, 2017); Mark Blyth, *Austerity: The History of a Dangerous Idea* (New York: Oxford University Press, 2015).
3. Ceyda Oner, "Inflation: Prices on the Rise", *IMF Finance & Development*, https://www.imf.org/en/Publications/fandd/issues/Series/Back-to-Basics/Inflation.
4. Jordan Weissmann, "Why Larry Summers Thinks We Need Massive Unemployment to Beat Inflation", *Slate*, July 7, 2022, https://slate.com/business/2022/07/larry-summers-massive-unemployment-fed-inflation.html.
5. Jean Claude Trichet, "Stimulate No More: Now Is the Time to Tighten", *Financial Times*, July 22, 2010, https://www.ft.com/content/1b3ae97e-95c6-11df-b5ad-00144feab49a.
6. 스티븐 체체티 등의 표현을 빌리자면, "중앙은행의 통화정책에 의해 유도된 의미 있는 수준의 디스인플레이션이 경기 침체 없이 발생한 사례는 단 한 건도 발견되지 않았다". S. Cecchetti, M.Feroli, P. Hooper, F.Mishkin and K.Schoenholtz, "DP18068 Managing Disinflations", CEPR Discussion Paper No. 18068 (Paris & London: CEPR Press, 2023), https://cepr.org/publications/dp18068.
7. David Byrne, "Twistin' in the Wind", *Uh Oh*, LuakaBop/Warner Bros., 1992.
8. Milton Friedman, quoted in "The Real Story Behind Inflation", Heritage Foundation, 1994, https://www.heritage.org/budget-and-spending/heritage-explains/the-real-story-behind-inflation.

9. Lina el-Jahel, R. Mac-culloch, and H. Shafiee, "How Does Monetary Policy Affect Welfare? Some New Estimates Using Data on Life Evaluation and Emotional Well-Being", *Journal of Money, Credit and Banking* 55, no. 8 (2022): 2001-2025, https://doi.org/10.1111/jmcb.13000; David G.Blanchflower et al., "The Happiness Trade-Off Between Unemployment and Inflation", *Journal of Money, Credit and Banking* 46, no. S2 (October 2014): 117-41, https://doi.org/10.1111/jmcb.12154.
10. 이것이 바로 거시경제학의 아버지로 불리는 영국의 경제학자 존 메이너드 케인스가 말한 '절약의 역설(paradox of thrift)'이다.
11. 가로등 밑의 술 취한 사람 이야기는 관찰 편향(observation bias)을 보여주는 농담이다. 경찰이 술 취한 사람이 가로등 불빛 아래에서 열쇠를 찾는 것을 보고 거기서 열쇠를 잃어버린 것이 맞느냐고 묻는다. 술 취한 사람은 확실치 않다고 하면서도 불빛이 있으니까 그곳에서 찾고 있는 것이라고 대답한다. 이 농담은 경제학자들이 빠지기 쉬운 관찰 편향을 설명할 때 흔히 인용된다. 관찰 편향이란 틀을 깨고 사고하기보다 익숙한 곳에서 해결책을 찾으려는 경향을 말한다.
12. Aramco Media & Executive Commu-nications Department, "Aramco Announces Record Full-Year 2022 Results", *Aramco*, March 11, 2023, https://www.aramco.com/en/news-media/news/2023/aramco-announces-full-year-2022-results.
13. Julian Jacobs, "An Unequal Embrace of Digitization May Contribute to Recession Risk", Brookings, Commentary, July 26, 2022, https://www.brookings.edu/articles/an-unequal-embrace-of-digitalization-may-contribute-to-recession-risk/.
14. Sabrina Valle, "Exxon Beats Estimates, Ends 2023 with a $36 Billion Profit", *Reuters*, February 2, 2024, https://www.reuters.com/business/energy/exxon-beats-estimates-ends-2023-with-36-billion-profit-2024-02-02/.

제1장

1. George Bernard Shaw, *Man and Superman* (New York: Penguin Classics, 2000).
2. Data from "Switzerland Inflation Rate", *Trading Economics*, https://tradingeconomics.com/switzerland/inflation-cpi.
3. 본 자료는 2021년 기준으로 세계은행과 「이코노미스트」가 발표한 빅맥지수를 바탕으로 한다.
4. 이 책에는 명목 임금과 실질 임금의 차이에 대한 이야기가 많이 나온다. 기본적인 개념을 살펴보자면, '실질 임금'은 임금에서 인플레이션의 영향을 뺀 것이다. 예를 들어 첫 임금이 5만 달러였다고 가정해보자. 임금과 물가가 똑같이 10퍼센트 오른다면 임금은 5만 5,000달러가 되지만 구매력은 그대로다. 임금이 '명목상' 증가했지만 '실질적'으로는 변화가 없는 것이다.

5. 그 때문에 지난 미국 대선에서 바이든 진영은 '실질' 지표들은 꽤 양호한데 주관적인 체감 지표는 좋지 못하다는 문제에 시달렸다.
6. Fabio Panetta, "Patient Monetary Policy Amid a Rocky Recovery", speech at Sciences Po, Paris, November 24, 2021, https://www.ecb.europa.eu/press/key/date/2021/html/ecb.sp211124~a0bb243dfe.en.html.
7. 그러나 이 같은 견해에는 비판도 따른다. 일각에서는 구매력을 갉아먹을 수 있는 가격 상승을 허용하기보다는 애초에 물가가 전혀 오르지 않는 편이 낫다고 주장한다.
8. 사람들이 실제로 그렇게 하는지는 거의 조사되지 않는다. 기대에 관한 이야기는 인플레이션이 어떻게 발생하는지를 이해하는 대부분의 해석에서 핵심을 이루지만, 이러한 모델이 우리가 실제로 살아가는 현실과 부합한다는 증거는 놀랄 만큼 적다. 다음을 참조하라. Jeremy B. Rudd, "Why Do We Think That Inflation Expectations Matter for Inflation (And Should We?)", Finance and Economics Discussion Paper Series 2021-062, Divisions of Statistics and Monetary Affairs, Federal Reserve Board, Washington, DC, 2021, https://doi.org/10.17016/FEDS.2021.062.
9. European Trades Union Institute, "ECB Must Accept There Is No Wage-Price Spiral", April 11, 2024, https://www.etuc.org/en/pressrelease/ecb-must-accept-there-no-wage-price-spiral.
10. "What Is Inflation and How Does the Federal Reserve Evaluate Changes in the Rate of Inflation?", Board of Governors of the Federal Reserve System, last modified September 9, 2016, https://www.federalreserve.gov/faqs/economy_14419.htm.
11. Andrew Foran, "PCE vs.CPI: What's the Difference and Why It Matters Right Now", TD Economy, October 27, 2022, https://economics.td.com/us-cpi-pce.
12. "What Is Inflation and How Does the Federal Reserve Evaluate Changes in the Rate of Inflation?"
13. Nasiha Salwati and David Wessel, "How Does the Government Measure Inflation?", Brookings, June 28, 2021, https://www.brookings.edu/articles/how-does-the-government-measure-inflation/.
14. "Measuring Inflation—The Harmonised Index of Consumer Prices (HICP)", European Central Bank, last modified May 17, 2024, https://www.ecb.europa.eu/stats/macroeconomic_and_sectoral/hicp/html/index.en.html.
15. "Consumer Price Inflation Basket of Goods and Services: 2023", Office for National Statistics(ONS) news release, March 13, 2023, https://www.ons.gov.uk/economy/inflationandpriceindices/articles/ukconsumerpriceinflationbasketofgoodsandservices/2023.
16. "What Is Inflation?", Bank of England, last modified November 4, 2022, https://www.bankofengland.co.uk/explainers/what-is-inflation.
17. "What Is Inflation?", European Central Bank, last modified June 11 2024, https://

www.ecb.europa.eu/ecb-and-you/explainers/tell-me-more/html/what_is_inflation.en.html.
18. 물론 보통 사람이 그런 자료를 찾아서 읽을 리는 없겠지만 말이다.
19. 미국에서는 노동통계국이 전체 도시 소비자물가지수(CPI-U)를 산출한다. 유럽에서는 조화 소비자물가지수(HICP)가 기준 지표로 사용되는데 여기서 '조화(Harmonised)'란 모든 유럽 국가가 동일한 방법론으로 서로 비교 가능한 지수를 만든다는 뜻이다.
20. 연간 인플레이션은 CPI가 1년 새에 어떻게 변했는지를 측정할 때 사용된다. 반면 월별 인플레이션은 특정 달을 직전 달(예를 들어 2022년 5월과 6월)과 비교하거나 계절적 변화를 고려하기 위해 다른 연도의 같은 달(예를 들어 2022년 6월과 2021년 6월)을 비교할 때 사용한다.
21. "Consumer Price Index for All Urban Consumers", FRED, https://fred.stlouisfed.org/graph/?g=rocU; Eurostat, https://ec.europa.eu/eurostat/statistics-explained/index.php?title=File:Euro_area_annual_inflation_and_its_main_components,_2022_July_2021_and_February_2022-July_2022.png.
22. 여행, 의류, 신발 항목을 제외한 유럽중앙은행 인플레이션 지표(HICPX)이 여기 해당한다. Derry O'Brien and Christiane Nickel, "The ECB's Measures of Underlying Inflation for the Euro Area", VoxEU Column, Center for Economic Policy Research, November 20, 2018, https://cepr.org/voxeu/columns/ecbs-measures-underlying-inflation-euro-area.
23. M. Ehrmann, G. Ferrucci, M. Lenza, and D. O'Brien, "Measures of Underlying Inflation for the Euro Area", *ECB Economic Bulletin* 4, April 2018, https://www.ecb.europa.eu/pub/economic-bulletin/articles/2018/html/ecb.ebart201804_03.en.html#toc8.
24. 그러나 부자라면 인플레이션이 투자에 미치는 영향은 크게 신경 쓸 것이다.
25. Marvin Perez, "Avocado Prices Surge to a 24-Year High", Bloomberg.com, March 29, 2022, https://www.bloomberg.com/news/articles/2022-03-29/avocado-price-rallies-to-24-year-high-lifting-guacamole-costs.
26. Adam Tooze, "Chartbook #42—The Great Inflation Debate", Chartbook, October 5, 2021, https://adamtooze.substack.com/p/chartbook-42-the-great-inflation.
27. https://www.weforum.org/agenda/2023/02/charted-heres-how-us-goods-and-services-have-changed-in-price-since-2000/.
28. Benjamin Bakkum, "Prices -> An Uncertain Future", Macro Chronicles, May 20, 2021, https://www.macrochronicles.com/blog/prices-an-uncertain-future/.
29. Mike Konczal, J. W.Mason, and Lauren Melodia, "The Illusion of Inflation: Why This Spring's Numbers Will Look Artificially High", Roosevelt Institute, April 8, 2021, https://rooseveltinstitute.org/2021/04/08/the-illusion-of-inflation-why-this-springs-numbers-will-look-artificially-high/.
30. Alberto Cavallo, "Inflation with Covid Consumption Baskets", IMF Economic

Review, prepublished online August 31, 2023, https://www.nber.org/system/files/working_papers/w27352/w27352.pdf.
31. Francesco Grigoli and Evgenia Pugacheva, "COVID-19 Inflation Weights in the UK and Germany", *Journal of Macroeconomics* 79 (March 2024): 103543.
32. 독일과 영국의 경우는 다음을 참조하라. Francesco Grigoli and Evgenia Pugacheva, "COVID-19 Inflation Weights in the UK and Germany", *Journal of Macroeconomics* 79 (March 2024): 103543. 미국의 경우는 다음을 참조하라. Alberto Cavallo, "Inflation with Covid Consumption Baskets", IMF Economic Review 72 (2024), 902–17.
33. Tooze, "Chartbook #42—The Great Inflation Debate".
34. 이 관점을 제시해준 에릭 로너건(Eric Lonergan)에게 감사를 표한다.
35. 30년 만기 고정금리 주택담보대출을 받았다면 이야기가 다르다. 이 경우에는 집을 팔지 않는 한 금리 인상의 영향을 받지 않는다.
36. Jared Bernstein, Ernie Tedeschi, and Sarah Robinson, "Housing Prices and Inflation", White House Council of Economic Advisers, blog, https://bidenwhitehouse.archives.gov/cea/written-materials/2021/09/09/housing-prices-and-inflation/. 다음도 함께 참조하라. Christopher D. Cotton, "A Faster Convergence of Shelter Prices and Market Rent: Implications for Inflation", Federal Reserve Bank of Boston, Current Policy Perspectives, June 17, 2024: https://www.bostonfed.org/publications/current-policy-perspectives/2024/a-faster-convergence-of-shelter-prices-and-market-rent-implications-for-inflation.aspx#:~:text=Given%20that%20shelter%20comprises%2036.1,PCE%2C%20respectively%2C%20from%20June%202024.
37. 그렇다면 왜 자동차나 다른 내구재는 CPI에 포함될까? 자동차는 매우 비싸고 자주 사는 물건도 아니기 때문에 자동차 구매는 소비라기보다 투자로 볼 수도 있다. 주택과 자동차의 차이는 주택의 가치가 훨씬 더 서서히 감소한다는 점이다. 주택은 더 오래 지속되기 때문에 구매 주기도 더 길다. 게다가 주택은 감가상각이 되더라도 시간이 흐름에 따라 가치가 오르는 경우가 많다. 그러나 자동차는 대부분 그렇지 않다. 시간이 지나도 가치가 오르는 자동차는 자산으로 간주되며 세금 계산 시에도 다르게 취급되곤 한다. 예를 들어 '클래식 카' 보유는 자산으로 인정되기도 한다.
38. Alexander Conner, Sophia Campbell, Louise Sheiner, and David Wessel, "How Does the Consumer Price Index Account for the Cost of Housing?", Brookings, January 31, 2024, https://www.brookings.edu/blog/up-front/2022/05/18/how-does-the-consumer-price-index-account-for-the-cost-of-housing/. 전문가들이 CPI에 주택을 포함시키는 최선의 방법에 대해 여전히 논쟁을 벌이고 있다는 점에 주목해야 한다. 예를 들어, 미국 국립과학원의 최근 연구에서도 여전히 소유자 귀속 임대료를 소유 부동산에 대한 주택 서비스 가격을 추정하는 주요 접근법으로 간주하고 있다. 다음을 참조하라. National Academy of Sciences, Engineering, and Medicine,

"Modernizing the Consumer Price Index for the 21st Century", Washington DC: The National Academy Press, 2022. https://doi.org/10.17226/26485.
39. Bernstein, Tedeschi, and Robinson, "Housing Prices and Inflation".
40. The Economist explains, "Why Don't Rising House Prices Count Towards Inflation?", The Economist, July 29, 2021, https://www.economist.com/the-economist-explains/2021/07/29/why-dont-rising-house-prices-count-towards-inflation.
41. Bernstein, Tedeschi, and Robinson, "Housing Prices and Inflation".
42. 주택 가격 데이터는 백악관 경제자문위원회가 발표한 케이스-실러 지수(Case-Shiller Index)를 바탕으로 한다. 인플레이션은 노동통계국의 데이터를 토대로 한 CPI-U를 참고로 한다.
43. 그러나 '주택 가격 인플레이션'은 인플레이션이 아니라는 점을 기억하라.
44. Tyler Powell and David Wessel, "Why Is the New Zealand Government Telling Its Central Bank to Focus on Rising House Prices?", Brookings, April 2, 2021, https://www.brookings.edu/blog/up-front/2021/04/02/why-is-the-new-zealand-government-telling-its-central-bank-to-focus-on-rising-house-prices/.
45. Jayden Fennell, "Revealed—How Much NZ Housing Values Fell in 2022", NZ Adviser, January 6, 2023, https://www.mpamag.com/nz/news/general/revealed-how-much-nz-housing-values-fell-in-2022/431922.
46. "ECB's Governing Council Approves Its New Monetary Policy Strategy", European Central Bank, press release, July 8, 2021, https://www.ecb.europa.eu/press/pr/date/2021/html/ecb.pr210708~dc78cc4b0d.en.html.
47. Stanislas Jourdan, "It Is Time to Include Housing Prices into the ECB's Inflation Index", Positive Money Europe, January 16, 2018, https://positivemoney.org/eu/archive/housing-prices-inflation-index/.
48. Daniel Gros, "Persistent Low Inflation in the Euro Area: Mismeasurement Rather Than a Cause for Concern?", CEPS—Monetary Dialogue, February 2018, https://www.europarl.europa.eu/RegData/etudes/IDAN/2018/614214/IPOL_IDA(2018)614214_EN.pdf.
49. 영국은행은 영국 국가통계청(ONS)에서 작성하는 CPI를 목표 기준으로 삼는다. 그런데 ONS는 자가 거주자의 주거 비용을 포함하는 '주거비 포함 소비자물가지수(CPIH)'도 작성한다. 2022년 7월에 CPI는 10.1퍼센트였던 반면, CPIH는 8.8퍼센트였다. "Consumer Price Inflation, UK: July 2022", Office for National Statistics(ONS) news release, August 17, 2022, https://www.ons.gov.uk/economy/inflationandpriceindices/bulletins/consumerpriceinflation/july2022.
50. 정확한 이름은 '모든 도시 소비자 대상 연쇄 소비자물가지수(Chained Consumer Price Index for All Urban Consumers)'이다.

51. Michael Ng and David Wessel, "The Hutchins Center Explains: The Chained CPI", Brookings, updated June 9, 2023, https://www.brookings.edu/blog/upfront/2017/12/07/the-hutchins-center-explains-the-chained-cpi/.
52. Salwati and Wessel, "How Does the Government Measure Inflation?"
53. "Official Bank Rate History", accessed May 28, 2023, https://www.bankofengland.co.uk/boeapps/database/Bank-Rate.asp.
54. Mark Tran, "Brown Confirms Inflation Target Change", The Guardian, December 10, 2003, https://www.theguardian.com/uk/2003/dec/10/budget2004.budget3.
55. Martin Arnold, "ECB 'Cannot Ignore' House Price Surge in Inflation Assessment, Says Executive", *Financial Times*, February 15, 2022, https://www.ft.com/content/d874327c-ce79-4772-b63f-b8f56e30be8d.

제2장

1. *Der Spiegel* 인터뷰, June 20, 2005.
2. 당시에는 유럽중앙은행이 아직 존재하지 않았고 유럽의 금리는 각국 중앙은행이 독자적으로 결정했다.
3. Bank for International Settlements, Central Bank Policy Rates database, https://data.bis.org/topics/CBPOL.
4. 2024년 5월 기준 미국의 실업률은 4퍼센트였다. 팬데믹으로 인해 2020년 4월에 14.9퍼센트까지 치솟았던 실업률에 비해서는 크게 낮은 수준이다. 연준이 2021년 3월 금리 인상에 나섰을 때 실업률은 이미 6.1퍼센트로 떨어져 있었고 2022년 3월에는 3.6퍼센트까지 계속해서 하락했다. 이후 2023년 4월에 3.4퍼센트에서 조금씩 오르기 시작하여 2024년 5월에 4퍼센트에 이른 것이다. 데이터 출처는 다음과 같다. US Bureau of Labor Statistics, "United States Unemployment Rate", Trading Economics, https://tradingeconomics.com/united-states/unemployment-rate#:~:text=June%20of%202024...Unemployment%20Rate%20in%20the%20United%20States%20increased%20to%204%20percent,macro%20models%20and%20analysts%20expectations.
5. 예를 들어 다음 예를 참조하라. Jessica Smialek, "Is American Beholding Immaculate Disinflation?", *New York Times*, November 17, 2023, https://www.nytimes.com/interactive/2023/11/17/business/what-is-immaculate-disinflation.html; Jeffrey Frankel, "Does the Fed Deserve Credit for the Disinflation?", Belfer Centre, *Views on the Economy and the World* blog post, November 19, 2023, https://www.belfercenter.org/publication/does-fed-deserve-credit-disinflation.
6. Arthur F. Burns, "The Anguish of Central Banking", lecture, Sixteenth Per Jacobsson Lecture, Belgrade, Yugoslavia, September 30, 1979, https://fraser.stlouisfed.org/files/docs/publications/FRB/pages/1985-1989/32252_1985-1989.

pdf.
7. 원래 볼커는 금리 인상에만 의존하지 않았다. 1980년 연준은 대출을 과도하게 내주는 은행을 제재하려는 목적으로 신용 규제를 도입했다. 이는 특정 유형의 대출에도 적용되었고, 특히 소비자 대출을 억제하는 데 도움이 되었을 것이다. 신용 규제는 지나칠 정도의 효과를 냈고, 애초의 의도보다 훨씬 더 큰 폭으로 소비를 위축시켜 단기간의 경기 침체를 불러왔다. 그 까닭은 신용 규제가 모호하고 불분명한 조치라 은행들이 혼란에 빠졌고 그로 인해 소비자들이 대출을 꺼렸기 때문이다. 볼커는 곧 그 정책을 포기했다.
8. 이것이 왜 그 시대의 옳은 교훈이 아닌지에 대해서는 제5장에서 자세히 다룬다.
9. Adam Tooze, "The 1970s Weren't What You Think", *Foreign Policy*, July 1, 2022, https://foreignpolicy.com/2022/07/01/global-economy-policy-financial-crisis-1970s/.
10. Greta Krippner, *Capitalizing on Crisis: The Political Origins of the Rise of Finance* (Cambridge, MA: Harvard University Press, 2011).
11. Òscar Jordà, Sanjay R. Singh, and Alan M. Taylor, "Does Monetary Policy Have Long-Run Effects?", FRBSF Economic Letter 2023-23, September 5, 2023, https://www.frbsf.org/economic-research/publications/economic-letter/2023/september/does-monetary-policy-have-long-run-effects/.
12. 이른바 화폐 중립성 가설(neutrality of money thesis)이다. 이에 따르면 화폐 공급을 늘리는 것은 통화 단위에 '0'을 하나 더 붙이는 것과 같다. 그러면 정말로 열 배 더 부자가 되는 걸까? 어쩌면 몇 시간 동안은 그렇게 느낄지 몰라도, (적어도 이론상으로는) 물가는 꽤 빠르게 조정될 것이다.
13. Isabel Schnabel, "The Risks of Stubborn Inflation", speech at Euro50 Group conference on "New Challenges for the Economic and Monetary Union in the Post-Crisis Environment", Luxembourg, June 19, 2023, https://www.ecb.europa.eu/press/key/date/2023/html/ecb.sp230619_1~2c0bdf2422.en.html.
14. 정부는 공급자에게 보조금을 지급하여 충분한 상품을 생산하도록 함으로써 그런 문제를 피할 수 있다. 그러나 그렇게 하면 막대한 재정 부담이 발생한다. 더 자세한 내용은 다음을 참조하라. Unlike Batmanghelidjh and Tobias, "Temporary Price Controls as a Second-Best Option to Control Sudden Spikes in the Prices of Basic Necessities", *World Bank Malaysia Hub Research and Policy Briefs*, no. 56 (May 24, 2022), https://documents1.worldbank.org/curated/en/099305005242213626/pdf/IDU07fa7a81307124043c40a3bf061511543f94a.pdf.
15. 애플 컴퓨터나 아이폰, 혹은 두 업체가 판매하는 40종류의 시리얼을 생각해보라.
16. Gene Healy, "Remembering Nixon's Wage and Price Controls", Cato Institute, August 16, 2011, https://www.cato.org/commentary/remembering-nixons-wage-price-controls.
17. 그러한 결정은 브레턴우즈 체제(Bretton Woods system)를 포기하는 결정과도 맞물려 있었다. 브레턴우즈 체제에서는 고정 환율로 외국 통화를 미국 달러로 교환할 수 있었다.

18. 마크업의 효과를 추정하는 데 어려움이 따르는 이유다. 제6장을 참조하라.
19. Mark Blyth, *Great Transformations: Economic Ideas and Institutional Change in the Twentieth Century* (Cambridge: Cambridge University Press, 2002), 136.
20. Benjamin Hunt, "Oil Price Shocks and the U.S. Stagflation of the 1970s: Some Insights from GEM", Energy Journal 27, no. 4 (2006), https://journals.sagepub.com/doi/pdf/10.5547/ISSN0195-6574-EJ-Vol27-No4-3.
21. 이 주제에 대한 일부 증거는 다음과 같다. Ryan Bourne, "National Conservatives Can't Find a Good Excuse for Viktor Orban's Inflation Disaster", Cato Institute, February 2, 2023, https://www.cato.org/commentary/national-conservatives-cant-find-good-excuse-viktor-orbans-inflation-disaster.
22. Ian Johnson and Marton Dunai, "Europe's Politicians Impose Price Caps to Address Soaring Food Costs", *Financial Times*, May 21, 2023, https://www.ft.com/content/133ca49d-b25a-4fee-9bfa-d8cf26af5b3b.
23. Uxó González, "Inflation and Counter-Inflationary Policy Measures: The Case of Spain", IMK Study, no. 83-5 (2022), Macroeconomic Policy Institute (IMK) at the Hans Boeckler Foundation, https://www.econstor.eu/bitstream/10419/270347/1/p_imk_study_83-05_2022.pdf.
24. Reuters, "Hungary Agrees on Option for More Russian Gas Shipments, Oil Transit Fees", April 11, 2023, https://www.reuters.com/business/energy/hungary-agrees-option-more-russian-gas-shipments-oil-transit-fees-2023-04-11/.
25. International Monetary Fund's DataMapper for year 2023, https://www.imf.org/external/datamapper/NGDPDPC@WEO/ESP/HUN.
26. Eurostat, "EU Food Inflation: Oils and Fats Up 23% in March 2023", May 8, 2023, https://ec.europa.eu/eurostat/web/products-eurostat-news/w/ddn-20230508-2.
27. Lukunyo Mnyanda, "Are Scotland's Rent Controls Working?", *Financial Times*, August 3, 2023, https://www.ft.com/content/2152bba5-9da4-446f-b780-2fa4fe5e3c7d.
28. 물론 집주인 가운데 상당수는 주택담보대출이 없었고 단지 그 시기를 구실 삼아 역사적 기준을 크게 웃도는 수준으로 임대료를 올렸다. 이는 이사벨라 베버 등의 경제학자가 '판매자 인플레이션'으로 부르는 현상의 사례로서 이어서 자세히 다룰 것이다.
29. Office of National Statistics (UK) Data Visualisations: House Prices in Edinburgh, June 11, 2024, https://www.ons.gov.uk/visualisations/housingpriceslocal/S12000036/#.
30. Isabella M. Weber, Thor Beckmann, and Jan-Erik Thie, "The Tale of the German Gas Price Brake: Why We Need Economic Disaster Preparedness in Times of Overlapping Emergencies", *Intereconomics* 58, no. 1 (2023), 11.

31. 이 제안은 원래 2022년에 세바스티안 둘렌(Sebastian Dullen)과 이사벨라 베버가 일련의 기고문에서 내놓은 것이었다. '멍청하다(stupid)'는 표현은 폴 크루그먼이 트위터에서 베버의 제안에 답하며 쓴 말에서 비롯된 것이며 그는 이후 사과했다. 둘렌과 베버가 지적한 바와 같이, 제안에 대한 경제학자들의 이후 반응은 '압도적으로 비판적'이었다. 다음을 참조하라. Weber, Beckmann, and Thie, "The Tale of the German Gas Price Brake".
32. Weber, Beckmann, and Thie, "The Tale of the German Gas Price Brake", 1.
33. "German Gas Price Brake Will Be Much Cheaper Than Expected", IFO Institute press release, August 9, 2023, https://www.ifo.de/en/press-release/2023-08-09/german-gas-price-brake-will-be-much-cheaper-expected.
34. 가격 통제 대상의 성격(폭발성이 있는 대규모 원자재)를 고려할 때 암시장이 형성될 가능성이 거의 없었다.
35. Noah Smith, Noahpinion blog, January 9, 2023, https://www.noahpinion.blog/p/price-controls-too-early-for-a-victory.
36. 가격 통제와 가격 보조의 주된 차이는 전자가 규제의 형태라면 후자는 어떤 행위를 장려하기 위한 인센티브 방식이라는 점이다.
37. 대표적인 사례로는 다음을 참조하라. Christopher J. Neely, "Why Price Controls Should Stay in the History Books", Federal Reserve Bank of St. Louis, March 24, 2022, https://www.stlouisfed.org/publications/regional-economist/2022/mar/why-price-controls-should-stay-history-books; Zachary Carter, "What if We Are Thinking About Inflation All Wrong?", *New Yorker*, June 6, 2023, https://www.newyorker.com/news/persons-of-interest/what-if-were-thinking-about-inflation-all-wrong.
38. Isabella Weber, *How China Escaped Shock Therapy* (New York: Routledge, 2021).
39. European Union Agency for the Cooperation of Energy Regulators, *ACER Annual Report on the Results of Monitoring the Internal Electricity and Natural Gas Markets in 2020—Energy Retail Markets and Consumer Protection Volume*, November 9, 2021, https://www.ceer.eu/national-report/national-reporting-2021/. 이 관찰에 대해 브렛 크리스토퍼스(Brett Christophers)에게 감사를 표한다.
40. HM Revenue and Customs, "Electricity Generator Levy on Exceptional Electricity Generation Receipts", *policy paper*, December 20, 2022, https://www.gov.uk/government/publications/electricity-generator-levy/electricity-generator-levy-on-exceptional-electricity-generation-receipts. 영국 정부가 설정한 기준점은 MWh당 75파운드였다. 2023년 1월 1일부터 2028년 3월 31일까지의 기간 동안 이 금액을 초과하는 모든 수입은 '예외적 수입'으로 간주되어 그에 따라 과세될 것이다.

41. 에너지 기업들이 횡재세에 대해 '위헌 소지가 있다'며 소송을 제기할 수도 있다는 점은 여러 이탈리아 논객이 지적해온 바다. 이는 2008년 이탈리아 정부가 에너지 기업이 고유가로 인해 얻은 초과 이익에 과세하기 위해 도입했던 로빈 후드세(Robin Hood Tax)를 연상케 한다. 당시 이탈리아 헌재는 해당 세제가 설계 방식과 이익 정의 방식 때문에 위헌이라고 보고 로빈 후드세를 기각했다. 이런 전례 때문에 일부 논객은 최근의 횡재세 역시 같은 운명을 맞이할 것이라 내다본다. 예를 들어, 다음을 참조하라. Fabio Ghiselli, "Tax on Extra Profits, Pros and Cons of Extraordinary Tax Measures", Econopoly, August 10, 2023, https://www.econopoly.ilsole24ore.com/2023/08/10/extraprofit-governo-tassa/.

42. 이탈리아 은행들의 금리 전가율(pass-through rate)은 유로 지역의 다른 은행들에 비해 낮았다. 유럽중앙은행의 정책에 따라 동일한 기준 금리를 적용했음에도 이탈리아 은행들의 금리 전가율은 11퍼센트에 불과했던 반면에 유로 지역 평균은 20퍼센트였다. 독일은 20퍼센트, 네덜란드는 26퍼센트, 프랑스는 35퍼센트로 훨씬 더 높았고, 다른 중앙은행 관할이었지만 유사한 정책 변화에 직면했던 미국(25퍼센트)과 영국(43퍼센트) 역시 더 높은 금리 전가율을 보였다. Lorenzo Morettini and Donato Di Carlo, "Italy: Banking on the Wrong Tax", LUHNIP Policy Brief 1/2023 (Rome, Italy: Luiss Institute for European Analysis and Policy, November 20, 2023), https://leap.luiss.it/wp-content/uploads/2023/11/LUHNIP-Policy-Brief-1.23-OK.pdf.

43. 스페인은 다소 온건한 조치를 취했는데 은행의 순이자 수익과 순수수료 수익이 8억 유로를 초과하는 부분에 대해 4.8퍼센트의 횡재세를 부과했다.

44. "I Pro e i Contro della Tassa Sugli 'Extraprofitti' delle Banche", [The Pros and Cons of the Tax on Banks' "Extra Profits"], *Pagella Politica*, August 9, 2023, https://pagellapolitica.it/articoli/pro-contro-tassa-extraprofitti-banche.

45. 그러나 인플레이션을 상당 부분 '판매자 인플레이션'에서 비롯된 것으로 본다면 횡재세는 인플레이션을 통제하는 장치로 작동할 수 있다. 이 점에 대해 알려준 브렛 크리스토퍼스에게 감사한다.

46. 좀 더 기술적으로 말하면 2022년 HICP에서 식품 가중치는 1분위(소득 하위 20퍼센트)에서 33.2퍼센트였고 5분위(소득 상위 20퍼센트)에서는 16.5퍼센트였다. 에너지의 경우 1분위에서는 14.6퍼센트, 5분위에서는 6.7퍼센트였다. 이러한 결과는 이탈리아은행의 자료에 기반했다. Francesco Corsello and Marianna Riggi, "Inflation Is Not Equal for All", VoxEU Column, Center for Economic Policy Research, November 26, 2023, https://cepr.org/voxeu/columns/inflation-not-equal-all.

47. Moretti and Di Carlo, "Italy: Banking on the Wrong Tax".

48. 과세 대상이 되는 은행의 범위는 이자 이익률의 기준치를 올리는 방식으로 제한되었다. 2021년 대비 2022년에 계상된 이자 이익률의 경우 기준이 3퍼센트에서 5퍼센트로, 2022년 대비 2023년에 계상된 이자 이익률의 경우 6퍼센트에서 10퍼센트로 상향 조정되었다. 또한 이 정책은 금융회사의 규모에 따라 세부적으로 조정되었다. 세금의 부담 한도는 은행 자산의 0.1퍼센트와 자기자본의 25퍼센트로 제한되었다. 출처는 다음과

같다. Lorenzo Moretti and Donato Di Carlo, "Italy: Banking on the Wrong Tax", LUISS Institute for European Analysis and Policy, LUHNIP Policy Brief 1/2023, https://leap.luiss.it/wp-content/uploads/2023/11/LUHNIP-Policy-Brief-1_23-OK.pdf.

49. Benoit Van Overstraeten and Leigh Thomas, "France Strong-Arms Big Food Companies into Cutting Prices", Reuters, June 9, 2023, https://www.reuters.com/markets/europe/frances-le-maire-says-75-food-firms-cut-prices-2023-06-09/.

50. Leigh Thomas and Richa Naidu, "France Says Nestle, Unilever, Pepsico Among Firms Not Toeing the Line on Prices", Reuters, August 31, 2023, https://www.reuters.com/business/retail-consumer/france-reaches-agreement-with-food-retailers-producers-cut-prices-le-maire-2023-08-31/.

51. "In August 2023, Consumer Prices Increased by 4.8% Year on Year", Informations Rapides No 218, Insee, August 31, 2023, https://www.insee.fr/en/statistiques/7662184.

52. Adrienne Klasa and Madeleine Speed, "French Retailer Carrefour Drops Pepsico Products over High Prices", *Financial Times*, January 4, 2024, https://www.ft.com/content/acdb9c48-1a8b-40b5-8418-394be39067da.

53. Isabella Weber and Hao Qi, "The State-Constituted Market Economy: A Conceptual Framework for China's State-Market Relations", University of Massachusetts Amherst, Economics Department Working Paper Series 319, January 1, 2022, https://doi.org/10.7275/kj02-f646.

54. "President Biden Announces Release from the Strategic Petroleum Reserve as Part of Ongoing Efforts to Lower Prices and Address Lack of Supply Around the World", White House, press release, November 23, 2021, https://bidenwhitehouse.archives.gov/briefing-room/statements-releases/2021/11/23/president-biden-announces-release-from-the-strategic-petroleum-reserve-as-part-of-ongoing-efforts-to-lower-prices-and-address-lack-of-supply-around-the-world/.

55. "Biden Administration Responds to Putin's Price Hike by Awarding First Barrels from Historic Strategic Petro-leum Reserve Release & Deploying Affordable Clean Energy", White House, press release, April 21, 2022, https://bidenwhitehouse.archives.gov/briefing-room/statements-releases/2022/04/21/fact-sheet-biden-administration-responds-to-putins-price-hike-by-awarding-first-barrels-from-historic-strategic-petroleum-reserve-release-deploying-affordable-clean-energy/.

56. "The Price Impact of the Strategic Petroleum Reserve Release", U.S. Department of the Treasury, press release, July 26, 2022, https://home.treasury.gov/news/

press-releases/jy0887.
57. 미국 에너지부에 따르면 미국 전략 비축유의 유지 관리에는 연방 정부 직원 111명과 계약업체 및 하도급업체 인력 887명이 투입되고 있다고 한다. https://www.energy.gov/ceser/spr-faqs.
58. Corsello and Riggi, "Inflation Is Not Equal for All", 코르셀로와 리기의 연구에 따르면, 통화정책을 엄격히 실행하지 않았더라면 최하위 소득계층(1분위)과 최고위 소득계층(5분위) 간의 인플레이션 격차가 가장 컸을 때 약 3퍼센트포인트 더 작았을 것으로 추정된다.
59. 그러나 톰 크렙스(Tom Krebs)와 이사벨라 베버는 최근 논문에서 미래 가격에 대한 내생적 불확실성이 광범위할 때 가격 통제가 오히려 최적의 정책이 될 수 있다고 주장한다. 가격 통제가 기대치를 재조정하여 생산 유인을 바꿀 수 있다는 것이다. 다만 이들의 연구는 이론적 성격이 강해서 직접적으로 논의하지는 않겠지만 그 자체로는 상당히 설득력이 있다. 다음을 참조하라. Krebs and Weber, "Can Price Controls Be Optimal? The Economics of the Energy Shock in Germany", University of Massachusetts Amherst, March 2024, Working Paper Series no. 597, PERI, https://peri.umass.edu/images/publication/WP597.pdf.

제3장

1. Jordan Weissmann, "Why Larry Summers Thinks We Need Massive Unemployment to Beat Inflation", *Slate*, July 7, 2022, https://slate.com/business/2022/07/larry-summers-massive-unemployment-fed-inflation.html.
2. Paul Krugman, "History Says Don't Panic About Inflation", *New York Times*, November 11, 2021, https://www.nytimes.com/2021/11/11/opinion/inflation-history.html.
3. Larry Summers, quoted in John Cassidy, "Is Larry Summers Really Right About Biden and Inflation?", *New Yorker*, April 8, 2022, https://www.newyorker.com/news/our-columnists/is-larry-summers-really-right-about-inflation-and-biden.
4. Senator Mitch McConnell, quoted in "Explainer: Republicans Blame Biden for Inflation, But Are They Right?", Reuters, November 1, 2021, https://www.reuters.com/world/us/republicans-blame-biden-inflation-are-they-right-2021-11-01/.
5. 추정치에 대한 조사는 다음을 참조하라. Olivier Blanchard and Daniel Leigh, "Growth Forecast Errors and Fiscal Multipliers", *American Economic Review* 103, no. 3 (2013): 117-20, https://www.aeaweb.org/articles?id=10.1257/aer.103.3.117.
6. 예를 들어 다음을 참조하라. Veronique de Rugy and Jack Salmon, "Declining Fiscal

Multipliers and Inflationary Risks in the Shadow of Public Debt", Mercatus Policy Brief, August 22, 2022, https://www.mercatus.org/research/policy-briefs/declining-fiscal-multipliers-and-inflationary-risks-shadow-public-debt.
7. Òscar Jordà et al., "Why Is US Inflation Higher Than in Other Countries?", FRBSF Economic Letter 2022-07, Federal Reserve Bank of San Francisco, March 28, 2022, https://www.frbsf.org/economic-research/publications/economic-letter/2022/march/why-is-us-inflation-higher-than-in-other-countries/.
8. "How Much Money Did the Pandemic Pro-grams Pay Out?", Pandemic-OversightGov, November 1, 2021, https://www.pandemicoversight.gov/news/articles/how-much-money-did-pandemic-unemployment-programs-pay-out.
9. "Update: Three Rounds of Stimulus Checks: See How Many Went Out and for How Much", PandemicOversight.Gov, February 17, 2022, https://pandemicoversight.gov/data-interactive-tools/data-stories/update-three-rounds-stimulus-checks-see-how-many-went-out-and.
10. 경제학 용어로 표현하면 저소득층은 부유층보다 한계 소비 성향이 더 강하다. 현금을 곧 바로 써버린다는 뜻이다.
11. 게다가 옥스팜에 따르면 2020년 이후 새롭게 창출된 부의 3분의 2가 상위 1퍼센트에게 집중되었다고 한다. 따라서 화폐의 유통 속도 증가가 인플레이션의 주요 동력으로서 경제 전반에 걸쳐 나타났다고 보기는 어려우며, 이러한 현상은 오히려 극소수 최상위 계층의 부 증가 부문에만 국한되었다고 할 수 있다. 이러한 고찰을 전해준 알렉스 스미스(Alex Smith)에게 감사한다. Anthony Kamande, "Survival of the Richest", Methodology Note, OXFAM, January 2023, https://oxfamilibrary.openrepository.com/bitstream/handle/10546/621477/mn-survival-of-the-richest-methodology-160123-en.pdf.
12. Federal Reserve Bank of New York, Quarterly Report on Household Debt and Credit 2020: Q2, August 2020, https://www.newyorkfed.org/medialibrary/interactives/householdcredit/data/pdf/hhdc_2020q2.pdf/.
13. Federal Reserve Bank of New York, Quarterly Report on Household Debt and Credit 2021: Q1, May 2021, https://www.newyorkfed.org/medialibrary/interactives/householdcredit/data/pdf/hhdc_2021q1.pdf.
14. Thesia I. Garner, Adam Safir, and Jake Schield, "Receipt and Use of Stimulus Payments in the Time of the Covid-19 Pandemic", *Prices and Spending* 9, no. 10 (August 2020), https://www.bls.gov/opub/btn/volume-9/receipt-and-use-of-stimulus-payments-in-the-time-of-the-COVID-19-pandemic.htm.
15. "Background", Center for Microeconomic Data, Federal Reserve Bank of New York, https://www.newyorkfed.org/microeconomics/hhdc.html.
16. Federal Reserve Bank of San Francisco, "Pandemic-Era Excess Savings",

undated, https://www.frbsf.org/research-and-insights/data-and-indicators/pandemic-era-excess-savings/.

17. "Nearly 1 in 10 Americans Have Used Stimulus Checks to Invest in Crypto", Harris Poll, March 17, 2021, https://theharrispoll.com/briefs/stimulus-check-spending/.

18. 제임스(James Forder)는 필립스 곡선에 대한 공식적 역사 서사에 심각한 의문을 제기했다. 그는 필립스 곡선을 정책 메뉴처럼 활용할 수 있다는 개념이 처음부터 사실이 아니었다고 주장했다. 더 나아가 프리드먼과 펠프스가 기대 효과를 추가하여 곡선을 '무너뜨렸다'는 통념 역시 1970년대 후반 이후의 경제학 교과서를 통해 뒤늦게 형성된 서사라고 했다. 필립스 곡선이 논박에 유용한 '허수아비'로 기능했기 때문에 나중에야 역사적 사실로 굳어졌다는 것이 그의 핵심 주장이다. 그는 최근 인터뷰에서 이렇게 말했다. "중앙은행 연구 부서 사람들이 쓴 피상적이고 짧은 글은 놀랄 정도로 많다. 그 글들은 필립스 곡선의 신화를 역사적 사실인 양 반복했고 (…) 때로는 노골적으로 '바로 이러한 이유에서 독립적인 중앙은행이 필요하다'라고까지 말했다." 이런 맥락에서 보면, 서머스가 했듯이 필립스 곡선을 레토릭으로 활용하여 '불가피한' 경기 침체를 주장하는 것도 전형적이고 자주 이용되는 방식이라고 할 수 있다. 다음을 참조하라. Seth Ackerman, "The Myth at the Heart of Modern Economics", Jacobin, April 2023, https://jacobin.com/2023/04/phillips-curve-myth-unemployment-inflation-wages-milton-friedman-economics.

19. 이에 독자들은 '인플레이션과 실업 사이에 최적의 균형점이 있는가?'라는 의문을 품을 수 있다. 주류 경제학자들은 그렇다고 본다. 해당 관점에 따르면 인플레이션이 가속화하지 않는 'NAIRU(자연실업률)'이라는 것이 존재한다. 이 개념은 아무리 노동시장이 호황이라 해도 구직 이동, 졸업 후 첫 일자리 탐색, 기술 부족 등으로 인해 일정 정도의 낮은 실업은 항상 존재한다는 것이다. 이 틀에서, 실업은 NAIRU에서 이탈할 때만 인플레이션과 상관관계를 갖는다. 따라서 정책 결정자의 임무는 실업률을 높여 다시 그 자연 수준으로 되돌리는 것이다. 문제는 지난 20년 동안 인플레이션이 거의 일정하게 유지되었는데도 NAIRU는 크게 요동쳤다는 점이다. 이는 장기간에 걸쳐 실업과 인플레이션 간에 사실상 상충 관계가 존재하지 않는다는 뜻이다. 에릭 로너건이 지적했듯이 더 큰 문제는 NAIRU라는 틀이 암묵적으로 "인플레이션이 가속화되기 시작하는 특정 실업률이 있다"라고 가정한다는 것이다. 그러나 이는 실증적으로 거짓이다. 여전히 그 틀을 고수하는 이들은 "그런 수준이 분명히 존재하지만 우리가 그 위치를 모를 뿐"이라고 주장한다. 그러나 그것이 어디 있는지도 모른다면 어떻게 정책에 활용할 수 있겠는가? 더 나아가, 만약 실업률이 극도로 낮은 수준이라면 특정 실업률일 때 인플레이션이 가속화된다고 해도 경제는 자본의 노동 대체나 다른 메커니즘을 통해 그러한 상황에 점진적으로 적응하지 않을까?

20. Board of Governors of the Federal Reserve System (US), "Federal Funds Effective Rate", FRED, Federal Reserve Bank of St.Louis, updated July 4, 2024, https://fred.stlouisfed.org/series/FEDFUNDS.

21. 여기서는 단순화된 필립스 곡선을 설명한다. 원래의 임금 주도형 필립스 곡선은 1960년 대의 인플레이션을 설명하는 데 유용했다. 1970년대에 들어서는 인플레이션 기대와 공급 측면 충격을 반영하도록 곡선이 수정되었다(원래 곡선은 수요 주도 요인만 고려했다). 이러한 차이가 있지만 필립스 곡선의 핵심에 있는 실업과 인플레이션 간의 상충 관계는 그대로 남았다.
22. Jongrim Ha, M.Ayhan Kose, and Franziska Ohnsorge, "From Low to High Inflation: Implications for Emerging Market and Developing Economies", CEPR Policy Insight, no. 115, Center for Economic Policy Research, March 30, 2022, https://ideas.repec.org/p/koc/wpaper/2202.html.
23. Thomas Oatley and Mark Blyth, "The Death of the Carbon Coalition", Foreign Policy, February 12 2021, https://foreignpolicy.com/2021/02/12/carbon-coalition-median-voter-us-politics/.
24. John Maynard Keynes, *The General Theory of Employment, Interest, and Money* (New York: Harcourt 1964), chapter 2.
25. 이는 앤드루 베일리(Andrew Bailey) 잉글랜드은행 총재가 영국 근로자들에게 임금 인상을 요구하지 말라고 했던 그 악명 높은 주장과 일맥상통한다. 다음을 참조하라. William Schomberg and Alistair Smout, "Bank of England Calls for Wage Restraint to Keep Grip on Inflation", Reuters, February 4, 2022, https://www.reuters.com/world/uk/boes-bailey-says-wage-restraint-key-keeping-grip-inflation-2022-02-04/.
26. Frederic Boissay et al., "Are Major Advanced Economies on the Verge of a Wage-Price Spiral?", *BIS Bulletin*, no. 53, Bank for International Settlements, May 4, 2022, https://www.bis.org/publ/bisbull53.pdf.
27. Sangmin Aum and Yongseok Shin, "Why Is the Labor Share Declining?", Federal Reserve Bank of St. Louis, *Review* 102, no. 4 (Fourth Quarter 2020), https://research.stlouisfed.org/publications/review/2020/10/22/why-is-the-labor-share-declining.
28. Carter C. Price and Kathryn A. Edwards, "Trends in Income from 1975 to 2018", Working Paper no. WR-A516-1, RAND Corporation, September 14, 2020, https://doi.org/10.7249/WRA516-1.
29. Boissay et al., "Are Major Advanced Economies on the Verge of a Wage-Price Spiral?"
30. Isabel Schnabel, "The Globalisation of Inflation", speech at conference organised by the Österreichische Vereinigung für Finanzanalysen und Asset Management, Vienna, May 11, 2022, https://www.bis.org/review/r220513b.htm.
31. Jorge A.Alvarez et al., "Wage-Price Spirals: What Is the Historical Evidence?", IMF Working Paper 2022/261, Research Department, International Monetary Fund, Washington, DC, November 2022, https://www.imf.org/en/Publications/

WP/Issues/2022/11/11/Wage-Price-Spirals-What-is-the-Historical-Evidence-525073.

32. Boissay et al., "Are Major Advanced Economies on the Verge of a Wage-Price Spiral?"

33. 유럽중앙은행의 니콜로 바티스티니(Niccolò Battistini)와 공동 연구자들은 최근 급격한 인플레이션 이후 임금이 오르지 않았다는 점을 지적했다. 그들은 이렇게 주장했다. "임금 상승율의 둔화 움직임은 (중략) 생산 구조(예를 들어 에너지 의존도의 감소, 글로벌 가치 사슬의 통합 심화), 노동시장 제도(예를 들어 임금 연동제의 축소와 노동조합 조직률의 하락), 통화정책(예를 들어 인플레이션 억제를 명확히 겨냥한 전략)의 변화 등 여러 장기적 경제 변화에서 비롯된 것일 수 있다." 다음을 참조하라. N. Battistini, H.Grapow, E. Hahn, and M. Soudan, "Wage Share Dynamics and Second-Round Effects on Inflation After Energy Price Surges in the 1970s and Today", Box 2, ECB Economic Bulletin, Issue 5/2022, https://www.ecb.europa.eu/pub/pdf/ecbu/eb202205.en.pdf.

34. Alan S. Blinder and Jeremy B.Rudd, "The Supply-Shock Explanation of the Great Stagflation Revisited", in *The Great Inflation: The Rebirth of Modern Central Banking* (Chicago: University of Chicago Press, 2013), 119–75.

35. Jonathan Kirshner, "The Education of Ben Bernanke", review of Ben Bernanke, *21st Century Monetary Policy: The Federal Reserve from the Great Inflation to COVID-19*, in *Boston Review*, August 18, 2022, https://www.bostonreview.net/articles/the-education-of-ben-bernanke/.

36. 마이클 그린(Michael Green)의 설명에 따르면 노동 공급이 늘어나면 노동 비용이 낮아져야 하지만 1960년대 후반에는 그렇지 않았다. 노동을 공급 요인뿐 아니라 수요 요인으로도 봐야 하기 때문이다. 구체적으로 다음과 같은 예를 들 수 있다. "이 시기 여성과 소수자(특히 여성)는 1960년대 이전의 백인 남성들만큼 가정을 꾸리지 않았다. 민권 운동은 그들이 독자적으로 주택을 임대하거나 구매할 수 있는 문을 열어주었다. 그 결과 가구 형성이 급증했는데, 특히 여성이나 소수자가 세대주인 경우가 많았다. 자본 심화(capital deepening)의 부족과 노동 인력의 경험 부족은 생산성을 저해했고, 청정 대기법(Clean Air Act)의 도입은 일자리를 해외로 더욱 밀어냈다. 금리 인상은 이러한 역동성을 더욱 가속화했고, 제조업의 해외 이전과 투자 부족을 초래했다." (마이클 그린과의 개인적 대화)

37. 그러나 2024년의 데이터를 보면 이 같은 결론이 다소 완화될 수도 있다. 이 문제는 결론 부분에서 다시 다룰 것이다.

38. Paul Krugman, "Wonking Out: I'm Still on Team Transitory", *New York Times*, September 10, 2021, https://www.nytimes.com/2021/09/10/opinion/transitory-inflation-covid-consumer-prices.html; Martin Sandbu, "The Case for 'Team Transitory' Lives On", *Financial Times*, June 1, 2023, https://www.ft.com/content/8009bc16-68a5-4d2b-bdfe-31c5b99ea0b8.

39. Sandbu, "The Case for 'Team Transitory' Lives On", 흥미롭게도 팀 트랜지토리에 속한 사람들은 보통 1970년대를 자신들이 받아들여야 할 사례로 보지 않는데, 그 이유는 이어서 논의할 것이다.
40. 예측 전문가조차도 인플레이션의 향후 경로를 예측할 수 없는데, 도대체 어떻게 그들이 이 모든 것을 안다고 하는지는 여전히 수수께끼로 남아 있다.
41. 우리는 이러한 일이 실제로 발생하는지에 대한 실증적 근거를 찾아보았다. 그러나 그 증거는 많지 않았고, 대부분은 인플레이션 자체라기보다는 코로나19 사태에서 나온 것이었다. 다음을 참조하라. T.-H. Cham et al., "Should I Buy or Not? Revisiting the Concept and Measurement of Panic Buying", Current Psychology 42, (2023): 19116–136, https://doi.org/10.1007/s12144-022-03989-9. 결론적으로 보면 자기 실현적 인플레이션 악순환은 실제로 발생하지만, 코로나19 같은 극단적 상황이나 인플레이션이 이미 충분히 고착화되어 있어 사재기가 인플레이션의 원인이 아니라 반응으로 나타나는 경제에서만 관찰된다. 다음도 함께 참조하라. Alberto Cavallo and Oleksiy Kryvtsov, "What Can Stockouts Tell Us About Inflation? Evidence from Online Micro Data", Journal of International Economics 146 (December 2023), https://doi.org/10.1016/j.jinteco.2023.103769.
42. Paul Krugman, "Inflation: A Revolution of Falling Expectations", New York Times, July 19, 2022, https://www.nytimes.com/2022/07/19/opinion/inflation-prices-fed.html.
43. Jongrim Ha, M. Ayhan Kose, and Franziska Ohnsorge, eds., Inflation in Emerging and Developing Economies: Evolution, Drivers, and Policies (Washington, DC: World Bank, 2019).
44. Adam Hale Shapiro, "Decomposing Supply and Demand Driven Inflation", Federal Reserve Bank of San Francisco Working Paper 2022-18, FRBSF, San Francisco, CA, October 2022, https://www.frbsf.org/wp-content/uploads/sites/4/wp2022-18.pdf.
45. Ben Bernanke and Oliver Blanchard, "What Caused the U.S.Pandemic-Era Inflation?", conference draft, prepared for "The Fed: Lessons Learned from the Past Three Years", Brookings Institute's Hutchins Center on Fiscal & Monetary Policy, Washington DC, May 23, 2023, https://www.brookings.edu/wp-content/uploads/2023/04/bernanke-blanchard-conference-draft_5.23.23.pdf.
46. 그리고 자동차 회사들이 이런 사실을 알고 있다면 공급을 더 제한하여 가격이 치솟는 가운데 초과 이익을 거둘 수 있다. 실제로 이는 팬데믹 기간에 미국 자동차 제조사들이 한 행동이다. 다음을 참조하라. Matt Phillips, "Fewer Autos and Bigger Profits for Carmakers", Axios, January 6, 2023, https://www.axios.com/2023/01/06/fewer-autos-and-bigger-profits-for-carmakers.
47. 예를 들어 다음을 참조하라. Alan S.Blinder, "Central-Bank Credibility: Why Do We Care? How Do We Build It?", American Economic Review 90 no. 5 (2000):

1421-31.

48. 예를 들어 최근 기자회견에서 제롬 파월(Jerome Powell)은 다음과 같이 말했다. "우리는 인플레이션 기대치가 억제되지 않는(unanchored) 상황을 내버려둘 수는 없습니다. 그런 일이 일어나는 것은 결코 허용할 수 없습니다." 다음을 참조하라. Chris Anstey, "What Powell Is Monitoring as the Fed Hikes Rates", Bloomberg.com, June 24, 2022, https://www.bloomberg.com/news/newsletters/2022-06-24/what-s-happening-in-the-world-economy-powell-s-dashboard-as-he-hikes-rates.

49. Jeremy B. Rudd, "Why Do We Think That Inflation Expectations Matter for Inflation? (And Should We?)", Finance and Economics Discussion Series 2021-062, Board of Governors of the Federal Reserve System, Washington, DC, September 23, 2021, 18, https://www.federalreserve.gov/econres/feds/files/2021062pap.pdf.

50. 경제학자들은 개인이 실제로는 자신들이 예상한 대로 행동하지 않는다는 사실을 이해하려고 했다. 그 결과 일부 경제학자는 사람들을 '준이성적(near-rational)' 집단으로 분류했는데, 이는 사람들이 물가나 임금을 결정할 때 인플레이션 기대 심리를 무시하거나 고려하지 않는다는 의미다. 다음을 참조하라. George A. Akerlof, William T Dickens, and George L. Perry, "Near-Rational Wage and Price Setting and the Long-Run Phillips Curve", Brookings Paper on Economic Activity, no. 1 (2000): 1-44, https://doi.org/10.1353/eca.2000.0001.

51. Krugman, "Inflation: A Revolution of Falling Expectations".

52. Peter Andre, Carlo Pizzinelli, Christopher Roth, and Johannes Wohlfart, "Subjective Models of the Macroeconomy: Evidence from Experts and Representative Samples", Review of Economic Studies 89(6), November 2022, 2958-2991: https://academic.oup.com/restud/article/89/6/2958/6531788.

53. 다음에서도 유사한 연구 결과를 살펴볼 수 있다. Alberto Binetti, Francesco Nuzzi, and Stefanie Stanchez, "People's understanding of inflation", Journal of Monetary Economics (August 2024), 103652: https://www.sciencedirect.com/science/article/pii/S0304393224001053#sec4; Peter Andre, Carlo Pizzinelli, Christopher Roth, and Johannes Wohlfart, "Subjective Models of the Macroeconomy: Evidence from Experts and Representative Samples", Review of Economic Studies 89(6), November 2022, 2958-2991: https://academic.oup.com/restud/article/89/6/2958/6531788.

54. 그들의 믿음은 다음과 같은 생각에 바탕을 둔다. Peter Andre, Carlo Pizzinelli, Christopher Roth, and Johannes Wohlfart, "Subjective Models of the Macroeconomy: Evidence from Experts and Representative Samples", Review of Economic Studies 89, no. 6 (November 2022): 2958-91, https://academic.oup.com/restud/article/89/6/2958/6531788.

55. Jonathan Benchimol, Makram El-Shagi, and Yossi Saadon, "Do Expert

Experience and Characteristics Affect Inflation Forecasts?", *Journal of Economic Behavior & Organization* 201 (September 2022): 205–26, https://www.sciencedirect.com/science/article/abs/pii/S0167268122002219.

56. Peter Andre et al., "Subjective Models of the Macroeconomy: Evidence from Experts and Representative Samples", *Review of Economic Studies* 89, no. 6 (November 2022): 2958–91, https://academic.oup.com/restud/article/89/6/2958/6531988.

57. Saten Kumar et al., "Inflation Targeting Does Not Anchor Inflation Expectations: Evidence from Firms in New Zealand", conference draft, *Brookings Papers on Economic Activity*, September 10–11, 2015, 4, https://www.brookings.edu/wp-content/uploads/2015/09/KumarTextFall15BPEA.pdf.

58. Isabella M. Weber and Evan Wasner, "Seller's Inflation, Profits and Conflict: Why Can Large Firms Hike Prices in an Emergency", University of Massachusetts Amherst, January 2023, Economics Department Working Paper Series, https://scholarworks.umass.edu/econ_workingpaper/343/.

59. 다만 아주 부유한 동네에서 고급형 피자를 제공하는 경우는 예외일 수 있다. 이때는 가격이 더 비쌀수록 오히려 판매가 늘어날 수 있는데, 이를 기펜재(Giffen good) 현상이라고 부른다.

60. Thomas Philippon, *The Great Reversal: How America Gave Up on Free Markets* (Cambridge, MA: Harvard University Press, 2017).

61. Brett Christophers, *Rentier Capitalism* (New York: Verso, 2020).

62. Weber and Wasner, "Sellers' Inflation, Profits and Conflict".

63. Tom Perkins, "Revealed: Top US Corporations Raising Prices on Americans Even as Profits Surge", The Guardian, April 22, 2022, https://www.theguardian.com/business/2022/apr/27/inflation-corporate-america-increased-prices-profits.

64. Matt Stoller, "Corporate Profits Drive 60% of Inflation Increases", BIG by Matt Stoller, December 29, 2021, https://www.thebignewsletter.com/p/corporate-profits-drive-60-of-inflation?r=520r5&s=r&utm_campaign=post&utm_medium=web&utm_source=direct.

65. "More than half of retail businesses are using inflation to price gouge", Global Trade magazine website, originally appeared on Digital.com, November 30, 2021, https://www.globaltrademag.com/more-than-half-of-retail-businesses-are-using-inflation-to-price-gouge/.

66. Elke Hahn, "How Have Unit Profits Contributed to the Recent Strengthening of Euro Area Domestic Price Pressures?", ECB Economic Bulletin 4/2023, European Central Bank, April 2024, https://www.ecb.europa.eu/press/economic-bulletin/focus/2023/html/ecb.ebbox202304_03~705befadac.en.html; Niels-Jakob Hansen, Frederik Toscani, and Jing Zhou, "Europe's Inflation Outlook Depends on How

Corporate Profits Absorb Wage Gains", IMF Blog, International Monetary Fund, June 26, 2023, https://www.imf.org/en/Blogs/Articles/2023/06/26/europes-inflation-outlook-depends-on-how-corporate-profits-absorb-wage-gains.

67. Estimates based on Stoller, "Corporate Profits Drive 60% of Inflation Increases."
68. 우리가 어떻게 이러한 인식에 이르게 되었는지를 이해하려면 다음을 참조하라. Philippon, *The Great Reversal: How America Gave Up on Free Markets*.
69. 가격 폭리가 국내 경제에 미치는 영향에 대해서는 다음에서도 중점적으로 다루어진다. German Lopez, "Inflation and Price Gouging", *New York Times*, June 14, 2022, https://www.nytimes.com/2022/06/14/briefing/inflation-supply-chain-greedflation.html.
70. Stephen Rogers, Justin Cook, and Leon Pieters, "When Rising Prices Break Consumers' Trust", *Deloitte Insights*, May 20, 2022, https://www2.deloitte.com/us/en/insights/industry/retail-distribution/consumer-behavior-trends-state-of-the-consumer-tracker/price-gouging-and-rising-us-inflation.html. 다음도 함께 참조하라. Pamela N. Danziger, "Inflation and Price Gouging May Flip Luxury Consumers' Purchase Switch Off", *Forbes*, June 2, 2022, https://www.forbes.com/sites/pamdanziger/2022/06/02/inflation-and-price-gouging-may-flip-luxury-consumers-purchase-switch-off/.
71. Peter Andre et al., "Subjective Models of the Macroeconomy: Evidence from Experts and Representative Samples"; David G.Blanchflower et al., "The Happiness Trade-Off Between Unemployment and Inflation", *Journal of Money, Credit and Banking* 46, no. S2 (October 2014): 117–41, https://www.jstor.org/stable/24499152.
72. Isabella Weber, "Could Strategic Price Controls Help Fight Inflation?", *The Guardian*, December 29, 2021, https://www.theguardian.com/business/commentisfree/2021/dec/29/inflation-price-controls-time-we-use-it.
73. Robert Kuttner, "Inflation and Price-Gouging", *American Prospect*, February 7, 2022, https://prospect.org/blogs-and-newsletters/tap/inflation-and-price-gouging/.
74. Samer Al-Atrush, "Saudi Aramco Hits Fresh Profit Record as High Energy Prices Deliver Windfall", *Financial Times*, August 14, 2022, https://www.ft.com/content/3c6a0c9a-0e4c-4494-88f8-d4c44cd04aa8; Vivienne Walt, "Saudi Arabia Has the Most Profitable Company in the History of the World, with $3.2 Trillion to Invest by 2030. Who Will Say No to That Tidal Wave of Cash?", *Fortune*, August 1, 2023, https://fortune.com/2023/08/01/saudi-aramco-profitable-oil-company-trillions/.
75. Romain A. Duval et al., "Market Power and Monetary Policy Transmission", IMF Working Paper no. 2021/184, International Monetary Fund, July 9, 2021, https://

www.imf.org/en/Publications/WP/Issues/2021/07/09/Market-Power-and-Monetary-Policy-Transmission-461332.
76. 이는 진보 성향 싱크탱크인 그라운드워크 콜래버러티브(Groundwork Collaborative)의 상임이사 린지 오웬스(Lindsay Owens)의 발언이다. Lopez, "Inflation and Price Gouging".
77. Lopez, "Inflation and Price Gouging".
78. Lopez, "Inflation and Price Gouging".
79. Jeff Cox, "This Was the Worst First Half for the Market in 50 Years and It's All Because of One Thing—Inflation", CNBC, June 30, 2022, https://www.cnbc.com/2022/06/30/the-markets-worst-first-half-in-50-years-has-all-come-down-to-one-thing.html.
80. 공정하게 말하자면 미국의 의료비는 시장 가격이 아니며 수요와 공급에 따라 작동하지도 않는다. 의료비는 업계 여러 주체 간의 합의에 따라 전적으로 관리된다.
81. Weber and Wasner, "Sellers' Inflation, Profits and Conflict", 5.
82. J. P. Morgan Research, "Inflation and the Auto Industry: When Will Car Prices Drop?", Global Research, J. P. Morgan Insights, February 22, 2023, https://www.jpmorgan.com/insights/global-research/autos/when-will-car-prices-drop.
83. Charles Goodhart and Manoj Pradhan, *The Great Demographic Reversal: Ageing Societies, Waning Inequality, and an Inflation Revival* (London: Palgrave Macmillan, 2020).
84. BBC News, "Cost of Living: Labour to Call Vote on Windfall Tax on Big Oil and Gas Companies", May 16, 2022, https://www.bbc.com/news/uk-politics-61456268.

제4장

1. Ha-joon Chang, *Bad Samaritans: The Myth of Free Trade and the Secret History of Capitalism* (New York: Bloomsbury Press, 2007), 141.
2. Fabio Panetta, "Patient Monetary Policy Amid a Rocky Recovery", speech at Sciences Po, Paris, 24 November 2021, https://www.ecb.europa.eu/press/key/date/2021/html/ecb.sp211124~a0bb243dfe.en.html.
3. Phillip Cagan, "The Monetary Dynamics of Hyperinflation", in *Studies in the Quantity Theory of Money*, ed., Milton Friedman (Chicago: University of Chicago Press, 1956), 25-117.
4. 아놀드 C. 하버거(Arnold C. Harberger)는 만성 인플레이션과 급성 인플레이션이라는 개념도 정의했다. 여기서 급성 인플레이션은 '폭발적인 인플레이션'을 뜻한다. 다음을 참조하라. Harberger, "A Primer on Inflation", *Journal of Money Credit and Banking* 10, no. 4 (November 1978): 505-21, quoted in Emilio Ocampo, "Fighting

Inflation in Argentina: A Brief History of Ten Stabilization Plans", Working Paper no. 613, Finance Department, UCEMA/NYU Stern, Buenos Aires, June 2017.
5. Jens R.Clausen et al., "Lessons from High Inflation Episodes for Stabilizing the Economy in Zimbabwe", IMF Working Papers 2007 no. 099, International Monetary Fund, Washington DC, 2007, https://www.imf.org/external/pubs/ft/wp/2007/wp0799.pdf.
6. Phillip Cagan, "Hyperinflation", in J. Eatwell, M. Milgate, P. Newman, eds., *Money* (London: Palgrave Macmillan, 1989), 179.
7. Michal Kalecki, "A Model of Hyperinflation", *Manchester School* 30, no. 3 (September 1962): 235.
8. Sébastien Charles and Jonathan Marie, "Hyperinflation in a Small Open Economy with a Fixed Exchange Rate: A Post Keynesian View", *Journal of Post Keynesian Economics* 39, no. 3 (2016): 361–86, https://doi.org/10.1080/01603477.2016.1200950.
9. 다음을 참조하라. Peter Bernholz, *Monetary Regimes and Inflation: History, Economics and Political Relationship* (Northampton, MA: Edward Elgar, 2003), 11.
10. 한 나라가 이런 위기에 빠질 수 있는 이유로는 다음 세 가지를 들 수 있다. 경상수지 불균형, 자기실현적 기대(self-fulfilling expectations), 자본 유입의 급격한 중단.
11. Nicolás Cachanosky and Federico Julián Ferrelli Mazza, "Why Did Inflation Targeting Fail in Argentina?", *Quarterly Review of Economics and Finance* 80, May 2021, 102–16, https://doi.org/10.1016/j.qref.2021.01.014.
12. 특히 문제가 되는 것은 문장의 끝부분이다.
13. Daron Acemoglu et al., "When Does Policy Reform Work? The Case of Central Bank Independence", *Brookings Papers on Economic Activity*, Spring 2008: 351–418, https://www.brookings.edu/wp-content/uploads/2008/03/2008a_bpea_acemoglu.pdf.
14. Rodolfo Dall'Orto Mas, Benjamin Vonessen, Christian Fehlker, and Katrin Arnold, "The Case for Central Bank Independence: A Review of Key Issues in the International Debate", European Central Bank Occasional Paper 248, October 2020, https://www.ecb.europa.eu/pub/pdf/scpops/ecb.op248~28bebb193a.en.pdf.
15. ECLAC data presented in Leonardo Vera, "Venezuela 1999–2014: Macro-Policy, Oil Governance and Economic Performance", *Comparative Economic Studies* 57, no. 3 (September 2015), 539–68, https://doi.org/10.1057/ces.2015.13.
16. Giovanni B. Pittaluga, Elena Seghezza, and Pierluigi Morelli, "The Political Economy of Hyperinflation in Venezuela", Public Choice 186, no. 3–4 (2021): 337–50.

17. 데이터는 블룸버그의 카페 콘 레체 지수(Café con Leche Index)에서 나온 것이다. 이 지수는 베네수엘라에서 커피 한 잔의 가격을 측정한다. 베네수엘라 정부가 인플레이션에 관한 공식 통계를 발표하지 않으면서 블룸버그가 이를 대체할 수 있는 지표로 만든 것이다. 다음을 참조하라. "Venezuelan Café con Leche Index", Bloomberg.com, December 15, 2016, https://www.bloomberg.com/features/2016-venezuela-cafe-con-leche-index/?terminal=true.
18. 사진작가 카를로스 가르시아 롤린스(Carlos Garcia Rawlins)는 한층 더 창의적인 방식으로 베네수엘라 사람들이 겪는 하이퍼인플레이션의 고통을 생생히 보여주었다. 그는 기본 생필품과 그것을 사는 데 필요한 지폐 더미를 나란히 두고 찍었다. 닭 한 마리를 사는 데 필요한 지폐 더미의 높이는 닭 자체보다 더 높았다. 다음을 참조하라. Claire Heffron, "These Photos Reveal the Huge Amounts of Cash Venezuelans Need to Buy Daily Essentials", euronews, August 21, 2018, https://www.euronews.com/2018/08/20/these-photos-reveal-the-huge-amounts-of-cash-venezuelans-need-to-buy-daily-essentials.
19. 다음을 참조하라. Pittaluga, Seghezza, and Morelli, "The Political Economy of Hyperinflation in Venezuela".
20. 이러한 정책은 2013년 차베스 사후에 권좌를 이어받은 현 대통령 니콜라스 마두로에 의해 계속되었다.
21. 다음을 참조하라. Pittaluga, Seghezza, and Morelli, "The Political Economy of Hyperinflation in Venezuela". 이 글은 베네수엘라 사례를 바탕으로 하고 2010-2017년 데이터를 사용하여 재정적 관점을 지지하는 계량경제학적 증거를 보여준다.
22. Amelia Cheatham and Diana Roy, "Venezuela: The Rise and Fall of a Petrostate", Council on Foreign Relations, updated December 22, 2023, https://www.cfr.org/backgrounder/venezuela-crisis.
23. 다음을 참조하라. Javier Corrales and Michael Penfold, *Dragon in the Tropics: Hugo Chavez and the Political Economy of Revolution in Venezuela* (Washington, DC: Brookings Institution Press, 2011); Marta Kulesza, "Inflation and Hyperinflation in Venezuela (1970s-2016): A Post-Keynesian Interpretation", Working Paper no. 93/2017, Berlin Institute for International Political Economy (IPE), November 2017, https://www.ipe-berlin.org/fileadmin/institut-ipe/Dokumente/Working_Papers/IPE_WP_93.pdf.
24. Pedro Palma, "La Política Cambiaria en Venezuela", in *Asdrúbal Baptista, Veinticinco Años de Pensamiento Económico Venezolano* (Caracas, Venezuela: Academia Nacional de Ciencias Económicas, 2008), 463-532.
25. 2009년 석유 수익은 기의 40퍼센트 감소했다. 다음을 참조하라. Leonardo Vera, "Venezuela 1999-2014: Macro-Policy, Oil Governance and Economic Performance", *Comparative Economic Studies* 57 (2015): 539-68.
26. Kulesza, "Inflation and Hyperinflation in Venezuela (1970s-2016)"; Vera,

"Venezuela 1999-2014".
27. 좀 더 정확히 말하자면, 정부는 이중환율제를 도입했다. 식품과 의약품 같은 일부 선정된 품목에는 1달러당 2.15볼리바르라는 더 유리한 환율을 적용했고, 그 밖의 모든 품목에는 1달러당 5.3볼리바르의 환율을 적용했다.
28. Kulesza, "Inflation and Hyperinflation in Venezuela (1970s-2016)", based on data from ECLAC. 이러한 역학은 우리가 3장에서 설명한 인플레이션 담론의 두 번째 유형, 즉 임금-물가 악순환 속에서 인플레이션이 발생한다는 주장과 같다. 그러나 동시에 기업들이 수입 가격 상승을 빌미로 폭리를 취하는 네 번째 유형과도 일맥상통한다.
29. Vera, "Venezuela 1999-2014".
30. 보도에 따르면 중년 여성들로 구성된 일부 집단은 정기적으로 콜롬비아 국경을 넘어가 현지 ATM에서 안전하게 달러를 인출한 다음에 그 달러를 베네수엘라로 가져와 웃돈을 붙여 되파는 방식으로 생계를 유지했다. Michelle Carmody, "What Caused Hyperinflation in Venezuela: A Rare Blend of Public Ineptitude and Private Enterprise", The Conversation, January 5, 2019, https://theconversation.com/what-caused-hyperinflation-in-venezuela-a-rare-blend-of-public-ineptitude--and-private-enterprise-102483.
31. 전반적인 내용은 다음에서 확인할 수 있다. https://en.wikipedia.org/wiki/Venezuelan_refugee_crisis.
32. "Zimbabwe Rolls Out Z$100tr Note", BBC, January 16, 2009, https://news.bbc.co.uk/2/hi/africa/7832601.stm.
33. Steve H. Hanke and Alex Kwok, "On the Measurement of Zimbabwe's Hyperinflation", Cato Journal 29, no. 2 (Spring/Summer 2009): 359, https://www.cato.org/sites/cato.org/files/serials/files/cato-journal/2009/5/cj29n2-8.pdf.
34. Hanke and Kwok, "On the Measurement of Zimbabwe's Hyperinflation".
35. Godfrey Kanyenze, "The Performance of the Zimbabwean Economy, 1980-2000", in Staffan Darnolf and Liisa Laakso, eds., *Twenty Years of Independence in Zimbabwe: From Liberation to Authoritarianism* (Basingstoke and New York: Palgrave Macmillan, 2003), 37, https://link.springer.com/chapter/10.1057/9781403948120_3. 카니엔제는 이 추정치을 세계은행 보고서에서 인용했다고 밝혔다. "Zimbabwe—A Strategy for Sustained Growth", World Bank, Washington DC, 1987, https://documents1.worldbank.org/curated/en/675471468334173934/pdf/multi0page.pdf.
36. Joann Coomer and Thomas Gstraunthaler, "The Hyperinflation in Zimbabwe", *Quarterly Journal of Austrian Economics* 14, no. 3 (Fall 2011): 311-46.
37. Karin Zürn Chazir, "The Myths of the Market and the Common History of Late Developers", *Politics and Society* 21, no. 3 (1993): 245-73, and Ha-Joon Chang, *Kicking Away the Ladder: Develop-ment Strategy in Historical Perspective* (London: Anthem Press, 2002).

38. Alice Amsden, "The State and Taiwan's Economic Development" in Peter Evans et al., *Bringing the State Back In?* (Cambridge: Cambridge University Press, 1985), 77-106.
39. 이는 독립 후 첫 5년간 시행된 토지 개혁에도, 시위 완화를 위해 2000년 6월에 도입된 패스트트랙(fast-track) 프로그램에도 해당된다고 볼 수 있다.
40. Norma Kriger, "Zimbabwe: Political Constructions of War Veterans", *Review of African Political Economy* 30, no. 96 (June 2003): 323-38, https://www.jstor.org/stable/4006770?seq=1.
41. Coomer and Gstraunthaler, "The Hyperinflation in Zimbabwe".
42. Chidochashe L.Munangagwa, "The Economic Decline of Zimbabwe", *Gettysburg Economic Review* 3, no. 9 (2009), https://cupola.gettysburg.edu/ger/vol3/iss1/9.
43. Munangagwa, "The Economic Decline of Zimbabwe".
44. Andrew Meldrum, "Zimbabwe Loans Cut Off as Leak Shows War Costs", *The Guardian* (US edition), October 6, 1999, https://www.theguardian.com/world/1999/oct/07/andrewmeldrum; Amy Copley, "Africa in the News: IMF Drops Zimbabwe Sanctions, DRC and Guinea-Bissau Dissolve Governments, and Pew Releases African Attitudes Survey", *Brookings*, November 18, 2016, https://www.brookings.edu/blog/africa-in-focus/2016/11/18/africa-in-the-news-imf-drops-zimbabwe-sanctions-drc-and-guinea-bissau-dissolve-governments-and-pew-releases-african-attitudes-survey/.
45. "IMF Staff Concludes Staff Visit to Zimbabwe", International Monetary Fund, press release no. 22/310, September 19, 2022, https://www.imf.org/en/News/Articles/2022/09/19/pr22310-zimbabwe-imf-staff-concludes-virtual-staff-visit.
46. Coomer and Gstraunthaler, "The Hyperinflation in Zimbabwe".
47. Joseph Cotterill, "Ecocash Defies Zimbabwe Order to Suspend Mobile Money Transactions", *Financial Times*, June 27, 2020, https://www.ft.com/content/f0d7ab8a-ea25-4599-b5ab-17cf4c1919a0.
48. "IMF Staff Concludes Staff Visit to Zimbabwe".
49. Carmen M.Reinhart and Kenneth S. Rogoff, *This Time It's Different: Eight Centuries of Financial Folly* (Princeton, NJ: Princeton University Press 2011).
50. Emilio Ocampo, "A Brief History of Hyperinflation in Argentina", Working Paper no. 787, University of CEMA, Buenos Aires, April 2021, 22, https://www.econstor.eu/bitstream/10419/238412/1/787.pdf.
51. Instituto Nacional de Estadística y Censos de la Republica Argentina(아르헨티나 국립 통계 및 인구 조사 기관), *Índices y Variaciones Porcentuales Mensuales e Inter-anuales Según Divisiones de la Canasta, Bienes y Servicios,*

Clasificación de Grupos, Diciembre de 2016 – Abril de 2024, May 2024, https://www.indec.gob.ar/indec/web/Nivel4-Tema-3-5-31.

52. "How Argentina and Japan Continue to Confound Macroeconomists", *The Economist*, March 28, 2019, https://www.economist.com/finance-and-economics/2019/03/28/how-argentina-and-japan-continue-to-confound-macroeconomists.

53. 이 논쟁에 대한 분석은 다음에서 찾아볼 수 있다. Peter J. Montiel, "Empirical Analysis of High-Inflation Episodes in Argentina, Brazil, and Israel", Staff Papers (International Monetary Fund) 36, no. 3 (1989): 527 – 49, https://papers.ssrn.com/sol3/papers.cfm?abstract_id=884928; Robert C. Vogel, "The Dynamics of Inflation in Latin America, 1950 – 1969", *American Economic Review* 64, no. 1 (March 1974): 102 – 14.

54. Ocampo, "A Brief History of Hyperinflation in Argentina".

55. 다음을 참조하라. Vogel, "The Dynamics of Inflation in Latin America, 1950 – 1969". 다음도 함께 참조하라. Adolfo C. Diz, "Money and Prices in Argentina, 1935 – 1962", in *Varieties of Monetary Experience*, ed., David Meiselman (Chicago: University of Chicago Press, 1970), 111 – 22.

56. Ocampo, "Fighting Inflation in Argentina". 그 시점 이전에는 아르헨티나에 인플레이션 문제가 없었다. 1900년부터 1945년까지 아르헨티나의 연평균 인플레이션율은 1.5퍼센트였다.

57. "Inflation, GDP deflator (annual %)—Argentina", World Bank, accessed June 10, 2024, https://data.worldbank.org/indicator/NY.GDP.DEFL.KD.ZG?locations=AR.

58. 이 계획은 카바요 본인과 거시경제기획 차관인 호아킨 코타니(Joaquín Cottani)가 공동 집필한 짧은 논문에 자세히 설명되어 있다. Domingo Cavallo and Joaquín Cottani, "Argentina's Convertibility Plan and the IMF", *American Economic Review* 87, no. 2 (May 1997): 17 – 22.

59. 분명히 카바요의 계획은 제1장에서 논의했던 독일의 하이퍼인플레이션을 안정시킨 렌텐마르크(Rentenmark) 발행에서 영감을 얻은 것으로 보인다. 이러한 통찰을 전해준 에릭 로너건에게 감사를 전한다.

60. 그러한 효과의 크기는 환율 전이 효과로 측정된다. 간단히 말해 환율 전이 효과는 환율 변동에 따라 해외 가격이 어느 정도로 반응하는지를 계산하는 것이다. 이 지표는 보통 자국 통화로 표시된 수입품 가격의 변동률을 환율 변동률로 나눈 비율이다.

61. Adam Tooze, *Crashed: How a Decade of Financial Crises Changed the World* (New York: Viking, 2018). 이러한 이유에 대해서는 이어서 설명한다.

62. 그 논리는 단순하다. 예를 들어 오늘 페소를 은행에 예치하려 한다고 해보자. 페소 그대로 예치할 수도 있고, 오늘의 환율에 따라 페소를 달러로 바꿔 달러로 예치할 수도 있다. 앞으로 몇 년 안에 달러 대비 페소 가치가 하락할 것이라는 우려가 든다면 당신은 돈을 달러 표시 예금에 넣어 가치를 '고정'시키려 할 것이다.

63. 게다가 고정 환율제에는 아르헨티나 국민에게 두 가지 장점이 있었다. 첫째, 수입품을 더 저렴하게 만들었다. 둘째, 해외 부동산 비용이 낮아졌는데 이는 소수의 부유한 아르헨티나 계층에게만 해당되는 장점이었다.
64. Montiel, "Empirical Analysis of High-Inflation Episodes in Argentina, Brazil, and Israel".
65. Ocampo, "Fighting Inflation in Argentina".
66. Ocampo, "Fighting Inflation in Argentina".
67. Amit Ghosh, "Exchange Rate Pass Through, Macro Fundamentals and Regime Choice in Latin America", *Journal of Macroeconomics* 35 (March 2013): 163–71, https://www.sciencedirect.com/science/article/abs/pii/S0164070412000912.
68. Jazmin Sierra, "The Politics of Growth Model Switching: Why Latin America Tries, and Fails, to Abandon Commodity Driven Growth", in *Diminishing Returns: The New Politics of Growth and Stagnation*, eds., Lucio Baccaro, Mark Blyth, and Jonas Pontusson (New York: Oxford University Press, 2022), 167–89.
69. Martin Castellano, "Winners and Losers in Latin America's Commodity Markets", America's Quarterly, March 16, 2022, https://www.americasquarterly.org/article/winners-and-losers-in-latin-americas-commodities-market/.
70. Wolfgang Streeck and Kozo Yamamura, eds., *The Origins of Nonliberal Capitalism: Germany and Japan in Comparison* (Ithaca, NY: Cornell University Press, 2005).
71. Atul Kohli, *State Directed Development: Political Power and Industrialization in the Global Periphery* (Princeton, NJ: Princeton University Press, 2004).
72. Alice Amsden, "The State and Taiwan's Economic Development", in Evans et al., *Bringing the State Back In?*
73. 개관은 다음을 참조하라. https://en.wikipedia.org/wiki/Hyperinflation_in_the_Weimar_Republic.
74. 이 사례에 대한 논의는 다음을 바탕으로 한다. Mark Blyth, *Austerity: The History of a Dangerous Idea* (New York: Oxford University Press, 2015).
75. Albrecht Ritschl, "The German Transfer Problem, 1920–33: A Sovereign-Debt Perspective", *European Review of History: Revue Européenne d'histoire* 19, no. 6: 943–64, https://doi.org/10.1080/13507486.2012.739147.
76. Barry Eichengreen, *Golden Fetters: The Gold Standard and the Great Depression, 1919–1939* (New York: Oxford University Press, 1992), 139.
77. 독일 인플레이션에 대한 권위 있는 기록으로는 다음을 참조하라. Gerald Feldman, *The Great Disorder: Politics, Economics and Society 1914–1924* (New York: Oxford University Press, 1997)
78. Gustavo Franco, "The Rentenmark Miracle", Texto para Discussão no. 159, Pontifícia Universidade Católica do Rio de Janeiro (PUC-Rio), Departamento de

Economia, Rio de Janeiro, 1987.
79. Ritschl, "The German Transfer Problem, 1920 – 33", 7.
80. Blyth, *Austerity*, 196.
81. 예를 들어, 인플레이션이 나타나기 직전에 쓴 다음 글을 참조하라. Larry Summers, "Accepting the Reality of Secular Stagnation", International Monetary Fund, March 2020, https://www.elibrary.imf.org/view/journals/022/0057/001/article-A005-en.xml; 한편 올리비에 블랑샤르는 2019년에 이렇게 말했다. Greg Robb, "Leading Economist Says High Public Debt 'Might Not Be So Bad'", MarketWatch, January 7, 2019, https://www.marketwatch.com/story/leading-economist-says-high-public-debt-might-not-be-so-bad-2019-01-07; 그리고 2023년에는 이렇게 말했다. Alice Gledhill, "Public Debt Spiral Must Be Averted at All Costs, Blanchard Says", Bloomberg.com, November 7, 2023, https://www.bloomberg.com/news/articles/2023-11-07/public-debt-spiral-must-be-averted-at-all-costs-blanchard-says?embedded-checkout=true.

제5장

1. Herbert Butterfield, *The Whig Interpretation of History* (New York, W.W.Norton, 1965).
2. Letter to the Queen from British Academy, July 22 2009, https://www.ma.imperial.ac.uk/~bin06/M3A22/queen-lse.pdf.
3. 논박과 관련된 전체 에피소드는 다음을 참조하라. Zachary Carter, "What If We Are Thinking About Inflation All Wrong?", *New Yorker*, June 6, 2023, https://www.newyorker.com/news/persons-of-interest/what-if-were-thinking-about-inflation-all-wrong.
4. Elizabeth Popp Berman, *Thinking Like an Economist: How Efficiency Replaced Equality in U.S. Public Policy* (Princeton, NJ: Princeton University Press, 2022).
5. Christopher J. Neely, "Why Price Controls Should Stay in the History Books", St. Louis Federal Reserve Bank, March 24, 2022, https://www.stlouisfed.org/publications/regional-economist/2022/mar/why-price-controls-should-stay-history-books.
6. John Maynard Keynes, *The General Theory of Employment, Interest, and Money* (New York: Harcourt, 1964).
7. Michal Kalecki, "Political Problems of Full Employment", *Political Quarterly*, 1943.
8. Michael Stewart, *Keynes and After* (London: Penguin Books, 1985), 152.
9. Mark Blyth, *Great Transformations: Economic Ideas and Institutional Change in*

the Twentieth Century (Cambridge: Cam-bridge University Press, 2002).
10. Milton Friedman, "The Role of Monetary Policy", AEA address, published in *American Economic Review* 58, no. 1 (March 1968), https://www.andrew.cmu.edu/course/88-301/phillips/friedman.pdf.
11. Blyth, *Great Transformations*, 142-44.
12. Kenneth Rogoff, "The Optimal Degree of Commitment to an Intermediate Monetary Target", *Quarterly Journal of Economics* 100, no. 4 (1985): 1169-89.
13. Ronald Reagan, Inaugural Address, January 20, 1981, https://www.reaganlibrary.gov/archives/speech/inaugural-address-1981.
14. 특이한 점은 경제학 박사 과정에서 경제사 수업을 듣지 않는 사람이 많다는 것이다. 따라서 과거로부터의 지식은 교과서 속에 압축된 형태로 담기며, 간략하게 표현되다 보니 학생들은 휘그적인(whiggish)(과거의 사건들이 현대의 자유주의와 민주주의의 발전을 위해 필요한 단계였다고 보는 시각-옮긴이) 역사 서술의 영향을 받기 쉽다.
15. Blyth, *Great Transformations*, 131 fn17.
16. Blyth, *Great Transformations*, 135 fn33.
17. Hugh Rockoff, *Drastic Measures: A History of Wage and Price Controls in United States* (Cambridge: Cambridge University Press, 1986).
18. Rockoff, *Drastic Measures*.
19. 거시경제학에서의 '합리적 기대' 이론 체계의 등장에 관해서는 다음을 참조하라. Blyth, *Great Transformations*, 142-44.
20. Alan S.Blinder, "The Anatomy of Double-Digit Inflation in the 1970s", *Inflation: Causes and Effects*, ed. Robert E. Hall (Chicago: University of Chicago Press, 1982), 262, italics added.
21. Blinder, "The Anatomy of Double-Digit Inflation in the 1970s", 267.
22. Blinder, "The Anatomy of Double-Digit Inflantion in the 1970s", 269, italics added.
23. Blinder, "The Anatomy of Double-Digit Infla-tion in the 1970s", 271.
24. Alan S.Blinder, "The Anatomy of Double-Digit Inflation in the 1970s", in Robert E.Hall, *Inflation: Causes and Effects* (Chicago, University of Press,1981), 274.
25. Blinder, "The Anatomy of Double-Digit Inflation in the 1970s", 275.
26. Alan S. Blinder and Jeremy B.Rudd, "The Supply-Shock Explanation of the Great Stagflation Revisited", in *The Great Inflation: The Rebirth of Modern Central Banking*, eds. Michael D. Bordo and Athanasios Orphanides (Chicago: University of Chicago Press, 2013), 123.
27. Blinder and Rudd, "The Supply-Shock Explanation of the Great Stagflation Revisited", 152.
28. Blinder and Rudd, "The Supply-Shock Explanation of the Great Stagflation

Revisited", 145, italics added.
29. Ben Bernanke, "The Great Moderation", speech at the Eastern Economic Association Meeting, Washington, DC, February 20, 2004, https://www.federalreserve.gov/BOARDDOCS/SPEECHES/2004/20040220/default.htm.
30. Deborah Summers, "No Return to Boom and Bust: What Brown Said When He Was Chancellor", *The Guardian*, September 11, 2008, https://www.theguardian.com/politics/2008/sep/11/gordonbrown.economy.
31. Robert E. Lucas, "Macroeconomic Priorities", *American Economic Review* 93, no. 1 (March 2003), https://www.aeaweb.org/articles?id=10.1257/000282803321455133.
32. Donald T. Brash, speech to the Trans-Tasman Business Circle, Sydney, March 30, 2001, "Central Banks: What They Can and Cannot Do", https://www.bis.org/review/r010402c.pdf.
33. Brash, "Central Banks: What They Can and Can-not Do".
34. 의도적인 설계라기보다는 우연한 결과였다. 수십 년간 큰 물가 변동이 이어지자 재무장관 로저 더글라스(Roger Douglas)는 인플레이션 억제를 최우선 목표로 삼았고 그 달성에 강한 의지를 보였다. 그는 정부와 중앙은행 모두 높은 인플레이션에 불만을 가지고 있다는 사실을 뉴질랜드 국민에게 알리고자 했으며, 1988년 4월 1일에 TV에 출연하여 이상적인 인플레이션율은 '약 0~1퍼센트'라는 말로 자신의 입장을 분명히 밝혔다. https://www.rba.gov.au/publications/confs/2018/mcdermott-williams.html.
35. 개정 이전 뉴질랜드 준비은행법은 중앙은행이 "정부의 통화정책을 실행해야 한다"라고 명시하고 있었다. https://www.rba.gov.au/publications/confs/2018/mcdermott-williams.html#fn10)%EB%8A%94.
36. 기존 인사가 물러난 것은 아니었다.
37. 예를 들어 다음을 참조하라. Andreas Beyer et al., "Opting Out of the Great Inflation: German Monetary Policy After the Breakdown of Bretton Woods", Working Paper Series, no. 1012, March 2009, https://www.ecb.europa.eu/pub/pdf/scpwps/ecbwp1012.pdf.
38. Scott Roger, "Inflation Targeting at 20—Achievements and Challenges", IMF Working Papers Series 2009, International Monetary Fund, Washington DC, 2009, https://elibrary.imf.org/view/journals/001/2009/236/article-A001-en.xml.
39. Prakash Loungani, "Lars Svensson: Central Banking Revolutionary", IMF Finance & Development, March 2023, https://www.imf.org/en/Publications/fandd/issues/2023/03/PIE-central-banking-revolutionary-lars-svensson.
40. Roger, "Inflation Targeting at 20—Achievements and Challenges".
41. Davide Romelli, "The Political Economy of Reforms in Central Bank Design: Evidence from a New Dataset", *Economic Policy* 37, no. 112 (October 2022): 641–88, https://doi.org/10.1093/epolic/eiac011.
42. 서구 중앙은행들이 동유럽 전역에 중앙은행 사상을 어떻게 전파했는지에 대한 논의는

다음을 참조하라. Juliet Johnson, *The Priests of Prosperity: How Central Bankers Transformed the Postcommunist World* (Ithaca, NY: Cornell University Press 2016).

43. 그 정점은 2004년 루마니아 중앙은행 총재가 "우리는 IMF의 사회주의적 지시에 진저리가 났다"라고 선언했을 때였을 것이다. 당시 IMF는 루마니아의 경상수지가 균형을 잃고 있다고 경고한 바 있다. 다음을 참조하라. Cornel Ban, *Ruling Ideas: How Global Neoliberalism Goes Local* (New York: Oxford University Press, 2016).
44. B. S. Bernanke, T. Laubach, F. S. Mishkin, and A. S. Posen, *Inflation Targeting: Lessons from the International Experience* (Princeton, NJ: Princeton University Press, 2018).
45. 다음을 참조하라. Evan F. Koenig, George A. Kahn, and Robert Leeson, *The Taylor Rule and the Transformation of Monetary Policy* (Stanford, CA: Hoover Institution Press, 2012).
46. 2장에서 언급했던 찰스 굿하트 역시 이 같은 점을 지적했다.
47. Robert Skidelsky, *Money and Government: A Challenge to Mainstream Economics* (London: Allen Lane, 2018).
48. Stephen D. King, *We Need to Talk About Inflation: 14 Urgent Lessons from the Last 2,000 Years* (New Haven, CT: Yale University Press, 2023).
49. Francis Fukuyama, *The End of History and the Last Man* (New York: Free Press, 1992).
50. James H. Stock and Mark W. Watson, "Disentangling the Channels of the 2007–09 Recession", *Brookings Papers on Economic Activity*, Spring 2012, 81–156, https://www.federalreservehistory.org/essays/great-moderation.
51. Charles Bean, cited in Craig S. Hakkio, "The Great Moderation, 1982–2007", Federal Reserve History, https://www.federalreservehistory.org/essays/great-moderation.
52. Hakkio, "The Great Moderation, 1982–2007".
53. Mario Draghi, "Central Bank Independence", Lamfalussy Lecture, National Bank of Belgium, Brussels, October 26, 2018, https://www.bis.org/review/r181029d.htm.
54. Alberto Alesina, "Macroeconomics and Politics", in *NBER Macroeconomics Annual*, ed. Stanley Fischer (Cambridge, MA: MIT Press, 1988); Alberto Alesina, "Politics and Business Cycles in Industrial Democracies", *Economic Policy* 8 (Spring 1988), 58–98; Alberto Alesina and Vittorio Grilli, "The European Central Bank: Reshaping Monetary Policy in Europe", in *Establishing a Central Bank: Issues in Europe and Lessons from United States*, eds. Matthew Canzoneri, Vittorio Grilli, and Paul Masson (Cambridge: Cambridge University Press and CEPR, 1992); Alberto Alesina and Lawrence H. Summers, "Central Bank

Independence and Macroeconomic Performance: Some Comparative Evidence", *Journal of Money, Credit, and Banking* 25, no. 2 (May 1993), 151 – 62.

55. Alesina and Summers, "Central Bank Independence and Macroeconomic Performance: Some Comparative Evidence".
56. Andrew Haldane, "What Has Central Bank Independence Ever Done for Us?", speech at the UCL Economists' Society Economics Conference, November 28, 2020, https://www.bankofengland.co.uk/speech/2020/andy-haldane-ucl-economics-conference-2020.
57. Ben Bernanke, "The Great Moderation: Remarks at the Meeting of the Eastern Economic Association", February 2004, https://fraser.stlouisfed.org/title/statements-speeches-ben-s-bernanke-453/great-moderation-8893, italics added.
58. 예를 들어 다음을 참조하라. David Ratner and Jae Sim, "Who Killed the Phillips Curve? A Murder Mystery", Finance and Economics Discussion Series 2022-028, Board of Governors of the Federal Reserve System, Washington, DC, May 2022, https://www.federalreserve.gov/econres/feds/who-killed-the-phillips-curve-a-murder-mystery.htm; Pierpaolo Benigno and Gauti B. Eggertsson, "It's Baaack: The Surge in Inflation in the 2020s and the Return of the Non-Linear Phillips Curve", Working Paper 31197, NBER Working Paper Series, https://www.nber.org/system/files/working_papers/w31197/w31197.pdf; 다음도 함께 참조하라. Jonathon Hazel et al., "The Slope of the Phillips Curve: Evidence from the US States", *Quarterly Journal of Economics* 137, no. 3 (August 2022): 1299 – 1344, https://doi.org/10.1093/qje/qjac010. 제이 파월은 2019년 의회에서 바로 그런 내용으로 증언했다. "Federal Reserve Chair Jerome Powell Testifies Before Two Congressional Committees", C-SPAN, July 10, 2019, https://www.c-span.org/video/?462331-1/federal-reserve-chair-jerome-powell-testifies-state-economy&start=7535.
59. Paul Schmelzing, "Eight Centuries of the Risk-Free Rate: Bond Market Reversals from the Venetians to the 'Var Shock'", Bank of England Staff Working Paper no. 686, October 2017, https://www.bankofengland.co.uk/-/media/boe/files/working-paper/2017/eight-centuries-of-the-risk-free-rate-bond-market-reversals-from-the-venetians-update.pdf.
60. Jeremy B. Rudd, "Why Do We Think That Inflation Expectations Matter for Inflation? (And Should We?)", Finance and Economics Discussion Series 2021-062, Board of Governors of the Federal Reserve System, Washington, DC, September 23, 2021, 18, https://www.federalreserve.gov/econres/feds/files/2021062pap.pdf.
61. 이 주제에 대한 다음 강의를 참조하라. Claudio Borio, "Navigating by R*: Safe or

Hazardous?", BIS, September 15, 2021, https://www.bis.org/speeches/sp210915. pdf.

62. Surjit Bhalla, Karan Bhasin, and Prakash Loungani, "Macroeconomic Effects of Formal Adoption of Inflation Targeting", IMF Working Paper 2023/007, January 13, 2023, https://www.elibrary.imf.org/view/journals/001/2023/007/article-A001-en.xml.

63. Ben S.Bernanke, "Central Bank Independence, Transparency, and Accountability", speech at the Institute for Monetary and Economic Studies International Conference, Bank of Japan, Tokyo, Japan, May 25, 2010, https://www.federalreserve.gov/newsevents/speech/bernanke20100525a.htm.

64. Draghi, "Central Bank Independence".

65. "Central Bank Independence and Transparency: Evolution and Effectiveness", *European Journal of Political Economy* 24 (2008): 763–77.

66. Ana Carolina Garriga and Cesar M.Rodríguez, "More Effective Than We Thought: Central Bank Independence and Inflation in Developing Countries", *Economic Modelling* 85 (2023): 87–105, https://doi.org/10.1016/j.econmod.2019.05.009; Daron Acemoglu, Pablo Querubín, Simon Johnson, and James A.Robinson, "When Does Policy Reform Work? The Case of Central Bank Independence", *Brookings Papers on Economic Activity*, Spring 2008, https://www.brookings.edu/wp-content/uploads/2008/03/2008a_bpea_acemoglu.pdf; Cristina Bodea and Raymond Hicks, "Price Stability and Central Bank Independence: Discipline, Credibility, and Democratic Institutions", *International Organization* 69, no 1 (Winter 2015): 35–61, https://www.cambridge.org/core/journals/international-organization/article/abs/price-stability-and-central-bank-independence-discipline-credibility-and-democratic-institutions/605F4E0E40C7366B2B9413103B409BFA.

67. S. Posen, "Declarations Are Not Enough: Financial Sector Sources of Central Bank Independence", *NBER Macroeconomics Annual* 10 (Cambridge, MA: MIT Press, 1995), 253–74.

68. Adam Carola Binder, "Political Pressure on Central Banks", *Journal of Money, Credit and Banking* 53, no. 4 (2021): 715–44; Nicolò Fraccaroli, Alessandro Giovannini, Jean-François Jamet, and Eric Persson, "Ideology and Monetary Policy: The Role of Political Parties' Stances in the European Central Bank's Parliamentary Hearings", *European Journal of Political Economy* 74 (September 2021), https://www.sciencedirect.com/science/article/abs/pii/S0176268022000234.

69. Sotirios Kokas, Thomas Lamber, Alexander Michaelides, and Yannis

Mourelatos, "(In)dependent Central Banks", CEPR Discussion Paper 17802, CEPR Press, Paris & London, 2023, https://cepr.org/publications/dp17802.

제6장

1. John Maynard Keynes, *Essays in Persuasion* (White-fish, MT: Kessinger Publishing, 2010), 44.
2. Ben Stein, "In Class Warfare, Guess Which Class Is Winning", *New York Times*, November 26, 2006.
3. Matthew Klein and Michael Pettis, *Trade Wars Are Class Wars* (New Haven, CT: Yale University Press, 2020).
4. 우리는 인플레이션과 실업의 사회적 중요성을 비교하는 문제는 깊이 파고들지 않을 것이다. 이 책의 범위를 벗어나는 주제이기 때문이다. 그러나 버냉키의 발언에 대한 클라우디아 삼(Claudia Sahm)의 반론을 참고할 것을 권한다. 그녀는 다음 글을 통해 대응했다. Claudia Sahm, Stay-at-Home Macro (SAHM), "Unemployment Affects Everybody Too", May 23, 2022, https://stayathomemacro.substack.com/p/unemployment-affects-everybody-too.The quote by Ber-nanke is taken from this article.
5. 실질금리가 명목금리와 동일하다는 이야기다.
6. David Ricardo, "The High Price of Bullion.A Proof of the Depreciation of Bank Notes", in *The Works and Correspondence of David Ricardo, vol.3, Pamphlets and Papers 1809–11*, ed. P. Sraffa (Indianap-olis, IN: Liberty Fund, 2005), 47–128.
7. Matthias Doepke and Martin Schneider, "Inflation and the Redistribution of Wealth", *Journal of Political Economy* 114, no. 6 (December 2006), https://www.journals.uchicago.edu/doi/abs/10.1086/508379.
8. Mark Blyth, *Great Transformations: Economic Ideas and Institutional Change in the Twentieth Century* (Cambridge: Cambridge University Press, 2002), chapter 5.
9. Paul Krugman, Twitter post, December 11, 2021, 11:58 PM, https://x.com/paulkrugman/status/1469727921623416846.
10. Gregor Semieniuk et al., "Distributional Implications and Share Ownership of Record Oil and Gas Profits", University of Massachusetts Economics Department Working Paper Series (forthcoming).
11. "Inflation Usually Hits America's Poor Hardest. Not This Time", *The Economist*, February 2, 2023, https://www.economist.com/graphic-detail/2023/02/02/inflation-usually-hits-americas-poor-hardest-not-this-time.
12. Xavier Jaravel, "Inflation Inequality: Measurement, Causes, and Policy

Implications", *Annual Review of Economics* 13 (2021): 599-629.
13. 소득 손실을 완충해줄 복지제도가 미국에 상대적으로 부족하다는 점도 코로나19 상황과 관계없이 여기서 한몫을 하고 있다.
14. Rajashri Chakrabarti, Dan Garcia, and Maxim Pinkovskiy, "Inflation Disparities by Race and Income Narrow", Federal Reserve Bank of New York, Liberty Street Economics, January 18, 2023, https://libertystreeteconomics.newyorkfed.org/2023/01/inflation-disparities-by-race-and-income-narrow/?utm_source=newsletter&utm_medium=email&utm_campaign=newsletter_axiosmacro&stream=business.
15. Antonio F.Amores et al., "Inflation, Fiscal Policy and Inequality", Occasional Paper Series no. 330, European Central Bank, undated, https://www.ecb.europa.eu/pub/pdf/scpops/ecb.op330~2e42ffb621.en.pdf.
16. Evangelos Charalampakis et al., "The Impact of the Recent Rise in Inflation on Low-Income Households", ECB Economic Bulletin 7 (2022), https://www.ecb.europa.eu/press/economic-bulletin/focus/2022/html/ecb.ebbox202207_04~a89ec1a6fe.en.html.
17. Francesco Corsello and Marianna Riggi, "Inflation Is Not Equal for All: The Heterogeneous Effects of Energy Shocks", Banca d'Italia, Working Paper no. 1429, November 2022, https://www.bancaditalia.it/pubblicazioni/temi-discussione/2023/2023-1429/index.html?com.dotmarketing.htmlpage.language=1.
18. Grégory Claeys Conor McCaffrey, and Lennard Welslau, "Does Inflation Hit the Poor Hardest Everywhere?", November 29, 2022, Bruegel blog post, https://www.bruegel.org/blog-post/does-inflation-hit-poor-hardest-everywhere.
19. Roberto A.DeSanctis et al., "Motor Vehicle Sector: Explaining the Drop in Output and the Rise in Prices", ECB Economic Bulletin 7 (2022), https://www.ecb.europa.eu/press/economic-bulletin/focus/2022/html/ecb.ebbox202207_02~5bde8eeff0.en.html.
20. Amores et al., "Inflation, Fiscal Policy and Inequality".
21. Olivier Blanchard, Twitter post, December 30, 2022, 6:24 PM, https://x.com/ojblanchard1/status/1608967176232525824.
22. Christine Lagarde, speech at the plenary session of the European Parliament, Strasbourg, February 15, 2023, https://www.ecb.europa.eu/press/key/date/2023/html/ecb.sp230215~a512d68d9f.en.html.
23. 앞서 언급한 '특수 요인' 논리가 1970년대 인플레이션을 설명하는 데도 마찬가지로 효과 적이라는 점을 상기해보라.
24. S. Araki, et al., "Under Pressure: Labour Market and Wage Developments in OECD Countries", in *OECD Employment Outlook 2023: Artificial Intelligence*

and the Labour Market, chapter 2 (Paris: OECD Publishing, 2023), https://www.oecd-ilibrary.org/sites/08785bba-en/1/3/1/index.html?itemId=/content/publication/08785bba-en&_csp_=9f4638ffc59d47864c2d623d6c21demiGO~oecd&itemContentType=book.

25. Danny Blanchflower and Alex Bryson, "Recession and Deflation", IZA Institute of Labor Economics Discussion Paper Series, no. 15695, November 2022, https://docs.iza.org/dp15695.pdf.

26. 예를 들어 다음을 보라. "Firms' Profits: Curse or Curse?", European Stability Mechanism, May 12, 2023, https://www.esm.europa.eu/blog/firms-profits-cure-or-curse/; Elke Hahn, "How Have Unit Profits Contributed to the Recent Strengthening of Euro Area Domestic Price Pressures?", ECB Economic Bulletin 4 (2023), https://www.ecb.europa.eu/press/economic-bulletin/focus/2023/html/ecb.ebbox202304_03~705befadac.en.html; and "European Economic Forecast, Spring 2023", especially "Box I.2.3: Profit Margins and Their Role in Euro Area Inflation", 29, https://ec.europa.eu/economy_finance/forecasts/2023/spring/Box_I_2_3-Profit%20margins%20and%20their%20role%20in%20euro%20area%20inflation.pdf.

27. 다음에서 인용. Roni Hirsch, "Risk and Trouble: Adam Smith on Profit and the Protagonists of Capitalism", *American Journal of Political Science* 65, no. 1 (2020): 166-79, https://doi.org/10.1111/ajps.12556.

28. Niels-Jakob Hansen, Frederik Toscani, and Jing Zhou, "Euro Area Inflation After the Pandemic and Energy Shock: Import Prices, Profits and Wages", IMF Working Paper 23/131, International Monetary Fund, June 23, 2023, https://www.imf.org/en/Publications/WP/Issues/2023/06/23/Euro-Area-Inflation-after-the-Pandemic-and-Energy-Shock-Import-Prices-Profits-and-Wages-534837.

29. Thomas Blanchet, Emmanuel Saez, and Gabriel Zucman, "Real Time Inequality", NBER Working Paper 30229, (2022), https://www.nber.org/papers/w30229.

30. Carston Jung and Chris Hayes, "Inflation, Profits and Market Power: Towards a New Research and Policy Agenda", IPPR, December 7, 2023, https://www.ippr.org/articles/inflation-profits-and-market-power. 다음 데이터를 사용했다. Niels-Jakob Hansen, Frederik Toscani, and Jing Zhou, "Europe's Inflation Outlook Depends on How Corporate Profits Absorb Wage Gains", IMF Blog, June 26, 2023, https://www.imf.org/en/Blogs/Articles/2023/06/26/europes-inflation-outlook-depends-on-how-corporate-profits-absorb-wage-gains.

31. 예를 들어, OECD의 최근 보고서는 이렇게 지적했다. "단위 이익(unit profit, 부가가치 단위당 이익)의 증가가 반드시 이익률(profit margin, 매출 대비 이익 비율)의 상승을 의미하지는 않는다. 중간재 소비를 포함한 투입 비용의 증가 때문에 부가가치 단위당 이익

과 총생산(또는 매출) 기준 이익이 다르게 움직일 수 있기 때문이다." OECD Economic Outlook 2023, no. 1. 해당 인용문은 박스 1.2에서 발췌했다. https://www.oecd.org/content/dam/oecd/en/publications/reports/2023/06/oecd-economic-outlook-volume-2023-issue-1_62ef0395/ce188438-en.pdf.

32. Servaas Storm, "Profit Inflation Is Real", Institute for New Economic Thinking, June 15, 2023, https://www.ineteconomics.org/perspectives/blog/profit-inflation-is-real#:~:text=Higher%20unit%20labor%20costs%20are,already%20clear%20from%20Figure%205; Mike Konczal and Niko Lusiani, "Prices, Profits, and Power: An Analysis of 2021 Firm-Level Markups", Roosevelt Institute, June 2022, https://rooseveltinstitute.org/wp-content/uploads/2022/06/RI_PricesProfitsPower_202206.pdf; A. Glover, J. Mustre-del-Rio, and A.von Ende-Becker, "How Much Have Record Corporate Profits Contributed to Recent Inflation?", Federal Reserve Bank of Kansas City Economic Review, 2023, https://doi.org/10.18651/ER/v108n1GloverMustredelRioVonEndeBecker.

33. Servaas Storm, "Profit Inflation Is Real", Institute for New Economic Thinking, June 15, 2023, https://www.ineteconomics.org/perspectives/blog/profit-inflation-is-real#:~:text=Higher%20unit%20labor%20costs%20are,already%20clear%20from%20Figure%205).

34. https://www.ineteconomics.org/perspectives/blog/profit-inflation-is-real.

35. A. Glover, J. Mustre-del-Rio, and A. von Ende-Becker, "How Much Have Record Corporate Profits Contributed to Recent Inflation?", Federal Reserve Bank of Kansas City Economic Review, 2023, https://doi.org/10.18651/ER/v108n1GloverMustredelRioVonEndeBecker; Mike Konczal and Niko Lusiani, "Prices, Profits, and Power: An Analysis of 2021 Firm-Level Markups", Roosevelt Institute, June 2022, https://rooseveltinstitute.org/wp-content/uploads/2022/06/RI_PricesProfitsPower_202206.pdf.

36. 콘즈칼(Konzcal)과 루시아니(Lusiani)는 2021년 마크업의 증가가 주로 미국 기업들 가운데 마크업 분포의 90번째와 75번째 백분위에 속한 기업들에 의해 주도되었다고 지적한다. Konczal and Lusiani, "Prices, Profits, and Power".

37. 독일에서는 건설업과 같은 비무역 부문에서, 이탈리아에서는 에너지 부문에서 마크업이 증가했다. 다음을 참조하라. Fabrizio Colonna, Roberto Torrini, and Eliana Viviano, "The Profit Share and Firm Markup: How Italy Weathered Them", Banca d'Italia, Occasional Paper no. 770, May 31, 2023, https://www.bancaditalia.it/pubblicazioni/qef/2023-0770/index.html?com.dotmarketing.htmlpage.language=1.

38. Servaas Storm, "Profit Inflation Is Real", Institute for New Economic Thinking, June 15, 2023, https://www.ineteconomics.org/perspectives/blog/profit-inflation-is-real.

39. 그들의 추정에 따르면, 세전 평균 이익률은 영국에서 2.6퍼센트포인트, 미국에서 0.9퍼센트포인트, 독일에서 0.5퍼센트포인트, 브라질에서 6.9퍼센트포인트, 남아프리카공화국에서 7.5퍼센트포인트 상승했다. 다음을 참조하라. Jung and Hayes, "Inflation, Profits and Market Power".
40. Jon Sindreu, "'Greedflation' Is Real—and Probably Good for the Economy", *Wall Street Journal*, May 25, 2023, https://www.wsj.com/finance/greedflation-is-realand-probably-good-for-the-economy-6c475b8e.
41. 서바스 스톰(Servaas Storm)은 미국 기업 중 마크업을 가장 많이 올린 회사로 엑슨모빌(ExxonMobil, 45퍼센트)을 지목했다. 자동차 회사들(23~28퍼센트)과 체서피크 에너지(Chesapeake Energy, 18퍼센트)가 그 뒤를 이었다. Storm, "Profit Inflation Is Real".
42. OECD Economic Outlook 2023.
43. Isabella M. Weber and Evan Wasner, "Seller's Inflation, Profits and Conflict: Why Can Large Firms Hike Prices in an Emergency", University of Massachusetts Amherst, January 2023, Economics Department Working Paper Series, https://scholarworks.umass.edu/econ_workingpaper/343/.
44. "Competition and Inflation", OECD Competition Policy Roundtable Background Note, 2022; https://www.oecd.org/competition/competition-and-inflation.html; OECD Economic Outlook 2023.
45. Jung and Hayes, "Inflation, Profits and Market Power: Towards a New Research and Policy Agenda", 5.
46. Liz Pancotti and Lindsay Owens, "Inflation Revelation: How Outsized Corporate Profits Drive Rising Costs", Groundwork Collaborative, https://groundworkcollaborative.org/wp-content/uploads/2024/01/24.01.17-GWC-Corporate-Profits-Report.pdf.
47. Jennifer Sor, "Inflation Could Come Roaring Back 1970s-Style. Here Are 4 Reasons Why Markets Should Be Concerned, According to Deutsche Bank", *Business Insider*, October 10, 2023, https://www.businessinsider.com/inflation-us-economic-outlook-fed-interest-rates-stagflation-recession-deutsche-2023-10.
48. Owen Walker, "UK Banks Lead Global Rivals in Passing on Interest Rate Benefits to Savers", *Financial Times*, July 23, 2023, https://www.ft.com/content/1d2949d6-00d1-4c18-af81-01439fa7cfc5.
49. Paul De Grauwe and Yuemei Ji, "Monetary Policies That Do Not Subsidise Banks", CEPS, 2023, https://cdn.ceps.eu/wp-content/uploads/2023/07/Towards-monetary-policies-that-do-not-subsidise-banks_July2023.pdf.
50. De Grauwe and Ji, "Monetary Policies That Do Not Subsidise Banks".
51. "Fed's high-rates era handed $1tn windfall to US bank", *Financial Times*, September 22, 2024, https://www.ft.com/content/4c013d3b-796b-47a3-a964-

02f753d39846.
52. 미국 지역 은행들과 달리 크레디트스위스(Credit Suisse)는 이미 부실 경영으로 인한 일련의 스캔들과 손실에 시달리고 있었다. 크레디트스위스의 급격한 몰락을 촉발한 계기는 사우디국립은행이 규제상의 장벽을 이유로 더 이상 자금을 지원하지 않겠다고 발표한 것이었다. 크레디트스위스는 SVB와 같은 금리 노출 문제는 지니고 있지 않았다.
53. 마이크 보스톡(Mike Bostock)이 만든 미국 내 은행 파산 현황 차트가 온라인에서 인기를 끌면서 지역은행 세 곳의 파산이 2008년 워싱턴뮤추얼(Washington Mutual) 파산 이후로 미국 역사상 최대 규모라고 생각하는 사람이 많아졌다. 그 차트는 지역은행 파산의 규모와 중요성을 확인하기 위해서는 유용하지만 정확한 해석을 제공하지는 않는다. 첫째, 해당 차트는 미국 연방예금보험공사 자료를 사용하여 은행 파산을 보여주는데, 여기에는 연방예금보험공사가 감독하는 은행만 포함된다. 애덤 투즈의 지적대로 자산 6,390억 달러 규모였던 리먼브라더스(Lehman Brothers)의 파산은 제외되어 있다. 이는 파산한 지역은행 세 곳의 자산 합계(5,480억 달러)를 훨씬 능가한다. 둘째로 차트에는 투자은행이 포함되어 있지 않다. 다음을 참조하라. Adam Tooze, "Chartbook #214— Why the 2023 Banking Crisis Does Not Look Like 2008, or Why One Run Is Not Like Another", Chartbook, May 10, 2023, https://adamtooze.substack.com/p/chartbook-214-why-the-2023-banking.
54. Noah Smith, "Why Was There a Run on Silicon Valley Bank?", Noahpinion, March 2023, https://www.noahpinion.blog/p/why-was-there-a-run-on-silicon-valley?utm_source=substack&utm_campaign=post_embed&utm_medium=email.
55. SVB가 특정 산업, 즉 기술 스타트업 부문에 집중되어 있었다는 것도 주요 위험 요소였다. 은행 입장에서는 특정한 산업 충격에 대비하기 위해 포트폴리오를 다각화하는 것이 훨씬 더 안전하다. 금리 인상은 벤처 자금에 크게 의존하는 기술 산업에 엄청난 타격을 주었다. 2022년 말에는 벤처 자금이 고갈되어 9년 만에 최저 수준으로 떨어졌다. 이로 인해 다수의 스타트업은 직원 급여와 기타 비용을 지불하기 위해 SVB에 예치한 자금에 의존할 수밖에 없었다. 다음을 참조하라. "Why Was There a Run on Silicon Valley Bank?"
56. 퍼스트리퍼블릭 역시 점보 모기지(jumbo mortgage)(민간 대출회사가 제공하며 미국 연방주택금융공사의 대출 한도를 초과하는 거액의 주택담보대출—옮긴이)에 비슷한 정도로 노출되어 있었다. 점보 모기지는 장기 저금리 자산의 일종으로서 금리 위험에 취약하다. SVB의 파산을 잘 요약한 참고 문헌은 다음과 같다. Vidhura S. Tennekoon, "Analysis: Why Silicon Valley Bank and Signature Bank Failed So Fast", PBS News, March 14, 2023, https://www.pbs.org/newshour/economy/why-silicon-valley-bank-and-signature-bank-failed-so-fast; Smith, "Why Was There a Run on Silicon Valley Bank?"; Tooze, "Chart-book #214—Why the 2023 Banking Crisis Does Not Look Like 2008, or Why One Run Is Not Like Another".
57. https://www.imf.org/-/media/Files/Publications/GFSR/2023/October/English/

ch2.ashx.

결론

1. George Bernard Shaw, *Man and Superman* (New York: Penguin Classics, 2000).
2. 열이 문제이긴 하지만, 코로나19 때문에 생긴 열이라면 코로나19 자체를 문제로 보아야 한다는 뜻이다.
3. Martin Lousteau와의 개인적인 대화.
4. 예를 들어 다음을 참조하라. Lawrence H.Summers, "Accepting the Reality of Secular Stagnation", International Monetary Fund, March 2020, https://www.imf.org/en/Publications/fandd/issues/2020/03/larry-summers-on-secular-stagnation.
5. Herman Mark Schwartz, "From Fordism to Franchise: Intellectual Property and Growth Models in the Knowledge Economy", in *Diminishing Returns: The New Politics of Growth and Stagnation*, eds. Lucio Baccaro, Mark Blyth and Jonas Pontusson (New York: Oxford University Press, 2022), 74-97.
6. Mark Blyth and Matthias Matthijs, "Black Swans, Lame Ducks, and the Mystery of IPE's Missing Macro-Economy", *Review of International Political Economy* 24, no. 2 (2017): 203-231, https://doi.org/10.1080/09692290.2017.1308417.
7. Mark Blyth and Eric Lonergan, *Angrynomics* (London: Agenda Publishing, 2020), chapter 3.
8. Mark Blyth, *Great Transformations: Economic Ideas and Institutional Change in the Twentieth Century* (Cambridge: Cambridge University Press, 2002).
9. 중국과 디플레이션에 대해서는 다음을 참조하라. Charles Goodhart and Manoj Pradhan, *The Great Demographic Reversal: Ageing Societies, Waging Inequality, and an Inflation Revival* (New York: Palgrave Macmillan, 2020).
10. Blyth and Lonergan, *Angrynomics*.
11. Maximilian Kotz, Frederike Kuik, and Christine Nickel, "Global Warming and Heat Extremes to Enhance Inflationary Pressures", *Nature Communications: Earth and Environment* 5, no. 1 (March 2024): 2.
12. Goodhart and Pradhan, *The Great Demographic Reversal*.
13. Mikael Juselius and Előd Takáts, "Age and Inflation", *IMF Finance & Development* 53, no. 1 (March 2016), https://www.imf.org/external/pubs/ft/fandd/2016/03/juselius.htm.
14. Mikael Juselius and Előd Takáts, "Inflation and Demography Through Time", *Journal of Economic Dynamics and Control* 128 (July 2021), https://www.sciencedirect.com/science/article/abs/pii/S0165188921000713.
15. 이러한 경고성 이야기는 다음에서 발췌했다. Blyth, *Great Transformations*.

Nous 사회와 경제를 꿰뚫는 통찰

'nous'는 '통찰'을 뜻하는 그리스어이자 '지성'을 의미하는 영어 단어로, 사회와 경제를 꿰뚫어 볼 수 있는 지성과 통찰을 전하는 시리즈입니다.

Nous Series

01 **빈곤의 종말** 지상의 모든 가난을 끝낼 밀레니엄 프로젝트
제프리 삭스 지음, 김현구 옮김 | 575쪽 | 33,000원

02 **자본 질서** 긴축이 만든 불평등의 역사
클라라 E. 마테이 지음, 임경은 옮김, 홍기훈 감수 | 492쪽 | 28,000원

03 **7번의 대전환** 세계 경제 질서를 뒤바꾼
해롤드 제임스 지음, 정윤미 옮김, 류덕현 감수 | 568쪽 | 29,800원

04 **테크노퓨달리즘** 클라우드와 알고리즘을 앞세운 새로운 지배 계급의 탄생
야니스 바루파키스 지음, 노정태 옮김, 이주희 감수 | 396쪽 | 24,000원

05~11 **토머스 프리드먼 컬렉션**
『코드 그린』 토머스 프리드먼 지음, 최정임·이영민 옮김 | 592쪽 | 38,000원
『렉서스와 올리브나무』 토머스 프리드먼 지음, 장경덕 옮김 | 640쪽 | 40,000원
『늦어서 고마워』 토머스 프리드먼 지음, 장경덕 옮김 | 688쪽 | 40,000원
『세계는 평평하다』 토머스 프리드먼 지음, 이건식 옮김 | 792쪽 | 46,000원
『베이루트에서 예루살렘까지』 토머스 프리드먼 지음, 이건식 옮김 | 728쪽 | 44,000원
『미국 쇠망론』 토머스 프리드먼·마이클 만델바움 지음, 강정임·이은경 옮김 | 556쪽 | 38,000원
『경도와 태도』 토머스 프리드먼 지음, 김성한 옮김 | 504쪽 | 30,000원

12 **불통, 독단, 야망** 위험한 리더는 어떻게 만들어지는가
스티브 테일러 지음, 신예용 옮김 | 368쪽 | 22,000원

13 **집단 망상** 잘못된 믿음은 어떻게 만들어지는가
조 피에르 지음, 엄성수 옮김, 김경일 감수 | 460쪽 | 24,000원